十大科学家丛书

十大地学家

周文斌 主编

潘云唐 著

广西科学技术出版社

图书在版编目（CIP）数据

十大地学家 / 潘云唐著. —南宁：广西科学技术出版社，2012.5（2020.6重印）

（少年科学文库. 十大科学家丛书）

ISBN 978-7-80666-223-6

Ⅰ. ①十… Ⅱ. ①潘… Ⅲ. ①地质学—科学家—生平事迹—世界—少年读物 Ⅳ. ①K816.14-49

中国版本图书馆CIP数据核字（2012）第116750号

十大科学家丛书

SHI DA DIXUEJIA

十大地学家

潘云唐　著

责任编辑	池庆松		**封面设计**	寒林设计工作室
责任校对	黄博威		**责任印制**	韦文印

出 版 人	卢培钊
出版发行	广西科学技术出版社
	（南宁市东葛路66号　邮政编码530023）
印　　刷	永清县晔盛亚胶印有限公司
	（永清县工业区大良村西部　邮政编码065600）
开　　本	700mm×950mm　1/16
印　　张	16
字　　数	146千字
版次印次	2020年6月第1版第5次
书　　号	ISBN 978-7-80666-223-6
定　　价	34.00元

本书如有倒装缺页等问题，请与出版社联系调换。

少年科学文库

《十大科学家丛书》

选题策划：黄　健
主编：周文斌

代序 致二十一世纪的主人

钱三强

　　时代的航船将很快进入 21 世纪, 世纪之交, 对我们中华民族的前途命运, 是个关键的历史时期。现在 10 岁左右的少年儿童, 到那时就是驾驭航船的主人, 他们肩负着特殊的历史使命。为此, 我们现在的成年人都应多为他们着想, 为把他们造就成 21 世纪的优秀人才多尽一份心, 多出一份力。人才成长, 除了主观因素外, 在客观上也需要各种物质的和精神的条件, 其中, 能否源源不断地为他们提供优质图书, 对于少年儿童, 在某种意义上说, 是一个关键性条件。经验告诉人们, 往往一本好书可以造就一个人, 而一本坏书则可以毁掉一个人。我几乎天天盼着出版界利用社会主义的出版阵地, 为我们 21 世纪的主人多出好书。广西科学技术出版社在这方面作出了令人欣喜的贡献。他们特邀我国科普创作界的一批著名科学作家, 编辑出版了大型系列化自然科学普及读物——《少年科学文库》（以下简称《文库》）。《文库》分"科学知识"、"科技发展史"和"科学文艺"三大类, 约计100种。《文库》除反映基础学科的知识外, 还深入浅出地全面介绍当今世界最新的科学技术成就, 充分体现了90年代科技发展的前沿水平。现在科普读物已有不少, 而《文库》这批读物特有魅力, 主要表现在观点新、题材新、角度新、手法新、内容丰富、覆盖面广、插图精美、形式活泼、语言流畅、通俗易懂，富于科学性、可读性、趣味性。因此，说《文库》是开启科技知识宝库的钥匙，缔造21世纪人才的摇篮，并不夸张。《文库》将成为中国少年朋友增长知识、发展智慧、促进成才的亲密朋友。

亲爱的少年朋友们，当你们走上工作岗位的时候，呈现在你们面前的将是一个繁花似锦的、具有高度文明的时代，也是科学技术高度发达的崭新时代。现代科学技术发展速度之快、规模之大、对人类社会的生产和生活产生影响之深，都是过去无法比拟的。我们的少年朋友，要想胜任驾驶时代航船，就必须从现在起努力学习科学，增长知识，扩大眼界，认识社会和自然发展的客观规律，为建设有中国特色的社会主义而艰苦奋斗。

我真诚地相信，在这方面，《文库》将会对你们提供十分有益的帮助，同时我衷心地希望，你们一定为当好21世纪的主人，知难而进，锲而不舍，从书本、从实践汲取现代科学知识的营养，使自己的视野更开阔、思想更活跃、思路更敏捷，更加聪明能干，将来成长为杰出的人才和科学巨匠，为中华民族的科学技术实现划时代的崛起，为中国迈入世界科技先进强国之林而奋斗。

亲爱的少年朋友，祝愿你们奔向 21 世纪的航程充满闪光的成功之标。

前　言

　　《十大科学家丛书》是《少年科学文库》中的科学家系列图书，在这套内容丰富、规模庞大的文库里，为什么要给科学家的故事留下重要的一个席位呢？只要看一看当前的书刊市场，我们便不难找到这个问题的答案。

　　如果你是一位家长，如果你有一个上中小学的孩子，如果你的孩子陷入了"追星族"、"发烧友"的狂热之中，而你又想改变孩子的兴趣和注意力，使孩子树立正确的人生观和价值观，那么你一定想带孩子到书市去转一转，为他（或她）选购几本具有正确价值取向、能鼓励人们奋发向上的课外读物。这时候，你也许会感到失望和沮丧。你会发现适合青少年阅读的这类图书实在太少太少。

　　在社会上和各类人群中，科学家是最应受到尊敬的人群之一。他们的力量很大，能改变人们的观念，改变生产和生活方式，改变整个社会面貌；他们的奉献精神最强，是他们把知识和智慧酿造成甘霖，洒向全世界，造福全人类；他们的思想境界最高，对自然规律的刻苦探索和深邃了解，是他们毕生的追求。今天，我们每一个人无不在享用着科学的恩惠，我们没有理由不去歌颂科学家的功德，没有理由不使科学家成为我们和我们的后代所崇敬和学习的榜样，没有理由不引导我们的青少年去追寻科学家的脚迹，发扬他们的精神，继承他们的事业。正是出于这种考虑，我们的科普作家和出版家们才对《十大科学家丛书》的写作和出版投入了极大的热情。

全套丛书共分 10 册，较为系统地介绍了 100 名科学家的生平事迹和主要成就。他们都是世界或我们国内一流的科学家和发明家。他们的名字已被永远镌刻在人类科技发展史上。一切有兴趣阅读这套丛书的青少年，一定会从中获取力量，获取智慧，获取热情，获取对未来的新向往，唯有这一点，才是作者和编者的共同愿望。

周文斌

序

在这新的世纪，科学技术走进千家万户的时代，广大的人民群众普遍存在着对科学知识的需求和渴望。一切科学普及书刊都应受到重视和欢迎。

潘云唐教授所写的《十大地学家》一书是广西科学技术出版社出版的《十大科学家丛书》之一。它在介绍地学名家的贡献和生平方面，对引发广大读者、特别是青少年读者的兴趣，提高他们对地学知识的理解，以及增进他们的科学素养，定会有所裨益。

人类在地球上生息繁衍，因而对地学现象的好奇心和求知欲可以上溯到远古时代。有人说21世纪是地球科学的时代。这是由于地学现象和知识丰富多彩，又与人类生活息息相关的原故。本书所写十大地学名家的学术领域包括地质、古生物、地球物理、地球化学、地理学和冰川学等。他们大多数是19世纪或跨越18～19世纪和19～20世纪的名师大家，出身、背景和经历各不相同，但他们都是地球科学各重要学科的创始人或汇总者，又都是热爱祖国、热爱人民、热爱科学的一代宗师。书中不可能过多涉及他们的学术造诣，重点是宣扬他们的崇高的道德风范和科学情操，宣扬他们为人类的利益和科学的真理而献身的高尚品德。

我诚恳地希望广大的青少年读者能从本书中获取一些有用的知识，更重要的是汲取高尚的道德品质和科学素养，提高文化素质，鼓舞创新精神，为祖国的建设和人类的进步做出应有的贡献，无负于我们的时代。

中国科学院资深院士

目　录

一、地理学家——郦道元

从公元420年刘裕代东晋建立刘宋始，到公元589年隋灭陈，中国历史经历了政权更迭频繁战争连绵不断的"南北朝"时代，汉民族与周边兄弟民族的文化进一步交融，这期间也产生了若干伟大的科学家，其中便有著名地理学家—郦道元。

出身将相门第　酷爱旅行游览

郦道元是北魏范阳郡涿鹿（今河北省涿州市）人。他的出生年代无明确记载，据后人推算，可能是北魏文成帝和平六年（465 年），也可能是北魏孝文帝延兴二年（472 年）。他出身在一个世代官宦家庭。他的曾祖父郦绍本是后燕国慕容宝的濮阳太守，北魏道武帝皇始三年（398 年），道武帝拓跋珪攻克后燕都城中山（今河北定州市），灭了后燕，郦绍归降北魏，被道武帝封为兖州监军（治滑台，即今河南滑县）。郦氏家族就成了鲜卑族拓跋部统治集团的成员。郦道元的祖父郦嵩曾做过天水太守。他的父亲郦范在北魏太武帝拓跋焘时期，曾"给事东宫"。北魏文成帝兴安元年（452 年），文成帝拓跋濬"追禄先朝旧勋"，赐郦范"永宁男爵"。后又以"治礼郎，奉迁世祖恭宗神主于太庙"，晋封子爵。北魏献文帝皇兴元年（467 年），征南大将军慕容白曜任命郦范为左司马。在平定三齐的战争中，郦范为慕容白曜出谋划策，屡立战功，使青州、冀州等地皆人北魏的统治之下。在慕容白曜推荐之下，郦范出任青州刺史，并被"进爵为侯，加冠军将军"。皇兴四年（470年），慕容白曜犯罪被杀，郦范被调回京城（平城，即今山西大同市），任尚书右丞。北魏孝文帝太和三年（479年），郦范再次出任青州刺史，经历了很长时间。

郦道元正是在父亲任青州刺史的时期，随父在青州度过了童年时代和少年时代。他自幼聪颖好学，在读书、习字之余，他最爱好旅行，他对齐鲁古迹、明山秀水有着很大的兴趣。他常常独自出游或约好友一同出游。特别在春暖花开或秋高气爽的时节，他往往游兴大发，难以控制，直到暮色苍茫，华灯初上，乃至夜半三更，才叩门回家。父母及家人一阵惊恐，总要训斥一番。

"孩儿为何总是夤夜方归？为父多次训诫，为何不牢牢记住？"

"爹爹，孩儿与友人沿淄水往上游走走，我们人多，情况又熟悉，不用担惊受怕！"他若无其事地回答。

"你毕竟年纪太小，又如此任性，总有些冒险，为父哪能放心得下？"

"爹爹，陶渊明在'桃花源记'中说，'晋太元中，武陵人捕鱼为业，缘溪行，忘路之远近，忽逢桃花林……林尽水源，便得一山，山有小口……便舍船，从口入……复行数十步，豁然开朗'，他终于发现一片太平世界哩！"

父亲哈哈大笑，怒气渐消："那是五柳先生理想中的'世外桃源'，你果然当真了吗？"

"我多游逛一番，总能增长见识，万一碰上好运气，有新发现，岂不更好？！"

他就这样与父母家人来回周旋，依然"我行我素"地出游。他还喜欢读书，不但读"四书"、"五经"之类经典，更喜欢读方志、地理方面的著作，大大丰富了自己的地理学知识，与自己旅游实践相对照，长进更快。

有一年酷热的盛夏，父亲带着他到巨洋水（今之弥河）上游的熏冶泉避暑，清澈的泉水从岩石裂缝中向外喷涌，凉爽甜润，宜于饮用。泉水汇集山涧，涧边古树参天，浓荫蔽日。涧水流至山下又汇集成湖，环湖竹树芳菲，百花竞艳，万紫千红，湖水清澈见底，游鱼穿梭。在这片清凉幽静、风光秀丽的山水中，父亲吟诗作赋，小道元跟着诵读，陶醉在大自然奇妙的风物和父亲深邃的诗意之中。他不禁脱口而出："爹爹，此地真是人间仙境，简直想长住不归啊！""孩儿，在此不过避暑小憩，为父公务繁忙，怎能因留恋自然风光而贻误圣上的重托？我神州大地，名胜古迹不计其数，我儿来日方长，有的是享受自然美景的机会。""爹爹提醒得好，孩儿当立志考察祖国名山胜水，终生不渝。"

郦范后来遭到镇将元伊利陷害，说他"与外贼交通"。幸而北魏孝文帝是位有道明君，识别这是诬告，并反过来宽慰郦范说："卿其为算略，勿复怀疑。"不久，调他回京城，后来就在京城逝世，时年62岁。父亲死后，道元袭爵永宁侯，按惯例降为伯爵，为尚书主客郎中。

恭逢太平盛世　　决心著书立说

郦道元青年时代踏上仕途之际，正是北魏政治最清明的时候。孝文帝拓跋宏是中国历史上杰出的贤明君主之一。他5岁登基，在位28年，最后在征战中英年早逝。他少幼时期，由母亲冯太后临朝称制，锐意改革。他在宫中一直受着良好的教育，懂得要关心人民疾苦和国家前途。他年长亲政以后，继续进行改革，获得了巨大的成功。他们的改革涉及到政治、经济、文化等诸多方面。他们整顿吏治，实行俸禄制度；实行均田制，不准豪强兼并土地；实行三长制（五家立一邻长、五邻立一里长、五里立一党长），强化基层政权建设；实行户调制，完善户口、税收制度。

冯太后去世以后，孝文帝实行了更大的改革举措，一是在太和十八年（494年）把国都从平城（山西大同）迁到河南洛阳，改变了以往对中原遥控的形势，而迁到了统治区域之中心。而且，又能摆脱 100 多年间在平城形成的鲜卑贵族保守势力的制肘和干扰，从而有利于继续改革。第二点，也是更重要的一点，是改变鲜卑族内迁者原有的生活习俗，促进他们积极接受汉族文化。他命令改鲜卑服装为汉服，太和十九年（495年）十二月甲子日，他在先极堂接见群臣时，率先垂范，"班赐冠服"，也就是带头执行易鲜卑服装为汉服。他又规定在朝廷上使用汉语，禁用鲜卑语。他称前者为"正音"，后者为"北语"。他说："今欲断诸北语，一从正音。"30 岁以上的鲜卑官吏，在朝廷上尚容逐步改说汉语；30 岁以下的鲜卑官吏在朝廷上则要立即改说汉语。如有不从，则降爵罢官。他又规定迁洛阳的鲜卑人以洛阳为籍贯，死后不得归葬平城。他还规定鲜卑贵族改汉姓，他自己首先改姓"元"（是"国家元首"之意），以代"拓跋"。其余 7 个贵族姓氏对照如下：丘穆陵——穆，步六孤——陆，贺赖——贺，独孤——刘，贺楼——楼，勿忸于——于，纥奚——奚，尉迟——尉，基本上按原鲜卑姓氏音近者加以简化。以上八姓贵族的社会地位，与汉族北方的最高门第崔、卢、李、郑四姓相当。其余稍低一些的贵族姓氏亦改汉姓，与汉族的一般士族相当。他尤其设法使皇族和鲜卑贵族与汉族主要士族通婚，并以此为光荣。

孝文帝的改革，严惩了贪官污吏，打击了世族门阀地主，吸引广大劳动人民回到土地上来，开垦荒地，恢复发展生产，也推动了北方民族的文化融和，有很大的积极意义。他迁都洛阳以后，依托中原地区的丰富物产、中心的地理位置、发达的交通条件和历史悠久的中原汉族文化，使北魏更加兴旺发达、繁荣昌盛起来。

郦道元一生事业的基础，正是在孝文帝当政时期奠定的。他早先在旧都平城做京官时，对于这座从道武帝拓跋珪开始已营建了 100 多年的都城十分惊叹。这里不但殿阁嵯峨，市井繁华，而且城里城外遍布名胜古迹，特别是城外武州川、桑乾水（永定河上游）两岸的云冈石窟、火山、温泉、煤田等都使他十分神往。他工余之暇，常去游览。尤其是石

窟寺，规模宏大，气势壮观，令他赞叹不已。他曾写道："因岩结构，真容巨状，世法所希，山崖水殿，烟寺相望，林渊锦镜，缀目新眺。"

他一边游览，又一边读书。他最爱读的不外乎地理文献，诸如前代的《山海经》、《尚书·禹贡》、《周礼·职方》、《汉书·地理志》，还有《水经》。《水经》一书，作者不确定，曾有人认为是西汉桑钦所作，也有人认为是西晋郭璞（曾著《江赋》）所著，后经清代学者多人，如全祖望、赵一清、戴震等人考证，认为是三国时期一位不知名作者所写。该书以河流为纲，记载了137条河流流域地理情况，引起了郦道元极大的兴趣。他觉得这不失为一种综合地理著述的好方法。他在阅读地理古籍时，十分珍惜前人的这些丰硕成果，同时也深深感到还有许多不足之处。正如他后来在《水经注》的序言中所指出的那样：《山海经》虽记叙详细，但是不完备；《尚书·禹贡》、《周礼·职方》以及《汉书·地理志》等又过于简略，使人不易看懂；一些描写地方的都赋（如张衡的"两京赋"、左思的"三都赋"）之类，因受体裁的限制不能尽情描述；《水经》虽然论述了全国的主要河流水道，但是缺少发展脉络，不够系统。他尤其觉得，《水经》只记了137条主要干流，过于简略，与我国之地大物博极不相称，而且不少地方，与以往其他著作互不相同，颇有出入。譬如同一条河流，对其发源地或河道的变迁说法很不一致；对同一地区山川形势的描述也有大相径庭的；还有沿河城邑的兴衰之记载，或来龙去脉不明，或相互矛盾，无所适从。

郦道元由此萌发了一个念头，以《水经》为蓝本，采取作"注"（注解，更多的是修改、补充和发挥）的形式，写出一部综合地理学著作来。也就是"因水以证地，即地以存古"，即以水道为纲，凡河流经过地区的风土人情、历史古迹、地形矿藏、农田水利以及城镇的兴废沿革、河道的变迁、名称的改易，以及有关历史事件、人物、神话传说等，都予以详细记载。立下这一雄心壮志，他一方面博览各种文献典籍，一方面尽量利用出差办事或旅游的机会，有意识地进行实地考察，搜集最新第一手资料，为写书做好充分的准备。

郦道元随孝文帝外出巡视一两年，对他一生成就影响很大。太和十八年（494 年），他们从平城出发，经并州（山西太原）到洛阳，再到邺城（河南安阳）。太和十九年（495 年）初又从邺城返洛阳，再从蒲地（山西蒲州渡口）渡过黄河，向北返回平城，年中又从平城出发，先到朔州（今山西朔县），然后向北，巡视北边各镇。北边主要军事据点有六个，号称"六镇"，是抵御北方柔然族人骚扰的军事主力集中之地，每镇都有"镇都大将"、"统兵备御"。他们去了其中的四镇，即怀荒（今河北张北县以北）、柔玄（今内蒙古兴和西北）、抚冥（今内蒙古四子王旗东南）、武川（今内蒙古武川西南）。他们足迹直抵阴山之麓，到达河套地区的五原城。

这一两年的出巡行程万里，不仅考察了沿途的山山水水，而且拜访了很多耆老宿绅，参观了很多历史遗迹，使他大开眼界。他走得最多的是山西、河南、内蒙古等地，特别是国都平城外围的山西各州县，其经济情况、军事要冲，或交通条件都会影响国家的安定和发展，所以他考察得特别仔细，对很多风景名胜，下了更大的功夫。例如他在蒲地横渡黄河时，专程溯流而上去看龙门瀑布天险，并作了极详尽的描写。

郦道元到达阴山南麓的五原城时，沿芒干河岸的白道岭行进，发现土山下的洞口涌出一道泉水。他想起以前听人说"饮马长城窟"的故事时还将信将疑，现在得到验证了，果然是真的。他不禁俯下身去，用双手大捧大捧地往口里送水，实在清凉可口，他喝了个痛快，觉得心情格外舒畅。他站起来举目遥望，战国时期赵武灵王修筑的长城蜿蜒伸展，尽收眼底，又使他大发思古之幽情。他再一转念，想起家中独守空房的爱妻，更是无限挂牵，不禁随口背诵起古诗《饮马长城窟》："青青河畔草，绵绵思远道。远道不可思，宿昔梦见之。梦见我在傍，忽觉在他乡。他乡各异县，辗转不相见。枯桑知天风，海水知天寒。入门各自媚，谁肯相为言。客从远方来，遗我双鲤鱼。呼儿烹鲤鱼，中有尺素书。长诡读素书，书中竟何如？上言加餐饭，下言长相忆。"

为官清廉正直　造福国家人民

太和十九年（495年），北魏从平城迁都洛阳时，御史中尉李彪以郦道元"秉法清勤"，推荐他为"治书侍御史"。不久，李彪被仆射李冲弹劾而免官。郦道元也"以属官坐免"。他在政治上又遭到挫折。太和二十三年（499年），南齐的大将军陈显达攻伐北魏。孝文帝带病率兵御敌，虽然打败了陈显达，但孝文帝却在归途中驾崩。宣武帝元恪继位。郦道元不再做京官，而外放地方官。宣武帝景明一至四年（500—503年），郦道元任冀州镇东府长史（治所在信都，即今河北冀县），刺史于劲是外戚，是顺皇后之父，他常不在州里视事。郦道元以长史而代行刺史之职。他为政十分严酷，惩恶护善，吏民畏惧，盗贼也逃于他境。

景明四年（503年）末，郦道元调任颍川太守（治所在长社，即今河南许昌市），颍川辖区是豫东和豫南，正是北魏与南梁在军事上犬牙交错的地区，又是各民族杂居之所，在民族压迫与阶级压迫交织之下，人民奋起反抗，北魏政权派重兵残酷镇压。作为颍川地方长官的郦道元忠于朝廷，自然负有不可推卸的责任。

宣武帝永平一至四年（508—511年），郦道元任鲁阳太守（治所在今河南鲁山县）。他在那里从事招抚、安置归附者的工作，为此而走遍了鲁阳的山山水水。他又在鲁阳设立学校，发展地方教育事业，人民素质提高了，社会秩序大为好转，山中盗寇也惧怕他的威名，不敢为非作歹。此后，郦道元又任东荆州刺史，州治在比阳县（今河南泌阳）。东荆州也是民族杂居、南北朝政治军事交错地区，政治局势极不稳定。郦道元为了巩固北魏在这里的统治，又像在冀州那样"威猛为政"，引起边民不满。有人就去朝廷告他过于"刻峻"。北魏孝明帝（元诩）神龟元年（518年），郦道元官位被寇治所代替，但寇治也和他差不多作风。于是二人同时被免官。

郦道元被免官回京之后的七八年间，真正坐了下来，潜心著述《水经注》，实现了他早年的愿望，留下了这部传世之作。

孝明帝正光四年（523年），尚书令李崇等建议"改镇立州，分置郡县"。次年，这建议得到采纳，郦道元也重新出来做官，任"持节兼黄门侍郎"，与都督李崇一起从事机构改革，并储积兵器、粮草，巩固边防。后来，一些边关的守兵哗变，杀将起义，使得"罢镇立州"计划受阻。郦道元的工作还没有成果，就被调任河南尹，也就是京城洛阳的地方行

政长官。

北方边关发生起义的同时，在淮河流域附近的寿阳和徐州，北魏与南朝萧梁的战事也频繁起来。北魏的徐州刺史元法僧于孝明帝孝昌元年（525年）据城反魏，打败了安丰王元鉴。北魏派兵去平息叛乱，元法僧就投降了萧梁。萧梁趁机派成景隽攻克了北魏的睢陵，又派裴邃进攻淮南，在寿阳大败魏河间王元琛。北魏失去了东南前哨的战略要地。这时，郦道元临危授命，任"持节兼侍中"，并"摄行台尚书"，率领大军在今安徽涡阳打退了萧梁的攻势，并乘胜追击，大歼敌军，使边境局势转危为安。

大义凛然　视死如归

郦道元自东南前线班师回朝，大庆荣归，被授予"安南将军"和"御史中尉"之职，这是"督司百僚"的，文武百官均受他节制。由于他一贯为政严猛，权豪贵族都很怕他。当时北魏政权已极度衰落、黑暗。在兵荒马乱之中，人民流离失所。当时恒山、代州以北，尽为丘墟；崤山、潼关以西，烟火断绝；古齐、赵之地（山东、河北一带），死人如乱麻。在这种濒临崩溃的局面下，郦道元即使清廉行事，威猛从政，也是孤掌难鸣，无济于事。最后，他本人也难保性命。

当时一位权倾朝野的皇族——汝南王元悦是个"好男色"的流氓，专与出卖色相的男娼大搞同性恋。他身边宠爱的男娼丘念狗仗人势，胡作非为。他不仅经常睡在汝南王元悦府内，而且大煽枕边风，插手任免官吏的政务。这个坏蛋深为广大士民所鄙弃、唾骂和痛恨。郦道元决心为众人除害。他经周密侦查，摸清了丘念的行踪，撇开元悦时，将丘念逮捕入狱。元悦急忙向当政的灵太后求情。太后下令赦免丘念。郦道元却拒不受命，依法将丘念问斩，并上奏章弹劾元悦。郦道元如此大捅马蜂窝，惹恼了上上下下的皇亲国戚。尤其是元悦，更对郦道元恨之入骨。

他与担任侍中的城阳王元徽合谋，给郦道元出难题，设陷阱。正巧那时任雍州（今陕西西安市）刺史的萧宝夤蓄意谋反，元悦等怂恿朝廷派郦道元去视察雍州地区。孝明帝孝昌三年（527年）十月，郦道元奉命西入关中，来到阴盘驿亭（今陕西临潼县东），萧宝夤心怀鬼胎，认为郦道元是冲他来的，就派兵围攻郦道元驻地。亭在山冈上，缺水，打井10多丈也见不到水，郦道元的侍卫们水尽力穷，失去防御力，叛兵们逾墙而入，将郦道元及其弟弟道峻和两个儿子俘虏。萧宝夤向郦道元诱降，劝他一起反叛元魏朝廷。郦道元却大义凛然，痛斥叛贼，在骂声中与其弟、其子同时被杀害。

郦道元一生清廉为官，军政业绩辉煌，勤奋治学，著书立说，成就卓著。他为国家、人民做了大量好事，留下了不朽的文献，不幸的是，他终于成了北魏黑暗政治的牺牲品，他在与皇亲国戚、权豪显贵们的斗争中，英勇无畏，最后在对方有计划、有组织的"借刀杀人"的圈套里牺牲了宝贵的生命。

刻苦严谨的科学探索精神

郦道元深深懂得，要研究地理，必须到野外考察，掌握尽可能多的第一手材料，动起笔来，才能言之有物，写出有水平的大块文章。因此，他利用当官的工作之便，广泛"访读搜渠"，大兴调查研究之风，解决了很多早先留下的疑问。除前面所说的"饮马长城窟"的考证之外，他在考察泗水时，发现以往戴延之谓该水为吴王所掘，今发现与事实不符，于是加以订正。他在考察时，以水为纲，或"脉水寻经"、"脉水寻川"，或"脉水寻梁"，最后得到对流水侵蚀、搬运、沉积作用的系统性认识。

郦道元在考察中也很注意搜集实物。他收集了各地的碑碣石铭302块，他用这些宝贵文物来补充正史的细节。众所周知，燕太子丹送荆轲于易县，荆轲的挚友高渐离击筑高歌"风萧萧兮，易水寒。壮士一去兮，不复还！"可是，郦道元却指出，"遗传旧迹多在武阳"，因此饯别之处当在武阳，而不在易县，他这种有所依据而大胆怀疑的精神也很可贵。

郦道元为求学而不耻下问，他常访问乡绅、道士、和尚、耆老。他从边境耆老口中得知"赫连城"取名的由来是因为"赫连之世，有骏马死此，取马色以为邑号，故目城为白马骝"。他又从朝鲜（高丽）的使臣那里打听到其都城平壤位于"浿水（今大同江）之阳（之北）"。

郦道元也十分注意对古今文献资料的广搜博览。他编写《水经注》中直接引用过的有关文献达 479 种之多，内容遍及地理、历史、政治、哲学、文学等，这就包括各种正史、方志、杂记、小说、诗词歌赋、碑碣拓片等。其中，专论地理的约占四分之一。除了全国性的地理文献《禹贡》、《汉书·地理志》之外，还有很多地方性文献，如《华阳国志》、《钱塘记》，乃至当时刚问世不久的《扶南传》、《佛国记》等。尤其可贵的是，他当时引用的文献，至今大部分已失传，通过他把其中若干内容引入《水经注》，这些内容才得以保存下来，为考证辑佚古代地理书的学者提供了很好的依据。

郦道元在利用这些难得搜集到的宝贵文献资料时，善于分析整理，去粗取精，去伪存真。例如对河北唐县及其附近的山川形胜，他用了五种文献加以比较，最后否定了应劭的错误说法。刘澄之说："新安有涧水，源出县北。又有渊水，未知其源。"郦道元考证地理文献，才知"渊水"并不存在。他说："但渊涧字相似，时有字错为渊也。故阚骃《地理志》曰，禹贡之涧水，是以知传写书误，字谬舛真，澄之不思所致耳。既无斯水，何源之可求乎？"他还利用汉字字形结构、少数民族语言译音及各地方言乡音的考证，改正了前人好几十处错误。

郦道元在丰富的感性知识和第一手材料的基础上，反复思索，上升到理性认识。例如，他在考证黄河陕县（今三门峡）一带水涌数十丈的原因时，在广查文献、调查分析后得出的结论是河岸边的虢山滑坡，形成堤坝，阻塞河流，因此形成"堰塞湖"。

郦道元研究地理现象时，不仅作定性描述，而且有很多定量记载。一部《水经注》中，留下了很多河流长度、水井深度、湖泊面积以及各种地物之距离远近等宝贵的数据，开了"定量地理学"研究之先河，特别为后来历史自然地理学之研究创造了前提。

宏篇巨制　影响深远

郦道元以大半生精力漫游大地，博览群书，潜心研究，充分准备，用了七八年官场赋闲之宝贵时光，辛勤笔耕，终于完成了宏篇巨制的传世之作——《水经注》。它与《禹贡》、《汉书·地理志》、《徐霞客游记》并称"中国古代四大地理名著"。

《水经注》的依据基础是《水经》，后者记述中国河流水道总计137条，原文仅1万多字。《水经注》不仅为原《水经》作注，且补充了很多河流，其中有些还是比较重要的独流入海的河流，总计1252条之多，比原著增加了近10倍，全书30万字，是原著的20多倍。其地理内容之丰富是空前的。它虽以中国水道为纲，但其牵涉的地区已超过今日中国疆域，大体说来，其东北到朝鲜的浿水（即大同江），东到海，南到扶南

（今柬埔寨），西南到印度的新头河（即印度河），西到安息（伊朗）、西海（咸海），北到流沙（蒙古沙漠）。此书实际上是北魏以前我国古代地理资料的总结，在地理学各分支领域都取得了辉煌的成就。

既然书名是《水经注》，所以，它的成就首先就在水文科学、水文地理学方面。全书记载的1252条河流按其大小，有江、河、水、川、溪、渠、渎、沟、涧、伏流等名称。该书描述了各级河流的发源地、流程、方向、流域分布、水量季节变化、河水含沙量及河流冰冻期等。例如，黄河是他记述最详尽的，他引用了大量历史文献，再加上他亲自调查的结果，在书中不仅反映出了黄河的水色、曲流、含沙量、汛期、冰冻期等特点，还把黄河流域范围内的政治、经济、历史、文化、名胜古迹、人工建筑、自然资源、风景名胜等都一一加以说明。

《水经注》记载了很多人对水的改造产物。首先是人工运河。有早在吴越春秋时代修筑的沟通长江与淮河的"中渎水"（即邗沟，南北朝时名为"中渎水"）。也有东汉末修的白沟利漕渠、平虏渠、泉州渠等。另外有很多农田水利的著名工程，如都江堰、白渠、龙首渠、郑国渠等。还有人工凿井，附上宝贵的井深数据。如"长安城北……民井汲巢居，井深五十丈"；"台陵县城内有大井，径数丈，水至清深，井深数丈"；"虎牢城唯一井，井深四十丈"；等等。这些数据对于当地地下水位变化规律，即历史水文地质学的研究，很有作用。

《水经注》记载了洪水，不仅记了当时的，也记了历史上的。北魏太和四年（480年）瀫水河的大洪水，"暴水流高三丈"，这是郦道元亲自经历过的。他进一步考察了瀫水千金塌的石人记载了该水历史上的洪水水位，"石人东胁下，文云：太始七年六月二十三日大水进瀫，出常流上三丈。"他又考察了其他测水标石，指出了这些文物对历史水文学之研究极其宝贵。

《水经注》记载了河水的颜色，借以反映河水所含物质。如黄河水黄浊、乃因黄色泥沙含量高所致，书中说"一石水六斗泥"，与今天所说的

"黄河斗水七升沙"相去不远。另外，黄河、渭河水有时变红，今天看来，是水中含大量氧化铁所致。

《水经注》也记有伏流（地下河、暗河）30余处，如易县孔山，"山下有钟乳穴……人穴里许渡一水，潜流通注，其深可涉。"这是喀斯特区的潜流。另外还有的河流经松散沉积层地区，潜没其下，遇到不透水层又复流出，例如滱水的支流博水即是一例。

《水经注》记载的湖泊名称有14个，今较常用的有湖、沼、海、淀、潭、池、塘等，记载了其面积大小、湖泊与河流的关系，在泄洪、分洪、旱季补给河流等方面作用巨大，如"浦水盛则北注，渠溢则南播"；"从陂……漳泛则北注，泽盛则南播。津流上下，互相迳通"。

《水经注》在地质学方面也留下很多宝贵记载。如关于无脊椎动物腕足类化石之记述："湘水又东北得沶口……东南流，经石燕山东，其山有石，绀而状燕，因以名山。其石或大或小，若母子焉，及其雷风相搏，则石燕群飞，颉颃如真燕矣。"今天看来，那就是泥盆纪地层中的石燕贝化石，形状似燕，被风化而从泥灰岩中分离出来，狂风大作时，被吹落至田间地角、宅前宅后，人们则误以为"石燕群飞"。该书还记载了湘乡县的脊椎动物鱼类化石："……石鱼山，下多玄石，山高八十余丈，广十里，石色黑而理若云母，开发一重，辄有鱼形，鳞鳍首尾宛若刻画，长数寸，鱼形备足，烧之作鱼膏腥，因以名之。"这是早第三纪地层中的鱼化石，这一记载在世界上还是比较早的。

《水经注》记载了矿物20多种、岩石近20种，特别是盐，他已分出池盐、井盐、海盐、岩盐等种类，且记载了很多产地，也注意到个别地方，如广城县的井盐，人吃了会患大脖子病，说明那里的盐缺碘。该书记载了煤炭产地及利用情况。记述大同煤田云："山有石炭（煤），火（烧）之，热同樵炭也"，这可能是该煤田之首次记载了。

《水经注》对温泉的记载也很突出。它总共记下大小温泉41个。其中，可治病的"矿泉"有12个，只要去那里洗澡就有疗效。因而，有的温泉"赴集者常有百数"。它表达了各地温泉水温度之差异：有的"暖"；有的"温热若汤"；有的"炎热若甚，可熻鸡豚"；有的"炎热倍甚，下足便烂"；有的"炎热奇毒，可以熟米"。这样定性至半定量的描述，把水温分了5个等级。这对研究我国地热变迁是很有用的。此书还记载了温泉中的矿物质，如有的"有硫磺气"，有的"有盐气"。甚至还提到温泉中有鱼生长，以及利用温泉水种稻（湖南郴县西北，"左右有田数十亩，资之以溉，常以十二月下种，明年三月谷熟，度此水冷，不能生苗。温水所溉，年可三登"）。这也是我国地热利用史之宝贵记载。

《水经注》中提出的地貌名称达31种之多，不少沿用至今，较重要的有"山、岭、原、丘、陵、冈、塞、关、洲、梁、岳、沙漠、洞穴等。它记载了46个洞穴，描述了洞穴大小、内部结构、洞穴气候、洞穴水文、洞穴生物、洞穴利用等。如易水南岸的孔山，"山下有钟乳穴，穴出佳乳，采者篝火寻路，入穴里许，渡一水，潜流通注，其深可涉。于中众穴奇分，令出入者疑迷，不知所趣。每于疑路，必有历记，返者乃寻孔以自达矣。上又有大孔，豁达洞开，故以孔山为名。"又如山东峄山，"石间多孔穴，洞达相通，往往有如数间屋处……遭乱辄将家入峄，外寇虽众，无所施害。"

《水经注》还记载了各地土壤情况。如沔水山地河谷地带的土壤是"土色鲜黄"；汉水月谷口一带是"黄壤沃衍，而桑麻列植，佳饶水田"。它也记载了关中、浊漳水、巨马水、罗布泊等地的盐碱土。

《水经注》记载了140多种植物，且把地面植被情况分为"林木茂密"、"多木无草"、"无木多草"、"特种树木"（荔枝、槟榔、木瓜等）、"少草木"、"无草木"、"无树木"等类。《水经注》记载了100多种动物。它明确记载了动物之分布界线。特别提到了各地的珍奇动物，如伊水的鲵鱼（娃娃鱼）、长江的鳄鱼（扬子鳄）、瞿塘峡的猿等。

《水经注》对农业、工场手工业及交通运输等方面也留下宝贵的资料。它较多提到以农田水利为中心的种植业，还提到边疆地区轮台以东广饶水草的绿洲农业。此书对湖泊开发利用谈得更为系统。首先是灌溉效益，如"马仁陂，盖地百顷，溉田万顷"。其次是湖泊矿产与生物资源开发，如盐池煮盐，水生动物的鱼、鳖、虾、蟹美味可口，水生植物莲藕、麻黄草等既可药用，又是大补。还有湖泊风景秀丽，堪为旅游、憩息之所。《水经注》记载的手工业涉及到采矿、冶金、造纸、食品、纺织等。特别记载了大小盐场18处，名酒酿造地3处。书中谈到水上运输时，就评价了滩、堆、峡、濑的航运条件，以及各河道的水位季节变化对航运之影响。书中谈及陆上运输，就提到各种桥梁90座，津渡90多处。

《水经注》在沿革地理和地名学方面也是一部杰作。全书共出现地名17756个，有2134个地名作了全面阐释。书中提及聚落数4000个，县级以上政区，都作了历史沿革的考证。郦道元归纳了郡名来源的6大类型：(1)以列国命名，如陈、鲁、吴；(2)以旧邑命名，如长沙、丹阳；(3)以山陵命名，如山阳；(4)以川原命名，如河东、河西；(5)以物产命名，如金城、雁门；(6)以号令命名，如会稽。至于一般地名命名原则，他则归纳了24类，如史迹、人物、动物、植物、矿物、神话等。

《水经注》不仅是当时地理学的一部百科全书，而且在历史学、民族学、考古学、碑版学、语言学、文学等方面都有突出的贡献，对后世的学者有着深远的影响。它是地理学研究的典范。宋朝欧阳修仿《水经注》而写成《唐书·地理志》。明朝徐霞客的名著《徐霞客游记》也发展了郦道元综合描述地理环境的思想。清朝刘继庄深有体会地说："余在都门，为昆山定《河南一统志》稿，遇古今之沿革迁徙盘错处，每得善长一语，涣然冰释，非此无从问津矣！"19世纪末至20世纪初，杨守敬、熊会贞师徒二人终于完成了《〈水经注〉疏》的工作。

《水经注》的文学价值亦素为人所称道。它不但是"中国四大地理名著"之一，而且《中国文学史》之各种版本在论及南北朝文学时，皆对该书高度评价。它对唐代的诗歌、散文影响很大。《水经注·江水注》中

记载了行人歌谣："朝发黄牛，暮宿黄牛，三朝三暮，黄牛如故。"这话形容江水绕过黄牛峡时之迂迴曲折，船行极为缓慢。李白借此歌谣而写成《上三峡》："三朝上黄牛，三暮行太迟。三朝又三暮，不觉鬓成丝。"《水经注·江水注》中还记载了渔民歌谣："巫山三峡巫峡长，猿啼三声泪沾裳。"杜甫在夔州怀念长安时，写出了《秋兴八首》，其中第二首开头写道："夔府孤城落日斜，每依北斗望京华。听猿实下三声泪，奉使虚随八月槎。"《水经注·洧水注》中有"平潭清洁澄深，俯视游鱼，类若乘空矣！"柳宗元在《永州八记》之一的《小石潭记》中就有"潭中鱼可百许头，皆若空游无所依"。

　　郦道元及其《水经注》将永垂史册，深为人们所怀念。

二、地理旅行家——徐霞客

15～16世纪，欧洲，特别是西欧、南欧各国，经历了伟大的文艺复兴运动，又有了空前的地理大发现，科学技术和社会生产力迅速发展，资本主义生产方式开始萌芽。而在遥远的东方，中国处在朱明王朝中晚期，也是整个封建主义社会的后期，知识界由于社会生产的发展而注意到科学技术的重要，也热衷于对大自然奥秘的探索。1587年，一位西班牙天主教耶稣会神学家、地理旅行家何塞·德·阿科斯塔（nosé de Acosta，1539～1600）从南美洲的秘鲁返回西班牙，发表了他的巨著《印第安风物志》，记述了他在拉丁美洲墨西哥、秘鲁等地的旅行见闻和考察成果（自然地理和博物现象）。就在这一年，中国南直隶（今江苏省）江阴县马镇乡南阳岐村，诞生了一位卓越的地理学家、探险旅行家、游记文学家，他便是徐霞客，他和他的《游记》被称为"千古奇人"与"千古奇书"。其成就远远超过了阿科斯塔。

动荡的社会 仕宦的家庭

徐霞客名弘祖（宏祖），字振之，别号霞客，如今倒是他的别号闻名遐迩，名和字反而鲜为人知了。他生于公元1587年1月5日，中国的旧历是明神宗显皇帝万历十四年十一月二十七日。他的少幼和青壮年时代都处在万历皇帝朱翊钧的统治之下。这个朱翊钧，就是北京明十三陵中"地下宫殿"的"定陵"的墓主。他10岁登基，在位48年，是明朝在位时间最长的皇帝，也是最坏的一个皇帝。他代表着以王室为中心的大地主阶级，疯狂兼并土地，不断增加赋税劳役，对农民、手工业劳动者和城镇市民商人，进行残酷的经济剥削和政治压迫。难怪人们都把他这个"万岁爷"叫做"万税爷"。以他为首的王室大地主阶级穷奢极侈的享受，也败光了明朝的家底。所以，在他死后24年，即他孙子明思宗朱由检崇祯十七年（1644年），明朝就灭亡了。

徐霞客的家乡在明朝南直隶（即今江苏省）江阴县城南两公里横渡河中游的马镇乡南阳岐村。他出身于世代官宦门第，他的祖上曾有中科举作大官的人，是封建社会的所谓"世家"，用今天的话来说就是官僚地主家庭。到他父亲徐有勉在世时，家道已经中落。他父亲虽还靠着地租生活，却也无意于仕途。因为当时明王朝已极度腐朽没落，广大人民群众生活在水深火热之中。民生凋敝的结果，必然是民怨沸腾，民变蜂起，农民起义和市民暴动连绵不断。统治阶级内部也出现了以顾宪成、高攀龙等人为首的、代表中小地主阶级利益的东林党，展开了反对以魏忠贤为首的、代表皇族大地主阶级利益的阉党之激烈斗争。与江阴毗邻的无锡东林书院就是东林党的大本营，徐家不少好友都是东林党重要成员，徐家作为中落的地主，没有社会地位，屡为群豪所欺。物以类聚，人以群分。有勉和霞客父子很自然地从善如流，嫉恶如仇。他们同情和关心东林党人"讽议朝政，裁量人物"的活动，对他们抱有好感。而对于阉党，则坚决反对，不与往来。有人曾经劝徐有勉花点钱买个官做做，他断然拒绝。据说，有一次两位当官的登门拜访，他避而不见，遁入竹林，然后自乘小船，遨游在太湖的绚丽风光之中。

徐霞客幼儿时代天资聪颖，悟性很高。由于家庭有优越的读书环境，所以他很容易从书本上获得大量知识。他每遇著名的诗文，总是强记背诵，出口成章。他生活在那样一个政治上黑暗动荡的年代，受到家庭和友人影响，不满现实，不应科举，不入仕途。所以，他最感兴趣的书籍并不是"四书五经"、科举文章，而是各种当时被视为不正规的"闲书"、"奇书"，特别对描写和探讨大自然方面的书最为着迷。诸如古今史籍、舆国方志、山海图经等都是他最爱涉猎的范围。他有时为了逃避塾师的干扰，就把这类书籍覆盖在令人厌烦的"经书"下面，偷偷地阅读，然而读到出神入化之处，不免眉飞色舞，旁若无人，有时偶被塾师发觉，不免挨一顿训斥，但他却总是不改其志。他有着自己坚定的志向："尽发先世藏书，并鬻未见书，缥缃充栋，叩如探囊。"正因为他这样"肆志玄览，目空万卷"，所以开阔了视野，丰富了知识。天下山川形胜，早已蕴藏于胸中。他广搜博览之际，也发现不同的书籍互有出入、矛盾之处，甚而有明显的疏漏乃至错误。他领悟到"尽信书则不如无书"，还是亲自去考察验证一番最为稳当，于是，他萌发了游历山山水水、研究自然景观的宏大志向。

在徐霞客的青少年时期，一方面封建社会腐朽没落，明王朝处于崩溃前夕，另一方面，新兴的工场手工业逐渐发达，商品经济也空前繁荣，资本主义新生力量开始向古老的封建社会挑战。一批批有着时代敏感性的新型知识分子都把兴趣从科举做官转移到自然科学、哲学以及生产技术的研究、探索方面。在明朝后期就出了李时珍、李贽、朱载堉、徐光启、宋应星、王夫之等著名的思想家、文学家、医药学家、数学家、工程技术专家等。他们的光辉成就、显赫名声，成了徐霞客心中崇拜的偶像。

踏上远游征途　投身名山大川

徐霞客19岁那年，父亲病逝。他"丁忧"在家，3年之后，服丧期满，22岁的他已是膀大腰圆、健康强壮的小伙子了。他向母亲提起出门旅行的想法。他举出很多古今名人的事例，说明好男儿志在四方。他提到西汉的

"太史公"司马迁，20岁即出门远游，从关中老家东下江淮，又南去会稽探禹穴，西上洞庭湖边，溯湘水沅水而上，窥九嶷山，又北上山东，考察孔圣故乡，他足迹踏遍大半个中国，搜集了大量历史素材，终于"究天人之际，通今古之变，成一家之言"，完成了流芳百世的巨著——《史记》。他又举出唐朝的"诗仙"李白，也是20岁开始出游，先游遍了三巴奇险雄伟的山川，25岁以后又"仗剑去国，辞亲远游"，正因为他生活阅历的丰富，才写出数以千计的浪漫诗篇，颇有"兴酣落笔摇五岳，诗成笑傲凌沧洲"的气派。他最后提起当时闻名的李时珍，成年累月遨游山野，采集各种动物、植物、矿物、化石标本，研究它们的药性，写出了划时代的药学大典——《本草纲目》，轰动宇内，为世人所崇敬。

徐霞客的母亲王氏非常正直刚毅。她痛恨官府的骄横，同情人民的疾苦。她对于丈夫和儿子那种淡泊名利、不入仕途、醉心自然山川的志向颇能理解与支持。当她听到霞客想学习司马迁、李太白、李时珍那样去探索大自然奥秘时，就对他百般勉励："身为男子，应该志在四方，至于说到'父母在，不远游，游必有方'的古训，也不过是说要计划好路途的远近，时间的长短，能够说明去处，如期返回。为娘当然不希望你为了我而羁留在家园，就像圈在篱笆里的小鸡，套在车辕上的马驹那样。"徐霞客听罢，高兴得"扑通"一声跪在母亲膝下："母亲，你这样理解孩儿的心思，实在太好了！请受孩儿一拜，请接受孩儿衷心的谢忱和崇高的敬意！"

母亲扶起他来，语重心长地说道："弘祖，你出门远游，重实践，学真知，为娘当然支持。但你从小养尊处优，而今要独自闯荡江湖，常言道，'在家千日好，出门一时难'，为娘却也实在放心不下啊！"霞客马上背诵起孟子的名言："天将降大任于斯人也，必先苦其心志，劳其筋骨，饿其体肤……"母亲一听高兴了，但还是说："无论如何，我想还是带一名家人陪你出游吧！书童小李今年18岁，身强力壮，头脑也机灵，总能帮助你起居作息，为你减轻劳动，节省时间，更好地游历。"

母亲亲手为儿子准备行装，最后还特别取出一块黑布，缝制了一顶便帽。春节过后，"八九雁来"，阳回大地，"春风又绿江南岸"，丰饶的原野，一派勃勃生机，正是出行的好时候。霞客打点完备，辞亲启程，母亲把那顶黑布"远游冠"戴在他头上，又叮嘱了"未晚先投宿，鸡鸣早看天"之类的话语。霞客感动得热泪夺眶而出，他向母亲长揖到地，又向家里其他人作别，然后跨上马鞍，挥鞭前行。他回头望着越来越远的家园，心中默念着唐朝诗人孟郊的名诗："慈母手中线，游子身上衣。临行密密缝，意恐迟迟归。谁言寸草心，报得三春晖。"他默默地念着，想到逝世的父亲、年老的母亲，不禁对自己说："决不辜负双亲的厚望和支持，一定要在游历中更多地开眼界，探索大自然的各种奥秘。"

霞客虽然离家出游，但毕竟还是想念疼爱并支持他的高堂老母，仍谨守着"不远游，游必有方"的古训。所以，他早年的出游，时间和路程都较短，每次出游的时间也都有些间隔，所到地方，舟车交通也都较便利，可以计程往返。万历三十五年（1607年），他最先出游的是离家不过一二百里的太湖流域地区。以后，他于万历四十一年（1613年）去到稍远的浙江天台山、雁荡山、洛迦山等。万历四十六年（1618年）又去了安徽的黄山、江西的庐山。当然，也有去得更远的福建武夷山（万历四十四年，1616年）和九鲤山（泰昌元年，1620年），还去过泰山和北京（万历三十七年，1609年）、河南嵩山和陕西华山（天启三年，1623年）。他每次游罢归来，都要在家停留较长时间，把各地的山川草木、人情风土、轶闻趣事，向母亲和家人、友人仔细诉说，并整理自己的旅行笔记，巩固旅游考察的收获。他的母亲和家人、友人也从他的叙述中感到很大乐趣，更加支持和帮助他出游。

后来，他母亲年事渐高，霞客虽然还想继续远游，但又不舍得立即动身。母亲猜透了他的心思，便愤然对他说："别看我年已老迈，然而还眼明身健，茶甘饭软，身体挺硬朗。你用不着惦记我。如若不信，我还可以陪你出外游历一番哩！"八十高龄的老母不但坐言，而且起行，果真叫霞客陪她一同去游了附近的荆溪和勾曲，而且一路上都走在儿子前面，毫不示弱。耄耋高堂的决心和壮举，使霞客受到更大的感动和鼓舞。"榜样的力量是无穷的！"霞客更加坚定了穷探自然奥秘的雄图壮志。第二年（天启五年，1625年），耄耋老母与世长辞了，霞客自然十分悲伤，他深情缅怀慈母的养育之恩，特别是关心支持他伟大事业的豪情壮举。他服丧期满重上征途之时，也就下定更大的决心，化悲痛为力量，全心全意地献身于祖国的大好河山。

霞客第二次"丁忧"期满后，于明思宗崇祯元年（1628年）开始甩开大步出游，无论时间和空间的跨度上都大大地超前。他当年第二次南游福建，并远去广东惠州的罗浮山，回家之后不久，在崇祯二年（1629

年）北上京师，特别去了京东蓟县的盘山。崇祯三年（1630年）又再下福建。在这期间，他途经浙江又专门重游天台山、雁荡山。在崇祯六年（1633年），他夏秋之际还徘徊在山西北部的五台山和北岳恒山，秋后回家，短暂逗留又南游到福建漳州。他这样忽南忽北，风尘仆仆，一年之内行程超越万里，就那时的交通条件来看，这确实是很了不起的。

崇祯九年（1636年），也就是徐霞客"知天命"之年，开始了他一生中最后一次、也是最重要的一次"万里遐征"的长途地理旅行考察。旅行之前一两年间，他早已对家事作了安排，免去后顾之忧。他又对计划去旅行考察的地区各方面资料充分搜集，这当中，包括张宗侯多年在西南地区宦游考察的手稿《南程续记》，谢肇淛多年到云南、两广考察研究的著作《百粤风土记》，曹学佺搜集当时全国地理资料编成的《大明一统名胜志》等。他于1639年晚秋（阴历9月）出发，坐船经无锡、苏州到昆山。改行陆路到杭州，游毕西湖后，至金华，游冰壶洞、双龙洞。再入江西玉山，游龟峰、五面峰、西华山，至南城县麻姑山（唐朝大书法家、文学家颜真卿曾著有《抚州南城县麻姑仙坛记》）。以后经过吉安、永新而入湖南，经攸县、茶陵，探麻叶洞。登览了"五岳独秀"的南岳衡山，了却他遍登中华五岳的宿愿。他又向西南去永州（零陵）、道州，游览了澹岩和九嶷山，考察了潇水、肖水、泡水这三条河流的分水岭——"三分石"。

他离开湖南入广西，到达多年梦寐以求的"桂林千笋"世界。他在桂林、阳朔一带考察岩溶地貌40多天，钻了六七十个大小洞穴。以后西行经南丹入贵州，见到了全国第一大瀑布——黄果树瀑布。再向西穿越壮观的北盘江铁索桥，过了地势高寒的亦资孔、胜境关，就进入云南境内。以上游程共花了一年零八个月，也就是到了1638年阴历五月。他探到了亦资孔以西20里的黑山即南北盘江分水岭，沿南盘江而下，经沾益、曲靖、陆良、嵩明到昆明。又经晋宁、江川，至通海，游秀山，再至建水，探颜洞，向西至石屏游异龙湖。以后向东返回建水，再东去开远、弥勒、师宗、罗平而至贵州兴义。又向西返回云南，经越州、曲靖、杨林，再至昆明，环游滇池周围的晋宁、昆阳、海口、碧鸡关，再回昆明，游遍城区及近郊区古刹名胜。

在昆明考察很久以后，他又向西行，考察了富民县河上洞、武定县狮子山、元谋县雷应山，直抵金沙江岸，再折而南行；经大姚、姚安、大理，至宾川，登上佛教名胜鸡足山，这里也是他久已仰慕的风景名胜和西行的重要目标。他在那里游览山川风物，拜访学者文人，收获很大。他又从鸡足山出发去了滇西北高寒山区的丽江、中甸，再去到滇西南亚热带的腾越（腾冲），这是他西游最远的地点。他曾打算继续西行，越国界而入缅甸，由于当地人的再三劝阻，他才打消了原意，但也考察了那附近的地区，特别对火山作了记载。以后，他向东经保山、凤庆、巍山、弥渡、祥云，又重上宾川鸡足山。这位52岁的旅行家、地理学家，终因积劳成疾而不能再出行了。他利用在鸡足山养病的3个多月，整理自己的游记，编写地志。他病势加重以后，丽江木土司增白，派人用滑竿（轿子）抬他回去，历时5个月才到湖北，然后转水路乘船沿长江回到家中，已是1640年阴历六月了。他这次出行，历时4年（实际连路途是3年零9个月），其中在云南省的时间达一年半，就省份而言，是最多的。

徐霞客返家后一直卧床不起，不问家事，而且杜门谢客。他把旅途中采集来的"怪石"标本摊放在病塌前，朝夕揣摩、研究，把野外考察记录（游记）翻出来整理。可惜天不假年，他返家后半年，1641年正月他与世长辞了，他整理标本、游记的工作远远没有完成，怀着对宇宙、自然、社会、人生的许多未解之迷，他真是死不瞑目啊！他逝世后3年，清兵入关南下，江阴人民奋起抵抗，遭到残酷杀戮。霞客的长子死难，他的游记原稿也散失了。幸亏他的幼子徐寄把流传在世间的游记抄本苦心收集、整理，最后刊刻成今天流行的《徐霞客游记》。虽然有很多残缺，也总算留下了宝贵的学术遗产。

探奇访胜　勇往直前

徐霞客一生旅行游览祖国河山，探索大自然奥秘，从来就是奋不顾身，排除万难，勇往直前。他坚韧不拔的崇高精神，闪耀着无穷的光辉。

他早年从志书上读到浙江南部雁荡山的山顶有"荡"（即湖、池），龙湫潭的水就是从山顶的"荡"中流下来的。万历四十一年（1613 年）四月，他初游久已仰慕的雁荡山，到了山下的大小龙湫潭，就决心去山顶寻找水源的"荡"。他与仆从二人攀援而上到达山顶，一见全是峰凌，根本找不到什么"荡"。他还是不肯罢休，尽力寻找潭水之源。他见高峰尽处，一石如劈，南面石壁之下有一台阶。他就叫二仆人把包脚布结成一条带子，他与其中一人先后抓住带子，缒崖而下。但是，下去之后，才发现并无道路，仅能勉强站住脚，悬崖之下，则是百丈深渊。他们只好又援索而上。可惜带子又被突出的岩石磨断，他们险些坠岩而下，粉身碎骨。幸好站稳之后，重新结绳，用力腾挽，始得再攀峰顶，出离险境。

天启三年（1623 年）二月，徐霞客去河南登封县游览中岳嵩山，登

上主峰太室山绝顶之后，向樵夫打听下山的路。樵夫说，正路大道从万岩峰到山麓是 20 里，如果从西沟悬崖溜下去，可以省一半路程。他决定冒险从西沟溜下，最初是沿斜坡，手拉着丛条往下移步，但是下面就到了陡峭的石峡，他又冒着如雨的雾滴，顺崖往下溜，整整溜了 10 里，才到峡底，出了平川。

崇祯十年（1637 年）五月，徐霞客到了桂林，他早已仰慕这里地上的"碧莲玉笋"（孤立的座座山峰拔地而起）、地下的幽深岩洞。走到一处岩洞口，向附近老乡打听，回答都说里面深不可测，徐霞客决心进去探个究竟。他除了带上仆人外，又雇请了三位当地农民当向导，并帮忙背干粮等物品。他们一行五人各自举着熊熊燃烧的火把、松明等照明工具，一个紧跟一个地鱼贯而行。彼此间又用绳子牵连着，互相保护，以免出事。洞子常常低矮狭窄，他们很少能站起来直起腰板走路，常常是低着头，猫着腰，缓慢移足，有时甚至匍匐爬行，或者系着绳子爬上爬下，迂回前进。稍不小心，头或肩部碰到周围突出的石壁上，弄得青一块、紫一块，肿痛难忍。

徐霞客一边在前面探路，一边让别人打着火把，他用指南针测定前进方向，又用步子测定距离长短，他走过的地方就边走边画出了岩洞的草图。那时没有钟表，他们走着走着，也不知走了多长时间。也许是生物钟的作用，他们到一定时间都感到困倦了，就轮流打着火把，互换着休息休息，略为小寐，睡后又继续向前。到后来，竟然不知道在里面已过了多少天。追随他多年的仆人终于提醒他："老爷，我们带的干粮已吃掉一半儿多了。看来，得考虑往回走了。"徐霞客一听这话，又看见已到了岩洞中一个比较宽敞的大厅，也就松了一口气，对大家说："我们大家聚拢来，休息一会儿，也商量商量下面该怎么办吧！"他又叫大家把火把集中过来，自己从行囊里取出进洞以后根据指南针和步履测量绘出的洞子草图，摊开一看，他和同伴们都大吃一惊。他说："真没想到，这洞子已走了十多里长，还没见到底。这恐怕要算我们到达粤西以来遇到的最大、最长的洞了。我们看到了很多宝贵的东西，目的基本上达到了。剩下的干粮已不多，大概只够回程的需要。我们就往回赶吧!"出得洞来，他们一打听日期，才知这次进洞探险考察已经历了整整五个日夜。

过了不久，徐霞客到了桂林北边的融县去探访龙岩，向寺庙和尚问路，和尚却指点错误。他走错路之后，不得不绕过雨后暴涨的洪流，沿着一条小河，拉着岸边的藤蔓前进，不慎失足落水，湍流将他直冲而下。他心中以为被大水卷走，难以活命了。但当他被冲到岸边时，却奋力抓住一把乱草，终得脱险，坚持到达了目的地。

两年以后，他到达云南边境的腾越（腾冲），向北游打鹰山与南香甸，见一山峰之上有一岩洞，洞口向东。"见洞必钻"的徐霞客叫随行的仆人留下看守行李，自己向上攀登。山坡很陡，岩石风化剧烈，表面露头破碎，植被也很稀疏。他抓着突出的岩石，抠着土里的草根，手脚并用，一步一步在无路的陡坡上移动。他向前慢慢试探，摸到较坚硬的石块以后，先悬空移过手去，抓牢了再移动脚，手脚都贴牢了才又向前移动另一手、另一脚。就这样顽强地攀登，终于到达洞口，进得洞中。出来时，天色已晚，他不走"回头路"，换一个方向下山，但仍遇到无路的陡坡。幸而坡上野草丰茂，他干脆坐到坡上，双手紧抓草根，慢慢向前溜，大约溜了一里长的陡坡，才到山脚。找到他的仆人时，相对犹如梦寐。他们吃了干粮，到得集镇。当晚也未停留，乘着夜色又踏上征途。

徐霞客出门旅游，足迹所至，多为崇山峻岭、穷乡僻壤。他常生活在社会的中下层，他遇到的多半是山野的老农、樵夫、牧童、渔民、猎户、药农，也常遇到寺观的和尚、道士，常向他们问路、请他们作向导，甚至投宿在他们家中。他常受到他们的热情接待。他在云南时，有一次大雨滂沱之际，他投宿一个陈姓老农之家，老人穷得吃饭没有盐巴，床上没有草垫，但还是热情接待他，生火为他烤干淋湿了的衣服，他心中十分快乐。他正是依靠劳动人民的帮助，能够得到见所未见、闻所未闻的知识，能够到达人迹罕至之处。

徐霞客到达湖南，向西南前进时，有一位叫静闻的和尚，有志到著名的云南宾川鸡足山去进香，于是，就和徐结伴同行。他们溯湘江而上时，遇到一伙盗匪，不仅抢光了他们的钱物，还把他们毒打成伤。后来，行至广西，静闻伤病交加，不幸逝世。徐十分悲痛，按静闻的嘱托，把他的遗体一直背负到鸡足山安葬。并作了挽诗，其中说："西望有山生死共，东瞻无侣去来难。""别君已许携君骨，夜夜空山泣杜鹃。"

徐霞客30多年的旅游生涯，跋山涉水，栉风沐雨，历尽艰辛，饱经忧患。他游弋在人民群众的海洋中，热情待人，坦诚感人，自己也锻炼得更朴素、更坚定。他得道多助，终能排除万难，勇往直前，实现自己探索大自然奥秘之宏愿。

地理学上的辉煌成就与卓越贡献

徐霞客一生读万卷书，行万里路，也留下了丰富的学术遗产，在很多学术领域里做出了巨大贡献。

徐霞客的贡献首先是在自然地理学、地貌学，特别是石灰岩溶蚀地貌（喀斯特）方面。他留下的《徐霞客游记》实际上是世界第一部广泛而系统地描述岩溶地貌的科学记录。德国地理学家瑙曼是在徐霞客之后200多年的1858年才记述南斯拉夫狄拉里克阿尔卑斯山脉的一座小山——喀斯特山的岩溶地貌。以往地理学界竟公认瑙曼是研究岩溶地貌的最早先驱，而"喀斯特"也就成了岩溶地貌的专门术语。假如不是长期封建统治的阻碍，徐霞客的研究工作后继有人，一直发展成为系统的近现代地理学，那么，世界上岩溶研究的最早先驱将被公认为徐霞客，而不是瑙曼，岩溶地貌的专门术语将是"桂林"，而不是"喀斯特"。因为徐霞客对岩溶地貌的记述远较瑙曼详尽，而桂林的岩溶地貌也远较喀斯特山更典型、标准。正因为中国社会发展的滞后，我们不得不在徐霞客之后二三百年再把西方的近现代地理学当作"舶来品"接受，这简直是历史的悲剧。

徐霞客一生中最后一次长期出游，从湖南经广西而人云南，一路上都遇到石灰岩地貌发育区。古生代泥盆纪至中生代三叠纪形成的大片石灰岩，在新生代后期（晚第三纪至第四纪）经过地面流水和地下水长期侵蚀、溶解、沉淀，产生了千奇百怪的地形地貌。徐霞客称桂林漓江的奇峰群是"青莲出水，各欲独上"。他称阳朔周围则是"碧莲玉笋世界"。他又注意到柳州地区石山与土山相连，石山好像锥处囊中，脱颖而出，和桂林、阳朔显然不同，后者全是石峰，不受寸土。可见他观察很细致入微。

徐霞客前后共探察了100多个溶洞。他考察最详者是桂林七星岩溶洞群，对15个溶洞的结构、特征、分布规律都作了详细记载。他认为，石灰岩质地坚硬，能抗机械剥蚀，但却易被水流溶解。这种"服软不服硬"的性质造就了千奇百怪的岩溶地貌特征。石灰岩山区虽奇峰挺拔而山内多被水溶解侵蚀成空洞，流水渗透其中，可形成裂隙水流，甚至形成暗河。地下水溶解掉的石灰岩质在洞顶沉淀聚积，形成自上往下生长的石钟乳。滴在地上的地下水，其溶解的石灰岩质在洞底沉淀聚积则形成自下往上生长的石笋。在一条垂直线上生长的石钟乳和石笋，最终会连接成一根石柱。这些见解与记录都十分宝贵。他当年仔细观测描述过的桂林七星岩，现在经过科学的实地勘测，与他330多年前的记述相对照，证明除去他未及发现的个别分支以外，其余绝大部分都是真实的、正确的。就凭这点，亦有充分理由把《徐霞客游记》推为世界最早的石灰岩地貌的宝贵文献。

徐霞客第二个重大学术成就是陆地水文学方面。他经过数千里跋涉，"北历三秦，南极五岭，西出石门、金沙"，终于查清长江上游是金沙江而不是岷江，推翻了自《禹贡》以来流行于世的"岷山导江"之说。他写成了《江源考》一书，是我国地理学、陆地水文学上之重要文献，虽然今所流传下来的已非全文，只是残缺本，但其价值仍然是很大的。他到湖南曾考察过湘江三大支流之一——潇江（即"潇湘"）之发源地，他找到了"三分石"，经实地考察后，他纠正了早先人们说"三分石"下之水"一人广东，一人广西，一人湖南"之说，他指出："三分石下的水，从来就不流往两粤（即东粤——广东，西粤——广西），况且它的南面还有锦田水，东西横流，是楚粤的分界。听说锦田东有石色岭，属广东连州，水到这里，才开始自东南流入东粤。"充分体现了他的求真精神。他还在旅行云南时，写出了《盘江考》，分别确定了文水和可渡河各是南盘江和北盘江的源头。他纠正了《大明一统志》中把南盘江其他支流当成上源的错误。

徐霞客在福建旅行时，注意观察对比了九龙江和建溪的特点，此二河发源地海拔高程相近，但与海的距离，即流程却显然不同，因而两河中之急流、险滩分布就大不相同。他得出的结论是"程愈迫则流愈急"。也就是说，总落差相同或相近，但流程愈短，相对比降就大，水流就较急，侵蚀力就较大，急流、险滩就多。这个见解是很精辟的。他还指出河流两岸弯曲之处或岩岸近逼水流的地方，常显示出急流冲刷之巨大力量。他解释这些现象时，说"江流击山，山削成壁"，"两旁石崖，水啮成矶"，"山受啮，半剖为削崖"，都非常正确。

徐霞客第三方面成就是对火山地质的观察和研究。他搜集关于17世纪初云南腾越（腾冲）地区火山爆发现象之口碑资料，又做了实地观察。他在《游记》中记载了打鹰山火山喷发时，造成森林烧毁，人畜伤亡。他又描述火山喷发的遗迹道："山顶的石头都是赭红色，质地轻浮，形状犹如蜂房，是浮沫所凝结成的，虽然大至合抱，但是重量很轻，用两个

手指就可以拿起来，不过它的质地却是很坚硬的，真正是劫灰之余啊！"
（意译）他所讲的正是我们今天岩浆岩内火山喷出岩中的"浮岩"，虽质
地坚硬，但像泡沫塑料一样，比重很小，很容易拿起来，丢到水里也能
浮在水面。此外，他还记述了以往火山活动后留下的温泉和硫磺矿等。

　　徐霞客第四方面成就在于对植物地理的考察和研究。他首先注意到
了植物分布的垂直地带性变化。游浙江天台山时，他指出：登上太白峰
顶，只见荒草靡靡，山高风冽，草上积雪厚达寸许；稍下面一点，在四
面山峰环绕之下，有挂着冰凌的树，就像琪花玉树，玲珑剔透；到了山
岭底下，则草木葱茏，山花盛开，五颜六色。显然是因为地势高低不同
而气候各异，故有不同的植物。他又记录了云南大理苍山的植物垂直地
带性。山腰先是干燥草原带，然后是针叶林带，林层斜坡距离约 3 里
（1500 米）。再往上是高山灌木的丛林区，仅集中分布在较湿润的山坳里。
最高的山顶则是高山冰雪荒砾区，没有植被。

　　徐霞客又记载与研究了物候地域差异性。他曾记载了在河南、陕西、
湖北等省旅行时见到因纬度及地势高低不同而物候、植被各异的情况。
他曾记录了一路上的情况。他离开河南嵩山、少华山时，始见麦畦青青。
到了陕州，则杏花始开，柳树抽芽，依依向人，俨然初春景象。进入潼
关以后，驿路平坦，垂杨夹道，梨李参差，已是一派仲春盛况。当他穿
过商州、洛南，转入去湖北路上，见泓岩（瓮岩）山区层冰积雪，充满

洞岩，简直是春风不渡的严冬。而当他出了山区，则重见杏花。过了龙驹寨，又是桃雨柳烟，再现仲春风光。徐霞客认识到垂直地带性、纬度地带性的规律。也就是说，一山之间植被类型不同，物候不同。同一时期，因纬度和地形的不同，物候早迟、气候状况也不同。这种认识，比德国地理学大师亚历山大·冯·洪堡特（Alexander Von Humboldt）要早200多年。

徐霞客还记载了高山植物的生态反映。他在黄山登天都峰时，沿途见到危岩绝壁之上，尽是怪松悬结，高者不过一丈，低者仅数寸，平顶短鬣，盘根虬干，愈短愈老，愈小愈奇。而到达天都峰顶，则无挺拔大松树，全是曲盘纵横的。柏树亦平贴山岩上，状若苔藓。现代科学认为，生长在紫外线过强阳光下的植物，茎节粗短，木质和机械支持的组织发达，分支也多，含水量较少，往往还变成莲座形。徐霞客当年的观察是很正确的。

徐霞客在旅途上，注意观察记录了各地的奇花异树。他指出武当山琼台观的椰梅"大皆合抱，花色浮空映山，绚烂岩际"。他提到衡阳的丹桂"皆耸干参天，接阴蔽日"。他谈到湖南宁远县九嶷山的舜陵，"陵有二树夹道，大四人围，僧呼为'株树'。实大如指，去壳可食"。

他记载奇花异树最多的地区当首推号称"植物王国"的云南。他说，山茶花比碗还大，攒合成珠。有一种分心卷边，软枝的为上品第一等。他特别提到，昆明城郊西山太华寺和城中张石夫家朵红楼前面各有一棵山茶花树，都挺立三丈多，"树冠盘垂，盖地几及半亩，弯曲的枝丛叶密干，下覆及地。这就叫"柔枝"。开的花，分心大红，为全城之冠。"可惜后面这株大山茶花树，在徐霞客记述后300多年的"文革"期间，不幸被弄死。他又记述盛产于大理、保山的杜鹃花"一花具五色，花大如山茶"。他还记述大理的龙女树"从根分挺三四大株，各高三四丈，叶长二寸半，阔半之，而绿润有光，花白，小于木兰，亦木莲之类而异其名。"此外，他还记述了兰花之中的雪兰、玉兰、虎头兰、红舌兰、白舌兰、鱼子兰，菌类的鸡棕、白生、香蕈，以及滇西的十里香树、桎树、飞松、花上花、灯笼花等新奇植物，对它们的根、茎、叶、花、果都详尽描述，留下了珍贵文献。今天我们用近现代植物学标准去衡量，他的记述也是基本上正确的，足见他科学态度之认真、严谨。

徐霞客第五方面的成就在于对当时气候状况的认识与记载。他长期在野外跋涉，从中积累了观察天气的经验。他曾用区域比较法和综合因素分析法等近代地理学方法，对我国气候问题提出了创造性的见解。例如，他说："山谷川原，候同气异。"这是他比较了黄淮平原和秦岭山脉后得出的结论，说明气候受高程、地形影响的科学道理。他又说："两广之燠，皆以近日故也。"意思是说，广东、广西热，是因为离太阳近，太阳能直射的缘故。用今天的话说，两广处在低纬度区，不少地方在北回归线以南，太阳一年两次通过天顶，直射地面时间较长，所以很热。

徐霞客对迎风坡与背风坡气候不同也有清楚的认识。1637年正月隆冬，他登湖南云阳峰，看到"山之南、东二面历历可睹；而北、西二面犹半为雾掩"。此后，他"又登一岭，岭西黑雾弥漫；岭东日影宣朗"。原来，当时盛行西北风，西北坡为迎风坡，气团上升，冷凝为雾，而背风坡则为晴朗天气。1639年，他从云南的龙川江，顺迎风坡登高黎贡山，"风雨西来，一天俱漫，于是行雨浪中"。待过了"分水关"，进入山的背风坡时，"天色大霁，路磴俱燥"。这是由于印度洋上的西风将水汽带入云南西部横断山脉，气团沿迎风的西坡上升，冷凝形成降雨，而越分水岭到背风的东坡，则气团下降，遇热增温，水汽呈非饱和态，不成降雨，仍为晴天。这些，在他的《游记》里都留下了宝贵的记录。

他的《游记》里，对气温状况也有生动的反映。他1616年阴历二月初五游安徽黄山，"山顶诸静室，径为雪封者两月，今早遣人送粮，山半雪没腰而返"。现在的黄山，一般年份冬天积雪很少，时间也短。个别年份，冬天根本无积雪。1628年阴历三月十九日，他在福建顺昌县遇到"雪片如掌"。"群峰积雪，有如环玉。闽中以雪为奇，得之春末尤奇"。

到如今，福建省一般要若干年才能遇上一次雪天了。1633年阴历八月初六，他游山西五台山，遇"滴水皆冰"，估计当时气温约摄氏零下10°左右，而今同期气温在摄氏零上10°左右，相差约20℃。1638年阴历三月十一日，他从云南邓川到大理，经蝴蝶泉后第三峡向西行，见"上下危崖绝壁，积雪皑皑当石崖间，旭日映之，光艳夺目"。"最高一峰，当其后有雪痕一派，独高如疋练"。现在当地同期根本无积雪，即使冬天积雪，在阴历二月底也就全部融化。由此推知，当时的物候比现在至少迟30天左右，日均气温比今天低5～6℃。现在研究表明，这正是我国5000年来气候变迁中最后的一个冷期，也叫"小冰期"。《徐霞客游记》留下宝贵资料，弥补了当时无仪器记录之缺欠。

弥补当时无仪器记录雨量的，还有徐霞客留下的1463天的日记，几乎每天都有晴雨记录。尤其突出的例子是，他1638年阴历8月初，从云南泸西经师宗、罗平、陆良、马龙、寻甸、嵩明至昆明，在该区连续有52天至59天下大雨。他的《游记》中有下列描述语句："达旦而雨"、"雨意霏霏……中夜复闻雨声"、"雨阻逆旅"、"风霾飘雨"、"殷雷轰鸣，大雨忽至……冰雹交作'、"雨复不止，北风酿寒殊甚"……该地区近代连续雨期记录一般仅5～7天，很少有超过15天的，与徐霞客当年记录相比，不及后者四分之一到十分之一。徐当年记录该区终雨期达阳历11月上旬，而当今该区终雨期仅及阳历9月中旬，二者相较，差了四五十天。这一切都有利于我们今天去研究古今气候的差异和晴雨的变迁，是很珍贵的。

徐霞客第六方面的成就在于经济地理的记载与研究。首先是对各地物产的记述。他于1633年记录了我国当时七大煤田之一的浑元煤田，说："山皆煤炭，不深凿即可得。"他又描写湖南攸县煤矿："诸山皆出煤，攸人用煤不用柴，乡人争输入市，不绝于路。"他还记载了云南腾冲附近烧草煤，从田洼之间挖取晒干即可做民用燃料，甚至烧制陶器，今天看来，就是泥炭。他也记载了很多金属矿产的开掘和冶炼。腾冲还出产铜、铅、锌、银矿及丹砂（汞矿）。广西河池、南丹有锡、银砂矿，经水淘火炼，锡砂得锡较容易，银砂品位低，15千克砂矿精炼后仅得银100克左右。他还考察记述了云南安宁的盐矿，大井每天煎盐30千克，小井20千克，全盐场日产盐750千克。

徐霞客还记载研究了农业耕作制度与技术。他谈到云南丽江因地多肥少而实行轮休耕作制度："其地田亩，三年种禾一番，次年种豆菜之类，第三年则停而不种，又次年乃复种禾。"显然，种豆的目的是利用豆科根瘤提高肥力（如今看来就是"固氮"）。他也记述了云南大理的茶林园，他指出，该园院外齐松修竹，间以茶树。茶树都有三四丈高，与桂树极相似。采摘茶叶时，无不架梯子爬到树上。茶味颇佳，炒了之后曝晒，以至茶色不免呈黝黑状。他还记载了云南迷渡川、腾冲等地的农用水力工程："峡中小石累累，各就水建磨房，以水运机磨麦为面，甚洁白。乃知迷渡川中盛产稻米和小麦。"他又首次记载了我国云南枯柯河新街的"紫梗树"，说："有树立冈头，大合抱，其本挺直，其枝盘绕，有胶漓于本上，是为紫梗树。其胶即紫梗也。初出小孔中，亦桃胶之类，而虫蚁附其外，故多秽杂云。"紫胶是用途极广之高级漆料。

此外徐霞客还记载了当时很多特别风味食品，如果品、肉食、糕点。还记录了佛寺的分布、僧侣的活动、流传的文献典籍、名胜地的摩崖石刻与碑刻等。他留下的《徐霞客游记》就是当时我国社会的一部百科全书，展现了一幅生动的历史画卷。

霞客精神万古扬

徐霞客不仅是优秀的地理学家、旅行家，也是一位杰出的散文家、进步的社会活动家。他逝世以后，若干著名学者对他作出了崇高的评价。

著名地理学家陈函辉为徐霞客写了墓志铭，记述了他光辉的一生。陈说："霞客工诗，工古文词，更长于游记。文湛持、黄石斋两师津津赞美。"文湛持（震孟）和黄石斋（道周）都是明末的大忠臣、大学者。文湛持称霞客为"古今第一奇人"。黄石斋奠祭霞客时，写挽诗云："知我未澜犹强饭，闻君临娄遂推篷。十州五岳齐挥泪，屐齿无因共数峰。"著名学者钱谦益见到霞客逝世后留下的《游记》，称赞说："此世间真文字、大文字、奇文字！不当令泯灭不传！"并出面把《游记》推荐给当时全国最大的刻书家、"汲古阁"主人毛晋，说："徐霞客千古奇人，游记千古奇书。……幸为鉴定流通，使此奇人奇书不没于世，则汲古之功伟矣！"他还写了《徐霞客传》，介绍了霞客的生平及贡献。著名学者奚又博则认为《游记》"固应与子长之《史记》并垂不朽"。

我国近现代地质科学界对徐霞客的崇高精神也极为赞扬与效法。20世纪初我国地质科学创始人、奠基人丁文江先生是著名的探索型科学大师。他处处以徐霞客为榜样。他 1927 年在政治上失意、避居大连时，潜心钻研、整理《徐霞客游记》。他早期和晚期在西南几省从事地质大调查中，常常循着徐霞客的考察路线前进。他以霞客的艰苦奋斗精神为榜样，为自己立下了很多行动准则："爬山必到峰顶，移动必须步行（不骑马，不坐轿）。""平路不走走险路，近路不走走远路。"他由此而取得辉煌的科研成果。1936 年，丁文江逝世后，著名地质学家翁文灏赠他的四首挽诗（七律）之一说："携斧曾经汗漫游，西南山谷最清幽。碧鸡金马云南路，漓水藤滩黔外州。霞客遗踪追绝域，粤湾车路达江流。搜罗多少详图籍，整理端需仔细求。"1987 年，在北京大学举行的"纪念丁文江诞辰100 周年、章鸿钊诞辰 110 周年大会"上，著名地质学家黄汲清盛赞丁文江是"20 世纪的徐霞客"，后来专门发表了此内容的文章。

我们科研机构、学术团体、高等院校也多次举行纪念与研究徐霞客的活动。1941 年，浙江大学举行了纪念徐霞客逝世 300 周年大会，该校校长、著名地理、气象学家竺可桢主持其事。后来出版了《地理学家徐霞客》一书。

在改革开放的新时期，为实现四个现代化而努力奋斗的中国人民，

更加缅怀和学习徐霞客这样的科学先驱。1979年，在他的家乡江阴市街头，落成了徐霞客雕像。他老家马镇乡南阳歧村，他的陵墓也被整修一新。并在村里建成了徐霞客纪念馆，馆内东西两壁上镶嵌着77块明代的晴山堂石刻，记载了霞客的家世及其本人生平，特别是一生旅游活动之事迹。海内外学者络绎不绝前往参观，并仔细研究关于霞客生平事业的重要史料。

1984年11月，在徐霞客生前考察石灰岩地貌的重要地区——桂林，举行了中国地质学会地质学史研究会第三届学术年会暨第二届中国地学史学术讨论会。全体代表前往地质部岩溶地质研究所参加了徐霞客塑像揭幕仪式，该塑像是为纪念徐霞客400周年诞辰而树立的，当时出席仪式的有地质部部长孙大光、交通部副部长潘琪等，仪式隆重，意义深远。

1987年、1991年学术界先后举行了徐霞客诞辰400周年及逝世350周年纪念会，会后出版了论文集，把研究和学习徐霞客的事业推向新的高潮。

三、近代地理学奠基人——洪堡特

　　1769 年，在地球科学历史上真是个不平凡的年头，三位地球科学大师都在这年出生。一位是英国的威廉·史密斯，一位是法国的若尔日·利奥波德·克列蒂安·弗雷德里克·达戈贝·居维叶。还有一位便是本文的主人公——弗列德里希·威廉·亨利希·亚力山大·冯·洪堡特。

显贵身世　　金色童年

　　汉斯·保尔·洪堡特早在 1738 年就得到了贵族头衔。他的儿子亚力山大·格奥尔格·冯·洪堡特后来成了普鲁士王国的少校宫廷侍卫官。亚力山大·格奥尔格·冯·洪堡特的具体职责是担任王储夫人的警卫。1766 年，他与富孀马丽·伊丽莎白·柯伦布·霍尔维德结婚，得以继承一大笔财产。霍尔维德出身于加尔文新教胡格诺教派家庭。其前夫是一位富翁。1767 年，亚力山大·格奥尔格·冯·洪堡特与霍尔维德生下了一个儿子，取名卡尔·威廉·冯·洪堡特，1769 年又生下了第二个儿子，取名弗列德里希·威廉·亨利希·亚力山大·冯·洪堡特。

　　在普鲁士首都柏林的郊区，有一个台格尔庄园，座落在水光潋滟的湖畔，古典建筑质朴、典雅。楼台亭阁，曲径通幽，繁花似锦，绿草如茵，风光极为秀丽。洪堡特兄弟二人就诞生在这里，并且在此度过了金色的童年。兄弟二人孝顺父母，又相亲相爱。常一起在花园里玩耍，在树丛中追逐嬉戏，还一同到庄园以外的森林、桑园、葡萄园、田野里去领略大自然的秀丽风光。他们喜欢采集各种植物、动物标本。

由于家庭富裕，父母给他们请了家庭教师。哥哥威廉聪明、稳重、好学，用现在的话说，叫做"收敛型思维"，很受父母、老师喜欢，认为他将来一定学而优则仕，会当大官。弟弟亚力山大虽也聪明，但较活跃，属于"发散型思维"。他不仅喜欢读一般的教科书，而且喜欢在父亲的书斋里广泛涉猎各种各样的奇书，尤其是那些记载遥远的异国风情的探险访胜的书籍，更令他爱不释手。他多次宣称，将来要把一生献给旅行，献给对世界上所有的奇观的研究。他后来进入学校也很喜欢地理课，常常向老师提问山脉、河流、植物、气候等方面的问题。他"打破沙锅问到底"的作风，往往令老师招架不住。特别是问到非洲、南美洲等地的问题时，老师两手一摊，告诉他，这些地区的情况人们还知之太少，并顺水推舟地说句鼓励的话："要了解那些处女地的情况，只有寄希望于你们这一代了。"

曲折的成长历程

亚力山大·冯·洪堡特成名之后，回忆起他幼年的情况。他曾生动地提到，他在地图上观看陆地和海洋的轮廓时，向往着海岸边的奇景，他很想看南天星座的星星，他从大本圣经的插图中看到黎巴嫩的棕榈树和雪松的优美画面，他在离家不远的植物园古塔里见到来自异域的巨大的龙血树……这一切都使他萌动起到国外旅行的渴望。

小亚力山大的这些兴趣爱好，和当时普鲁士贵族子弟很不一样，他的父母和老师都对他迷惑不解，觉得他太古怪，他们私下担心地议论："多么奇怪的孩子啊！别人还以为他想开草药铺哩！"家里人中，唯独哥哥威廉了解他，认为他聪明好学，成绩不比自己差，将来定会在事业上有所成就。

小亚力山大的兴趣，在较宽厚的父亲那里还算勉强得到谅解，父亲对他比较放任。可是1779年，他10岁时，父亲不幸病逝。母亲更加冷漠、严格，她担心小亚力山大这样下去对贵族之家的尊严有损，一心只希望他能胜任高级的公职岗位，因而在中学时期要求他学好语文、数学、政治史、经济学等经典课程。1784年，他15岁时，家中来了一位贵客——德国著名植物学家卡尔·弗里德利希·威尔登诺夫，他知道了小亚力山大的兴趣爱好和成绩以后，不禁大加赞赏和鼓励，并劝他母亲能因势利导，让他走进自然史研究的领域。然而，母亲还是一心要为小亚力山大谋求一个体面的职业。

当时德国正处于腓特烈二世（即"腓特烈大帝"）统治的时代，国力迅速增强，王国经济收入中，很大一部分依赖采矿事业，主要开采银、铜、食盐等矿产资源。管理矿务的官员有钱有势，受人尊敬。亚力山大·冯·洪堡特的母亲霍尔维德夫人根据他的爱好，也就安排他去学习矿业。而小亚力山大性情温厚，明白事理，虽然他的想法与家庭存在距离，但决不愿与家庭闹得不和，而且矿业与他的爱好也有很多共同之处，可以学到地质学、矿物学、水文学等知识，对将来旅行探险也极有用处。所以他满口答应家中的安排，于1787年，他18岁那年出外求学。从那时起到1792年，共5年时间内，他先后念过奥得河法兰克福大学、哥廷根大学、汉堡商业学院、富莱堡矿业学院。他在大学期间熟悉了工艺技术学，也在经济学、地质学及矿业科学等方面打下了基础。在植物学家卡尔·弗里德利希·威尔登诺夫指导下，他对植物学倾注了更多的精力。1790年，他在布伦斯威克发表了第一篇科学论文——"莱茵地区一些玄武岩的矿物学观察"。在这篇文章里，他抨击了"火山作用"理论，但他也不是完全明确地追随"水成论"。在他年轻的时候，对他最有影响的老师是富莱堡矿业学院的地质学家亚伯拉罕·戈特罗勃·魏尔纳——"水成论"学派的主帅。他本人 1791 年在富莱堡还学习过关于消炎药的药物化学。

他在大学期间，结识了一位老师，叫格奥尔格·福斯特。这人曾跟随英国著名航海家詹姆斯·库克上校去南太平洋航行、探险。他还是坚决支持法国革命的。1790 年，亚力山大·冯·洪堡特和福斯特到西欧各国作了一次旅行，他们先去荷兰，又去英国，再到法国巴黎。他们到巴黎那天，正好快到攻占巴斯蒂尔大狱一周年纪念日，洪堡特在给友人的信上表达了他的激动心情。

洪堡特上大学时，正值西方产业革命和科学启蒙时代，数学、物理、化学、天文学等都突飞猛进地发展，而地球科学、自然史研究则相对滞后。洪堡特在哥廷根大学读书时，就很感喟地谈道："在精确的仪器每天都在增多的同时，我们对于很多高山和高原的高度仍然一无所知。"他决心到人迹罕至的地区去旅行，去探索大自然的奥秘，填补地球科学上的空白。

热情称职的矿山督察官

1792 年，23 岁的亚力山大·冯·洪堡特虽然没拿到学位就离开了富莱堡矿业学院，但还是被普鲁士王国政府矿业部任命为拜罗伊特山区和菲希特尔山区的矿产检查员，那里是普鲁士王国不久前刚刚兼并进来的领土。他一去就领导那里的废矿重建工作。他跟那些只知坐办公室看报表、批文件的老爷式矿产检查官不同，他深入基层，从一个矿井到另一个矿井，检查通风、照明及其他安全设备，还研究井下的岩石、矿物和矿体。他关心工人的疾苦，发明改进了一种矿山安全灯，以及一种防窒息的救援仪器。他又举办了矿业技术学校，对年轻矿工们进行培训，提高他们的业务素质。

　　由于各方面成绩显著，他于1793年被提升为法兰科纳地区矿产检查官。就在这一年，他在柏林发表了一篇关于富莱堡地区地下隐花植物之研究的古植物学论文。他还抽出时间去寻找所谓"生命力"的证据。他通过加伐尼电池电流实验，希望找到"生命化学过程"中的发光现象。这一研究成果于1797年在波兹南和柏林发表，是2卷集的书，书名是《激发的肌肉纤维与神经纤维之实验》。很明显，他原始的企图是找出动物和植物生命过程的相似性。

　　在这一时期，他还研究了自然界的内聚力和普遍一致性。他采用了比较的方法，是很有特色的。他在研究自然界普遍关系上是彻底的经验主义者。对于他来说，事实、测量和实验数据是科学的基石。他相信自然界普遍的和谐与平衡，他不能理解在任何发展过程中相反的力的重要性。

　　1792年和1794年，洪堡特曾去到现在属于奥地利、捷克斯洛伐克和波兰的盐矿区去视察。1794年，他被提升为矿产总检查官。在1795年的下半年，他又去意大利北部、瑞士和法国阿尔卑斯山区旅行，他在富莱堡认识的一位萨克森州矿务官卡尔·弗莱斯勒本陪同他前往。这次旅行中，洪堡特结识了一些登山专家，学习到关于气候、植物与高度之关系的知识。他又知道了辨别地形的证据，并且也知道需要作天文观测和地磁观测。他于1796年发现了拜略特东北边格弗里斯附近海德堡地方的磁力现象。以后 50 多年里，洪堡特一直研究地磁。

洪堡特无疑是地理科学的奠基人之一，他主要的目的是对大自然作综合的观察研究。他当初作为普鲁士的政府官员还没有条件从事这一伟大的事业。再说，和中国古语一样："父母在，不远游，游必有方。"他的行动还有一定的约束。1796 年，他的母亲病逝，他和哥哥继承了一大笔遗产。他在财政上独立了，也可以完全按其志趣来行动了。他辞去了政府公职，公开宣称"要进行一次远离欧洲的大旅行"。他回到家乡，卖掉了父母留下的土地、房屋等不动产，筹措了大笔供旅游的资金。又抓紧学习了天文观测及测定地理方位的方法，为远游做好充分的准备。

远游前的几番波折

洪堡特听说英国有位勃里斯托勋爵正计划进行一次去非洲溯尼罗河而上的旅行。他很想跟随前去。因为尼罗河中下游是干旱的沙漠，而水量却很大，灌溉了两岸的"绿色走廊"，孕育了世界最悠久的埃及文明，由此可推知，它的上游、发源地一定很高，供水区域一定很大，多半接近非洲热带地区。所以，他认为去那边考察探险一定会有收获。可惜当时拿破仑正要进攻埃及和叙利亚。若占领埃及，则作为拿破仑之敌国的英国的勃里斯托勋爵肯定不能去那里旅行。这个计划就成了泡影。洪堡特这个计划没实现，他仍积极从事各方面科研活动。

1797 年，洪堡特在耶纳完成了关于流电学及动植物化学效应的大型实验，他自己也学到很多解剖学知识。在耶纳他又进一步加深了与早年相识的两位大诗人——约翰·沃尔夫冈·冯·歌德与约翰·克利斯多夫·弗列德利希·冯·席勒的友谊。由于他兴趣爱好广泛，他与歌德关系一直很亲密。席勒虽然一度认为洪堡特是一个"才智非常局限的人"，但还是在他办的杂志上发表了洪堡特的寓言故事。洪堡特同意席勒的观点，赞成生命力理论。可是洪堡特后来又放弃了这一立场。

1797年5月底，洪堡特经德累斯顿、布拉格而到达维也纳，准备去西印度群岛旅行。他研究了生长在维也纳植物园的西印度群岛植物，又去匈牙利短期旅行。10月底，他在萨尔茨堡与德国著名地质学家、火山学家利奥波德·冯·布赫一起旅游考察。他还作了气压测定高程的研究。

洪堡特心中始终想着远游。他考虑，如果拿破仑军队占领埃及，是否可以争取机会参加跟随法军后面的科学探险队去埃及考察呢？于是，他决定到巴黎去打听一下消息。这时，他哥哥威廉·冯·洪堡特正像其父母所期望的，成了普鲁士王国驻法国大使，常驻巴黎。威廉的妻子很温柔贤淑。兄嫂二人都喜欢亚力山大·冯·洪堡特，欢迎他去巴黎。亚力山大于1798年4月到达巴黎。打听到拿破仑军队确实去进攻埃及了，但又没有得到随军科学探险队的消息。他在巴黎就抓紧去法国科学院阅读资料和听讲座。他当时在科学界已很有名望，他从1793年起已是萨克森金质奖章评奖组的成员。他作出了巴黎磁倾角的测量，又进行了电流实验，还研究了空气的化学成分。

洪堡特当时又打听到一位法国航海家博丹正计划作一次环球航行。他又去进行接头和了解。在这过程中，他结识了一位比他小4岁的年轻的法国人，名叫艾梅·蓬普朗，个子比洪堡特高，健康英俊。蓬普朗出身医生世家，本人也是一位外科医生，但他却有研究植物的兴趣，喜欢到大自然去探索、冒险。他们情趣相投，一拍即合，成了亲密朋友、相随6年的忠诚旅伴。虽然博丹的计划没能实现，但他得此知己，也算很大收获。

1798年10月20日，洪堡特和蓬普朗离开巴黎去到马赛，在那里从事地形测量和植物野外考察。他们希望从那里横渡地中海，去到北非，结果没实现。就于12月中旬去了西班牙，在那里学习用六分测时仪、气压仪等进行测量。以后取道瓦伦西亚和巴塞罗那到达西班牙首都马德里。他们在那里搜集了很多小比例尺大区域的地形图资料。

登上南美洲大陆

洪堡特和蓬普朗在马德里四处托人。请求晋谒西班牙国王和王后。果然，国王很快就在1799年3月接见了他们。洪堡特向国王说明，他和蓬普朗都是科学家，去南美洲的目的在于考察那里的自然环境，为发展科学事业而解决一些疑难问题。此外，他们一不图发财，二不会影响西班牙殖民政府的统治。国王对这位年轻的贵族科学家诚挚的、文雅的谈吐极其赏识，当场就答应了他们的请求。国王还签署给西班牙殖民地所有总督和大公的信件，交给他们随身携带，信上说明，准许亚力山大·冯·洪堡特男爵和艾梅·蓬普朗先生随意旅行，不得进行任何干涉，并多多提供方便。这样的"特别通行证"（相当于过去中国皇帝颁发的令箭、腰牌）实在是国王特大的恩典，就是西班牙本国的人也是很难得到的。

1799年6月5日，洪堡特和蓬普朗在西班牙的拉科伦尼亚港口登上一艘名为"毕扎罗号"的轻型巡航舰，驶入大西洋。当时英法两国正在交战，海战时有发生。他们冲破了英国海军的封锁，在加那利群岛的特内里费岛作了短暂停留。7月16日，他们在南美洲北部委内瑞拉的库马纳港登岸。这里是他们在南美洲将近5年旅行的起点。他们对这个"新大陆"上的一切都感到新奇。洪堡特给他哥哥威廉的第一封信中，就有以下的叙述：

……我们周围全是奇异的植物、电鳗、老虎、犰狳、猩猩和鹦鹉……镇外居住着红铜色的印第安人……走进他们的一所小屋，我发现屋里的母亲和孩子们用被海水冲到岸上的珊瑚基干作他们的座椅。每个人都有一个椰子壳作盘子，他们正在吃盘中的鱼……

植物是奇妙的。50英尺到60英尺高的椰子树、盛开着一簇簇金字塔形的 1 英尺的艳丽红花的大树、香蕉树，以及许多有着手掌那么大的叶子和芳香花朵的树，一切都是纯粹新奇的。

你简直不能想像鸟的羽毛有多鲜艳，鱼是什么颜色的，甚至螃蟹也是天蓝色和金色的。蓬普朗和我一直在到处乱跑，就像一对傻子似的。……

我确信我在这里将会十分快乐。

……

洪堡特和蓬普朗并未沉醉在新奇美景中，他们并非游山玩水，而是时时记着自己探索大自然奥秘的神圣任务。他们打算合写一本"有关科学而不是有关个人"的游记。用他们的话来说，"在大自然的压倒一切的尊严中，在每举足一步就呈现在眼前的无比伟大的景物面前，一个认真学习的旅行家，是不会倾向于在他的游记中，扯进纯粹关于私人的事情的。"

他们在库马纳就考察了那里不久前发生的地震的遗迹，认为库马纳地震是 1797 年基多大地震的导火索，指出地质构造和地壳运动、地震之间的密切关系。他们又考察了通古拉瓦火山，注意到该火山爆发时，喷出的热水和泥浆比熔岩还要多，不同于维苏威火山等的情况。有点近于"泥火山"。

在当年 10 月 28 日，他们还有幸观察到了日蚀，可惜他观察研究心切，缺乏防护经验，长时间仰望天空，详细记录日蚀过程，不料脸部严重晒伤，只好上了药，卧床休息了两天。

他们发现，这里地广人稀，很多动物，如老虎、鳄鱼、猴子等自由自在地出没，一点也不怕人，完全主宰了那里的土地。他们还记载道："……橡胶树和洋苏木一直生长到海边，它们常以交错的树枝形成不可逾越的障碍。空中满是长着鲜艳羽毛的稀有鸟类。每样东西，从能够吞下一匹马的大蟒直到栖息于花朵之上哼唱曲子的小鸟，都显示出大自然的壮丽、力量、温柔……"

他们从库马纳沿着海岸往西，到达委内瑞拉的加拉加斯。他们久闻

南美洲有条最大的河叫亚马逊河，主要在巴西境内，而南美洲北部巴西、哥伦比亚和委内瑞拉又有一条大河叫奥里诺科河。它们的上游地区情况如何？有人说这两条河在上游是彼此相通的。所以他们决定深入南美洲内地旅行考察。

漫长的征程　重大的发现

洪堡特和蓬普朗在中美洲、南美洲旅行考察将近5年（1799年7月中旬至1804年4月底），步行、骑马、乘独木舟或帆船总共行程近两万里（"二万里长征"），到过的国家和地区包括委内瑞拉、哥伦比亚、秘鲁、厄瓜多尔、古巴、墨西哥等。

他们从库马纳抵达加拉加斯以后，向南穿过草原和灌木林，到达奥里诺科河的一条支流阿普雷河沿岸，沿该河向东顺流而下到达奥里诺科河会合口，再溯奥里诺科河而上，往南到它另一条支流卡西基亚雷河，溯河而上，知该河上游是二分叉，并与巴西亚马逊河上游支流内格罗河相连通。这就证实了南美洲北部两条大河——亚马逊河及奥里诺科河的水系是连通的。南美洲区域自然地理上的这一问题就得到了解决。

这一段探险考察过程中，由于环境恶劣，两人都患了严重的热病。后来去古巴短暂休养。不久两人再一起返回南美洲，在哥伦比亚登岸，溯马格达莱纳河而上，到达波哥大。从那里出发穿越安第斯山脉、高地，直抵秘鲁太平洋岸边的特鲁希略。他们所走的路线就是今天泛美公路所在，当时却是一系列怪石嶙峋、峻峭狭窄的崎岖小径。他们攀登了很多山峰，包括厄瓜多尔境内基多周围的全部火山。洪堡特甚至登上海拔6265米的钦博拉佐火山的5876米高处，离峰顶仅极短的距离，创造了其后将近30年无人超过的登山高度世界记录。这些成就都是在没有现代登山装备（钉鞋、保险绳、氧气供应等）的条件下取得的，尤其难能可贵。并且洪堡特和蓬普朗受到高山病的折磨。但洪堡特却从他的病痛中得到启发，使他成为把高山病归因于海拔高、空气稀薄而缺氧的第一人。他登了很多火山之后，注意到它们的分布呈直线型，其走向似乎是沿着一条深埋地下的裂缝。这些都为现代地质学研究所证实。

　　洪堡特研究了沿南美洲西岸的洋流，为了纪念他，命名为"洪堡特洋流"，就是现在的"秘鲁寒流"。他测量了地磁强度，发现从两极向赤道移动时地磁强度降低。他又发现随着高度增加而温度下降。他观察了一次密集的流星雨，他的报告促进了人们对这一现象的科学兴趣，为德国物理学家恩斯特·弗罗伦斯·弗里德利希·克拉尼和法国物理学家让·巴蒂斯特·比奥关于陨石的成就铺平了道路。他还写了关于西印度古迹的调查报告，又使欧洲了解了秘鲁海岛鸟粪的肥效。他第一个看到横穿巴拿马地峡开凿运河的可行性，一个世纪以后，由于美国军医威廉·克劳福德·戈尔嘎斯的努力，这一计划终于变成现实。

　　1803年春，洪堡特和蓬普朗从厄瓜多尔的瓜亚基尔港起航到达墨西哥的阿卡普尔科港，对西班牙殖民地中最发达、文明程度最高的这一地区进行了深入的调查研究。

　　以上大致叙述了他们五年的简略经历及主要成就，下面来谈谈他们考察中精彩的细节。

热带丛林探险奇遇

　　生活在辽阔草原上的人们，面对着四通八达的道路，步行、骑马、坐车都很方便，想到哪里就到哪里，特别是纵马扬鞭，任意驰骋，尤其感到潇洒。可是在热带地区，雨量充沛，丛林密布，有高大的乔木，又有茂密的灌木、铺满地面的草本植物，以及缠绕于乔木茎干之上的藤蔓，交织成一片绿色的屏障，总称为"热带雨林"。那里通行困难，人们往往需要带上砍刀等工具，才能杀开一条出路。

　　洪堡特和蓬普朗这样的科学家却迎着困难上，到那热带雨林去观察，去探索大自然的奥秘。他们在密林中穿行，看到许多在欧洲从未见到过的奇异植物。也有时会遇到隐藏在丛林中的毒蛇猛兽的袭击，有一次一只美洲虎就在他们身后跟了好长时间，幸亏他们与同行的印第安人防范严密，才免于遭难。他们在丛林里过夜时，还要在营地周围燃起篝火，以驱赶毒蛇猛兽。在热带雨林的水潭中，还生活着一种电鳗，就是能放电的鳗鱼。如果人们骑马涉过水潭，电鳗从马腹下游过，它身上的电流就会打击马的心脏，让马倒下，淹死在水里。洪堡特等人亲眼见过聪明的印第安人将计就计地捕捉电鳗的情景。他们用绳牵着野马走进深水潭，并高声吆喝，深藏水下的电鳗在马蹄践踏与人声吆喝之际，纷纷窜出水面，对马进行电击。这时，他们一方面用绳把野马拉到岸上（马虽倒下，也免于淹死），另一方面，瞄准一条条被引到水面的电鳗用鱼叉猛刺，一条条电鳗就成了他们的猎物。

　　他们也发现，如果有河流穿过丛林的话，宁可坐船，也比步行或骑马要便当得多。他们雇印第安人的船只，或者是大树挖空制成的独木舟，或者是用厚厚的树皮拼制而成的特殊小船，船身很小，只在船尾有用树枝和树叶搭盖的小舱，如果平躺着，只有半截身子能被船舱遮住，如果下雨，还不能完全避得过。他们在河里航行，印第安人划手们并排坐在船前，并随着桨声的节奏而哼起他们的乡土小调。坐这种小船虽比较快速、顺当，但也会面临很多危险。在河面狭窄地段，水流湍急；在很宽的河面上，常遇大风大浪。小船在这些情况下都会颠簸不稳，随时都要小心翼翼，预防覆没的灾难。他们常见河滩上静静地躺着八九只一群的鳄鱼，张开大嘴在晒太阳，露出一排排锋利的獠牙。他们听说，这些鳄鱼群往往攻击小船，每年都有不少土人葬身在鳄鱼的大嘴里。水面上也有成群大蚊子在直接威胁着他们。

洪堡特对于这段艰苦而有趣的旅行，曾作了以下生动的记述：

晚上我们在森林中过夜，周围是鳄鱼、大蟒和老虎，它们在这里敢于袭击独木舟；我们吃的食物顶多不过是米饭、蚂蚁、麦宁（一种木薯）、香蕉，偶尔有一些猴肉；解渴的只有奥里诺科河的水。

大群大群的蚊子，多得把天都遮暗了，由于绝对的需要，把头和手都盖起来。在白天根本不能写东西，因为，蚊子的叮咬而引起的难以忍受的痛苦，使你不可能拿住笔。所以，我们的一切工作不得不在火光底下进行——在圭亚那是在一所印第安人的小屋里，那里丝毫不透阳光，进去时我们得用手和膝盖爬行。在这里，虽然我们逃过了蚊子的折磨，但是被烟呛得几乎透不过气来。

洪堡特和蓬普朗为了科学考察的神圣任务下定决心，不怕牺牲，排除万难，一往直前。他们克服了自然的、人为的各种障碍与干扰，不停地工作着，他们在笔记本上记录、描图，沿途采集动植物标本，不少活标本被捉上船就成了特殊的"乘客"，与他们作伴。可是，当暴风雨即将来临时，这些特殊的"旅伴"就会烦躁不安，并发生一阵阵骚动；麦鹒鸟发出惊人的狂叫；巨嘴鸟在鸟笼中乱窜，就像要破笼而出，去追捕在暴风雨前跳出水面的鱼儿似的；小猴子拼命往人们衣服底下钻，想找一个躲暴风雨的"避难所"。

疾风知劲草　患难见真交

洪堡特变卖家产，自费考察旅行。蓬普朗作为他的旅伴和事业上的助手，他也包下了蓬普朗的一切费用，而后者回报他的正是刻苦勤奋的工作和赤心耿耿的忠诚。

1800 年 4 月 6 日，当他们的船在河上航行之时，暴风雨突然来临，瓢泼大雨在呼啸的狂风下，劈头盖脸地向人们打来。宽阔的河面上顿起狂波怒涛。小船一忽儿被抛上波尖，一忽儿又被甩下波谷。船舱里已灌满了水，船已面临随时可能翻沉的危险。他们雇来的印第安人向导和船工眼看大难将临，一个个"噗嗵""噗嗵"地跳下船向河岸游去。

蓬普朗也催促着洪堡特说："小船随时可能翻沉，我们也赶紧游上岸去吧！"洪堡特坚定地摇了摇头说："不行！我们全部考察标本和资料都

在船上，我们弃船而走，岂不是这大半年心血凝聚的成果都要付之东流吗?"说话间，风浪越来越大，河水已爬上船舷，似乎死神已越逼越近。蓬普朗见洪堡特那忧虑然而却坚毅的神情，焦急不安地继续苦谏："我不忍让你呆在这危险的船上遇难，我要背你游到岸上去。"洪堡特深深感动地握着蓬普朗的手说："谢谢你! 不过我不能拖累你。这样大的风浪，背着我，你也会游不动的。"他临危不惧，继续对蓬普朗分析着利弊，他指出，离开船不仅丧失科研成果，而且同样面临更大的灾难，最近的河岸离他们也有一英里多远，有可能因疲乏、抽筋而游不到岸边。河边还躺着一些鳄鱼，半截身子露出水面，即使游到岸边也可能被饥饿的鳄鱼吞食。密林中的猛兽随时虎视眈眈，即使上了岸也可能被老虎撕成碎块。岸上树林极端稠密，无法穿越，即使不被虎吃，呆在岸上时间久了也会被饿死，因为即使是印第安人的独木舟，两个月内通过该地也几乎不会多于一次。……他一边说，一边与风浪搏斗着。蓬普朗被深深感动，泪水和着雨水在脸颊流淌，他激动地说："既然如此，不管有什么危险我也和你一同呆在船上。"洪堡特一直稳稳地掌着船舵，以减少颠簸。蓬普朗也始终配合着他，不停地用脸盆把灌进船舱的水舀起来往外泼。这两位亲密无间的青年探险家演出了"风雨同舟"的生动一幕。在他们顽强的斗争下，这风雨飘摇、危如垒卵的小船总算慢慢平稳下来。

"地不长无名之草，天不养无路之人。"上帝似乎受到了感动。在这危急万端的关头，一阵顺风涨满了船帆，他们迅速驶至岸边停靠下来。一检查东西，只损失了几本书和一部分食物。两位忠诚的朋友紧紧拥抱着、狂欢着，欢呼声响彻云霄，泪水湿透衣襟。

人种学与生态哲学的观察与思考

在整个旅行中，洪堡特对于土著种族特别有兴趣。他热心进行土著种族历史和语言学的研究。他曾会见过南美洲的著名学者何塞·谢列斯廷诺·穆蒂斯及弗兰西斯科·何塞·德·卡尔达斯等，与他们充分交流，他对印第安人早期的历史文化，以及现代的居民状况、社会环境、经济发展都表现出极大的兴趣。他发现，奴隶制对于人类是最大的罪恶。

洪堡特在所有地方都看到各原始民族的习惯和传统之间存在惊人的相似之处。他发现，好像某些植物的种系一样——尽管存在着气候与地区的不同，但仍保持着一种共同类型的印记，也就是关于地球的原始状态的各种传说，在所有的国家中也都有不能忽视的极为相似的说法。在他所到之处，都能听到关于世界创造、洪水泛滥和人类再生等的"神话与寓言"，它们形式虽有差异，但实质内容却很相近。

洪堡特又发现，在生命的公式里，有着基本的统一（就是一种事物普遍性的概念），让人觉得"一切生命都是一体"。他逐渐认清这一真理。在热带气候里，特别在正午，大自然显得宁静的时候这一点表现得尤其生动。森林中野兽在树丛中休息，飞鸟也在叶簇中或岩缝里归巢，人也在睡午觉，但在这表面的宁静中，有一种窒息的味道。昆虫在不断地叽喳作响。虫豸在地下爬行，或在阳光照射下的植物中间飞行。由每一堆树丛、每一株腐朽的树干、每一块岩石空隙和昏睡的大地之每一角落里，都传出嘈杂的声浪。大自然就是用这种方法向人们昭示，在千万种形式下，生命是如何在作齐一的呼吸的。

洪堡特为生命统一的观念所深深地吸引。从他对无数的生命形式的观察中，形成了一种世界生态哲学的基本要领。在大森林的隐蔽的深处，他学会了将人类置于相对不重要的位置上。他觉得，在这个草木丛生的土地上，草木的生长从未受到人类的培育或干扰。鳄鱼和水蛇在河溪里称王称霸，美洲虎、野猪、膜和猿猴在森林中毫无畏惧地往来自若，把森林视为它们的祖传老宅。在这个没有人类的芸芸众生之中，偶而进来的人类简直处于凄凉的、可有可无的地位。在大自然的神秘中研究人的意义，正是洪堡特此次旅行的目的。

今天我们对于"人天关系",即人与大自然之间关系的看法,由以往的"征服论"、"改造论"发展成了"协调论",就是把人放在与大自然万物平等的地位,去协调其间的关系,而不是把人凌驾于大自然万物之上。现在我们来重温一下将近200年前的18世纪与19世纪之交,洪堡特早已得到的宝贵认识,不是很有借鉴意义的吗?

洪堡特对于南美洲若干风土人情作了详细研究。他曾进入一些区域,遇到密密麻麻的传播疾病的害虫,为了旅行就必须与它们坚决斗争。而当地土人习以为常,逆来顺受。他们甚至与白蚁或其他蚁类和平相处,可以将蚁类捕捉来烹烤为食。他见到一个基督教传教士,双腿都被虫螫伤,以致连他皮肤原来的颜色都看不出来了。这位传教士说当地土人无所不吃,由虫蚁到人肉都吃得津津有味。就在洪堡特到那里之前不久,当地一位酋长曾经先把他的妻子养肥,然后把她杀掉烤熟来举行公宴。有一个印第安人为洪堡特划过船,他样子温和而不讨厌,漫不经心地和他聊天,用生动的手势说他自己吃过人肉,在人体各部分中,手掌心的味道最鲜美。他在鄂托玛克斯地区访问时,曾遇到一个最野蛮的部落。

他们用鸟的叉骨把一种毒性强烈的粉末送进鼻孔里，然后大打喷嚏，使自己受到麻醉，进入发狂的好斗状态。如果不同别的部落作战，他们就在本部落内自相残杀，而且在格斗中，又在手指甲上蘸毒药，将对方"整"死。

满载收获　凯旋归来

洪堡特和蓬普朗在考察中大量记录，画草图，测量各种数据，并把他们观察到的东西加以比较研究。他们搜集了 60000 件植物标本，其中6300 件是欧洲从来不知道的。他绘制了很多地图，测定、积累了关于地磁学、气象学、气候学、地质学、矿物学、海洋学、动物学、人种学等学科领域的大量数据。他采集的标本和笔记本、图件等都装箱，随时通过各种航船寄回欧洲老家。

1804 年 5 月，洪堡特一行到达美国，参观访问了首都华盛顿哥伦比亚特区及费拉德尔菲亚。他们多次拜会了美国总统托马斯·杰弗逊及内阁成员们。洪堡特报告了他的旅行考察情况，特别谈到他们最感兴趣的"新西班牙"（即墨西哥）的情况。洪堡特又多次访问费拉德尔菲亚，并参加了"美洲哲学学会"的会议（该会后来在 7 月 20 日选举洪堡特为该会会员）。以后，他们于 6 月底乘船去英国，于 8 月 3 日到达。

洪堡特离开欧洲五年中，成了欧洲的新闻人物，人们经常议论他旅行考察的情况，关注着他的去向和安危。在他由于各种原因而很少或暂停邮寄信件或标本、资料的时间，就有些风言风语猜测谣传，误以为他已客死异乡。他的哥哥威廉·冯·洪堡特在久未收到他的来信时自然更加惦念，虽然他不愿意轻信那些谣言，但也毕竟忧心忡忡，忐忑不安，日夜盼望远方的鸿雁早日捎来他的平安家书。8 月中旬，果真传来了令人放心和兴奋的好消息，亚力山大·冯·洪堡特已由英国到了波尔多，马上就要回到巴黎。

亚力山大·冯·洪堡特到巴黎主要的原因是为了更好地进行科学研究工作。因为当时法兰西第一帝国的皇帝拿破仑·波纳巴特（即拿破仑一世）的军队已征服了欧洲的大部分国家和地区，法国成了欧洲最强大的帝国，巴黎作为拿破仑帝国的首都也就成了欧洲的科学文化中心。很多权威科学技术专家聚集在这里，市内还有藏书、藏品丰富的图书馆和博物馆，这些都是对洪堡特开展工作极端有利的条件。

洪堡特5年的美洲之行已花光了他从家庭继承的遗产和积蓄。下一步工作又处处需要钱，怎么办呢？不过，这两位满载而归的科学家自然是不会饿饭的。拿破仑大帝听说与洪堡特一道回来的蓬普朗是植物学家，又从美洲带回许多珍奇植物的种子，就任命他为皇室的马耳梅森花园的总管。这个花园是拿破仑大帝赠给其妻若斯菲娜皇后的，园里种着很多名贵的花卉树木，包括蓬普朗自己带回来的。他于是有了优美的生活环境，也有了称心的工作，自然也有了优厚的薪俸。洪堡特则受到普鲁士国王腓特烈·威廉三世的青睐，以有他这样一位声名显赫的科学家而感到光彩。腓特烈·威廉三世本想封他为教育大臣，但他要对考察所获的大量资料进行整理和研究，因而婉言谢绝了这一任命。国王见他执意留在巴黎，就改封为宫廷大臣，常驻巴黎而不必回柏林。他在那里除研究以外，也积极促进国际间的科学文化交流。在国际科技文化中心的巴黎，自然要举行很多国际科学文化会议，普鲁士王国政府往往就派洪堡特为代表，藉以提高普鲁士在科学文化界的地位。这些事务性工作一多，对洪堡特的科研工作自然有一定影响。所以，他原定两年完成整理和研究的任务，到最后将近20年才基本完成。

整理和研究中的艰辛

洪堡特不像有的旅行家、探险家那样，克服千难万险仅仅为了游山玩水、搜异猎奇、人前卖弄，他胸中怀着从事科学研究的崇高目的。他要对所看到的一切事物进行系统的整理和认真的思考，以便从感性认识上升到理性认识，找出它们之间的内在联系和科学规律来。

洪堡特在巴黎科学院宣读了他关于美洲之行的报告。他与巴黎的很多著名科学家交往，他特别与大化学家约瑟夫·路易·盖－吕萨克一起进行过空气成分的化学分析。他在巴黎结识了南美洲著名政治家西蒙·玻利瓦尔（以后成为民族解放运动的英雄，当过大哥伦比亚、哥伦比亚和秘鲁的总统）。以后直到 1830 年玻利瓦尔逝世为止，他们之间一直维持着通信。他敦促玻利瓦尔在胜利之后执行一条温和、稳健的路线，他不仅为后者介绍了一些自然科学家，而且以很多别的方式对这位南美领导人提出发展科学事业的建议。玻利瓦尔在演讲坛上说："洪堡特为美洲做了很多好事，远远超过美洲所有的征服者！"

洪堡特于 1805 年 3 月，与盖－吕萨克一道离开巴黎，到罗马去看望他的哥哥威廉·冯·洪堡特（当时任普鲁士王国驻罗马公使）。以后，他从那里到那不勒斯，几次攀上维苏威火山。9 月间他经米兰、苏黎世和哥廷根而到达柏林。1807 年底，他被正式定为普鲁士王国驻巴黎外交使团成员，在巴黎一直住到 1827 年，其间他也去过伦敦、维也纳、布拉蒂斯拉伐和意大利。

洪堡特头脑聪颖，知识渊博。他制定了一个庞大宏伟的计划，要把所有考察成果写成一部科学巨著。他知道这涉及的面实在太广，必须请其他科学家协作。很多著名科学家都极其赞扬他这个计划，并乐于与他协作，对他全力支持。与他协作过的科学家，除了盖－吕萨克而外，还有解剖学家、古生物学家若尔日·利奥波德·克列蒂安·弗雷德里克·达戈贝·居维叶男爵、数学家皮埃尔·西蒙·拉普拉斯侯爵、矿物学家兼化学家路易·尼科拉·沃克兰等。他们在离巴黎 3 英里远的一个叫阿格依的庄园里聚会，共同商定研究计划，大家各抒己见，交流心得，都承担一定的研究项目。自然，洪堡特是核心人物，最主要的工作还是由他本人承担。

洪堡特带回卷帙浩繁的旅行日志，在 25 年间，他共发表了 34 卷巨著，包括 1200 个铜板印制的精美图件，总价值约 78 万法郎。他在很多著作中都记载了他的旅行收获。他把气候学发展成一门科学。他开拓了植物地理学和山志学领域，确立了火山学中火山沿裂隙分布的理论，记述了特化的植被类型，他提出了关于高原、山峰平均高度、平均温度等概念。特别是在他所写的《新大陆热带地区旅行记》这部长篇巨著中，包括了多种自然科学学科的内容：有对植物种类、性状、形态的描述；有对动物的观察记录；有天文观测的记载，也有关于测量和地图方面的记叙；并且对当地居民、生活习俗以及种种奇异新鲜的事物也都作了生动翔实的叙述。其他主要著作还有《新大陆地理》、《自然界的景象》、《新西班牙王国》等。

洪堡特的工作和科研成果，大大促进了人们对美洲的研究。他研究了美洲大陆的发现及其历史，以及新大陆的，特别是古巴和墨西哥的经济与政治。他尤其阐述了气候与植被之间、海拔高度与土壤肥力之间、

人类生产力与财富关系之间、动物界与植物界之间可能具有的相关联系。他校正了天文方位的计算，以便他对考察地区绘制地图时有可靠的基础。

洪堡特知识面如此宽广，在各个领域都有重大成就，使他的老朋友、大诗人歌德都无限感叹地赞颂道："洪堡特像一个有许多龙头的喷泉，你只要把一个容器置于其下，随便一触，任何一边都会流出清澈的泉水。"这个比喻多么恰如其分啊！当时处于科学启蒙时代，科学分工不像现在这样细，有些科学家可以在几个不同的学科里都有所成就，是很正常的。然而，像洪堡特这样，成就覆盖面如此之广，实在也是难能可贵，人们不禁会想到比洪堡特早出生半个世纪的"俄罗斯科学之父"——米哈伊尔·瓦西里耶维奇·罗蒙诺索夫。他们都是"百科全书式的科学家"。相比之下，各有千秋。罗蒙诺索夫从一个贫苦农民、渔民的孩子，19 岁开始学习，学业突飞猛进，对各门科学都感兴趣，都有很大成就。34 岁就当上了俄罗斯科学院院士，固然可钦可敬。但是罗蒙诺索夫只活到 54 岁，他的科学生涯也就只有 30 多年。洪堡特在罗蒙诺索夫去世以后 4 年出生，却一直活到 90 岁，科学生涯 70 多年，累计工作量、著作出版量自然远远超过后者。所以难怪有人也称洪堡特为"现代科学之父"。

龙头蛇尾、令人遗憾的蓬普朗

在新大陆的旅行生活中，蓬普朗可算是洪堡特的亲密伙伴与助手，简直如影随形，同甘共苦，一起度过了艰难的岁月。不过当时也有一点美中不足之处，蓬普朗毕竟是个医生、植物学家，的确有点犯本位主义，只偏重于对植物、动物等感兴趣，他没有洪堡特那种广阔的胸襟和穷尽宇宙奥秘的雄心壮志。所以，在观察热带雨林、草原等动植物及其生态、采集标本等方面他特别卖力，而对于在崎岖峻峭的高山深谷、悬崖陡坎处攀援、跋涉等既费时又冒险的壮举，他却兴趣索然。例如，他们在厄瓜多尔攀登了很多火山之后，洪堡特向当地最高的火山——钦博拉佐火山攀登时，蓬普朗却感到力不从心，只能留在半山接应。因此，创造当时登山高度最高记录的荣誉就归洪堡特一人享有。

更令人遗憾的是，回到巴黎以后，蓬普朗就没能再与洪堡特很好地合作下去。他本来也加入了洪堡特整理研究从美洲收集到的科学资料的专家小组，也是专著写作班子成员，答应在洪堡特计划的科学巨著中承担几个章节的撰写任务。可是他在做资料和标本清理等工作时，则远没有驰骋在热带草原、穿行于热带雨林中那样潇洒、快乐，他越干越觉枯燥无味，顿生厌烦，所以，漫不经心，粗枝大叶，错误百出。他的表现太令洪堡特失望。

蓬普朗主管的皇家花园——马耳梅森花园有很大面积，种植的奇花异树使蓬普朗感到陶醉。他快乐得忘乎所以。他热衷于把这里作为他育种驯化的试验场。他把从南美洲带回的欧洲所没有的种子播在园中土地上，希望人们能在巴黎看到万里之遥的美洲奇异的植物品种。这项工作和花园中的事务把他缠绕得抽不开身。他也没有去考虑植物生长发育的普遍规律，对科学事业多作贡献。他不但没有完成答应洪堡特的写作任务，而且连他自己曾计划写的一本书——《在马耳梅森和纳伐栽种的稀有植物解读》也都泡汤了。

可惜，蓬普朗的美梦也没能维持多久。马耳梅森花园的主人若斯菲娜皇后一直没有为拿破仑大帝生下儿子，拿破仑大帝为了帝国王位继承人而发愁，因而将若斯菲娜皇后废黜，另娶新皇后。不久以后，若斯菲娜就抑郁而死。这样一来，蓬普朗也不能在马耳梅森花园继续呆下去了。他又怀念过去的旅行生活，想回到美洲的丛林和草原上去。他离开巴黎。后来乘船到达南美洲的布宜诺斯艾利斯。当时，因为拿破仑已征服了西班牙，西班牙在海外的殖民统治也就开始土崩瓦解，南美洲到处爆发摆脱西班牙统治的独立战争。布宜诺斯艾利斯成了新成立的阿根廷共和国的首都。共和国当局隆重接待了蓬普朗，并聘他在大学任讲授自然史的教授。然而蓬普朗对教书没有兴趣，一心想着旅行探险，于是又离开布宜诺斯艾利斯到南美洲内地去了。

蓬普朗在战火纷飞的南美洲内地旅行时，受到巴拉圭骑兵袭击，受伤被俘。但对方见他是来自法国的医生、科学家，也就把他留在那里使用，让他作玛丽亚要塞驻军医务室的外科医生和商业农业监督，但是不准他远离市镇去旅行，他失去了行动自由。洪堡特听到蓬普朗的消息，很为他担忧，就请学术团体写信去，要求释放蓬普朗。他还委托一位旅行家专程从法国赶到巴拉圭，为蓬普朗说情。但是那里的人坚决不放蓬普朗走。洪堡特只得托他的好友，当时已任哥伦比亚总统的玻利瓦尔帮忙。由于玻利瓦尔的崇高声望，说话自然是有力的，蓬普朗终于获得了自由。这时，洪堡特和一些大学都请蓬普朗回欧洲来。可是人到中年的蓬普朗既不想再去旅行，也不愿回欧洲，他娶了一个印欧混血种的妻子，在那里安家落户，眷恋着异乡的土地，仍埋头搞他的植物采集和种植工作。

洪堡特一直惦记着蓬普朗，19世纪50年代，80多岁高龄的洪堡特还托人给蓬普朗捎去他的亲笔信、画像及著作，再次恳请他回欧洲来，但蓬普朗仍然谢绝了老朋友的邀请，他在给洪堡特的回信中写道："……我所热爱的植物世界，它们在我的一生中一直是我的伴侣……我真正的家在这里，我在这里过着既快乐又安静的生活。我希望我将在这里死去，我的坟墓将由我所种植的橘子树和棕榈树的树林来遮阳。"洪堡特读罢也只有仰天长叹了！

从洪堡特与蓬普朗几十年的交往历史中，后世的科学工作者可以得到很多启迪。就蓬普朗本人来说，他本来有着很好的际遇和成为大器的条件。洪堡特替他提供了美洲大陆五年旅行的经费，他们并肩战斗，在探险考察中增长了知识和才干，取得了丰富的资料、标本，也就是科学研究必不可少的第一手材料。他却拘泥于自己狭隘的专业，不能像洪堡特那样百尺竿头，更进一步，高瞻远瞩地去攀登更新的顶峰，为人类科学事业做出更多更大的贡献。他坐失良机，没有能像洪堡特那样成为科学界的泰斗。这对他本人，以及对后世都是一个终生的遗憾。人们不能不从他这种龙头蛇尾的结局中吸取深刻的教训。从洪堡特来说，他对自己的亲密战友真是几十年如一日，做到仁至义尽。他早年为蓬普朗提供旅行经费，共同取得考察的硕果，回到欧洲后，又邀蓬普朗参加研究写作班子，为他进一步成长创造条件。蓬普朗虽然后来令他失望，与他分道扬镳了，但他还一直关心着蓬普朗的去向，后者受困巴拉圭时，他还想方设法去营救。最后，在他垂暮之年，还在召唤着老友回来欢聚。所有这一切，再结合洪堡特对若干青年晚辈的关怀、扶掖，都充分反映了洪堡特这位科学大师坦荡的胸襟、崇高的情怀。

返回久别的祖国

洪堡特在巴黎居住了 20 多年，目睹了拿破仑帝国的兴盛和衰亡（拿破仑 1812 年远征俄罗斯，遭到惨败。1815 年他彻底垮台，并被流放到大西洋的圣赫勒拿岛，1821 年死在那里）。他除了著书立说而外，丝毫不满足于西游美洲的成果。他心中又在酝酿着东游亚洲的宏伟计划。他想去亚洲观察和测量一系列山脉，特别是火山，以与南美洲安第斯山脉及那里的火山作对比。在 1809 年以后，他常常对人谈起这一旅行计划，但是主要由于政局的动荡，他的计划始终得不到落实。到 1818 年，普鲁士政府曾保证为洪堡特去中国的西藏喜马拉雅山脉、印度、锡兰（今斯里兰卡）以及东印度群岛等地旅行考察提供 4～5 年的经费，但由于种种原因也一再延宕，不能兑现。

1827 年，洪堡特终于回到了柏林。促使他回来的原因，一方面是普鲁士政府重金聘请他回来从事教学和科研；另一方面，他希望利用普鲁士和俄罗斯两个王朝的关系，争取去西伯利亚旅行考察。普鲁士国王腓特烈·威廉三世任命他到枢密院任职，并在大学讲授自然地理课。在他讲学的时候，座无虚席，连腓特烈·威廉三世也常在下面洗耳恭听。有人以这样的赞颂之词来回忆当时的情况："他一入场，我们其他的人在前一刻所进行的活动就成了不屑一看的木偶戏了。他好比一头巨象，拉垮一株橡树就像我们拾起一根针那么容易。"

洪堡特回到自己的祖国，也希望提高德国的数学和其他自然科学的水平，并且要让柏林知识分子也能像巴黎知识分子那样生活。他后来也就成了王国政府在科学和艺术方面的顾问。社会上也把他看成知识界的大祭司。

三万里亚洲之旅

1829 年，六十岁高龄的洪堡特虽然鬓发斑白，但精力尚旺，雄心未泯。他宣称："做一个聪明的人是不够的，一定要做一个最聪明的人。"他深深懂得，聪明并非从天上掉下来的，实践才出真知，必须要有实际的第一手材料，才搞得出科学成果。就在这一年，他东游亚洲的计划终于得以实现。他作为俄皇尼古拉一世的客人，去西伯利亚旅行考察，与他同行的有德国博物学家、古生物学家克里斯蒂安·戈特弗里德·爱伦贝格和法国矿物学家居斯塔夫·罗塞。他们从柏林出发，经里加而到圣彼得堡，尼古拉一世为了保障他旅行的安全，特派了一队士兵护送，还专门为他配了一位有名的厨师来照料他的饮食，又指定一名矿务专员为他的矿产研究提供帮助。总之，为他考虑得十分周到。

他们从圣彼得堡经莫斯科到了尼日尼·诺甫哥罗德（下新城）。一位拥有几处乌拉尔山大矿场的贵族参加了他们一行。他们经过卡赞而到达北乌拉尔山脉。他们在那里勘察了白金矿产地。根据当地的地质情况，洪堡特指出那里可能会找到金刚石，他的这个推断后来的确得到证实。

他的考察还不限于矿产，他们还取得了有关气象、地质、生物以及文物古迹等多方面的资料。他们还研究了俄罗斯干旱草原地带的动植物。经过西西伯利亚时，他们测量了那里的温度。由于洪堡特的崇高声望，他一路上都受到热烈隆重的欢迎。

他们一行走到阿尔泰山脉的中俄边境。洪堡特向中国边防关卡的一位总兵官赠送了一方蓝布。中国官员也热情地、彬彬有礼地接待了这位来自远方的大科学家，并回赠了他一部中国的历史书籍，他高兴地接过礼物，并说："我哥哥威廉是一位语言学家，他一定喜欢这本书，这书对他肯定有价值。"他拿出笔请这位总兵官在书的封套上签名，中国官员爽快地答应了，在书套上大大方方签下"清福"二字。洪堡特接过了书，并把这支签过名的笔赠予总兵官留作纪念，总兵官高兴地收下了这枝凝聚着中德人民早期友谊的笔。

离开中俄边境，他们向西行，经中亚细亚土耳其斯坦、南乌拉尔山脉、乌拉尔河到达里海岸边。里海是一个内陆湖，是世界第一大咸水湖。面积达37万平方公里。里海水面辽阔，波涛滚滚，湖水和海水一样是咸的，所以不叫"湖"而叫"海"。洪堡特考察了里海周边的地理环境，还

搜集了不少水生生物标本。

　　洪堡特这次东游亚洲，历时半年，行程约 9000 英里，将近三万华里。比起在美洲花五年旅行的两万里来，这里是比较顺当的，毕竟这里多为草原、平原，阳关大道直达天边，他们主要交通工具则是马车，既快速，又不累人，洪堡特在旅行过程中，还提出建议，为了将他在大面积土地上系统考察而作出的路线观察和测量的数据加以丰富，就必须广泛建立地磁观测站和气象观测站。他对各地的温度值、地磁值、地质学资料、矿物学资料和生物学资料都广为收集。他在这次旅行之后写出了《亚洲地质和气候片断》2 卷及《中部亚洲》3 卷。罗塞还写了这次旅行的游记。

爱生如子　　伯乐再世

　　洪堡特于 1829 年底回到柏林。他住在离普鲁士土宫不远的奥拉宁堡大街，全力投入他的研究与著述工作。他作为国王的客人，经常进出王宫，他也常在林阴道上悠闲地散步。

　　他也继续享有随时访问巴黎的特权，他也很喜欢呆在巴黎，他一方面可以充当德皇腓特烈·威廉第三与法皇路易·腓力（也是他的密友）之间的联络人，另一方面也可继续利用巴黎的图书馆、博物馆等优越条件。直到 1848 年法国二月革命中路易·腓力被推翻的 18 年间，洪堡特在巴黎呆的时间累计共有 3 年半。他还与很多科学界的朋友进行交流，如法国物理学家多明尼克·弗朗苏瓦·让·阿拉戈曾建议他把亚洲旅行日志整理发表，并且研究中世纪的历史地理等等。

　　洪堡特与早年的英国植物学家约瑟夫·班克斯一样，是有名的"爱生如子，伯乐再世"。他虽然不算富有，且常因探险及出版著作而弄得十分拮据，但他却愿意对才华出众、有培养前途的年轻科学工作者在他们的事业开始时予以热情的帮助。由于他的宽宏大量、慷慨解囊、睿智判断、热情举荐，那些"万事俱备，只欠东风"的年轻学者们能得到必要的奖励和财政资助，并得以进入科学界。这类人中有：探险家莫里茨·瓦格纳、享利希·巴尔特、爱杜瓦尔德·佛格尔，化学家尤斯图斯·冯·李比希、爱尔哈特·米切里希、让·巴蒂斯特·约瑟夫·迪耶道内·布善戈，生理学家约翰内斯·彼得·缪勒，古生物学家让·路易·罗多尔夫·阿迦西，天文学家弗利德里希·威廉·奥古斯特·阿尔格兰德、约翰·戈特福里德·加勒、卡尔·布鲁恩斯，地球物理学家格奥尔基·埃尔曼，动物学家威廉·彼特斯以及埃及学专家里查德·勒普西尤斯和亨利希·布鲁格什等。他们都由于洪堡特的提携、资助才得以继续学习、出版著作而开始踏上科学之征途。这些科学家都在各自领域成就卓著而世界知名。

深挚的手足之情

亚力山大·冯·洪堡特和他的哥哥威廉·冯·洪堡特自幼相亲相爱，长大以后又在学术上、事业上互相砥砺，彼此帮助。亚力山大在南美洲旅行 5 年中，他给哥哥威廉写了很多信，畅叙他旅行考察中的见闻、感想和打算，让哥哥分享自己旅行的快乐。当亚力山大从美洲风尘仆仆回到巴黎时，第一个迎接他的，正是从意大利罗马赶来的哥哥威廉。

威廉是德国著名的语言学家，他提出有关语言本质、语言的发展和分类等方面的理论，对欧洲语言的发展有一定影响，他有很多语言学的经典著作留在世上。此外，他也是一位哲学家、教育改革家、外交家和文学家，他与大诗人席勒有着终生的友谊。

威廉的妻子是个十分善良贤淑的女人，她和威廉一样喜欢亚力山大，视若自己的亲弟弟一样关爱。可惜这位贤淑的嫂子过早离开了人世，对哥哥威廉是个沉重打击，亚力山大也很伤心。1835年，威廉给妻子上坟时，受了风寒而病倒，这位年近古稀的老人病势越来越严重。亚力山大一直守在哥哥身边。他看着哥哥日见憔悴的面容，心中万分难过。哥哥还强打精神，反而劝亚力山大要多多保重。

威廉病情急转直下，眼看康复无望了。他望着亚力山大那充满忧虑悲伤的双眼，略带幽默地宽慰弟弟："我很快就要和我们的母亲一道了，那时我将会了解到天国的法则。"最后，威廉倒在亚力山大的怀抱中离开了人世。

亚力山大·冯·洪堡特晚年时，常常向朋友们谈起他的哥哥，他说："可惜你们不认识我的哥哥威廉，在我们两个人中，他的聪明才智比我强多了。"在亚历山大眼中，哥哥威廉是他的老师。哥哥去世之后，亚力山大在百忙中也抽出时间为哥哥整理遗著，交付出版。1836年（哥哥逝世之次年），他与别人共同整理语言学遗著。其中一篇引言论述语言差异及对人类发展过程之影响，于1840年以题名《论人类语言结构之多样性》刊行，一直被奉为一本语言哲理的典范之作。亚力山大又将哥哥威廉的语言学其他著述、诗歌和美学论文编辑成7卷，于1841～1852年先后出版。

老当益壮 探索不已

亚力山大·冯·洪堡特在他生命的最后20年进行了一项巨大的工程——从事《宇宙》一书的写作。人们听说过，一位双目失明的诗人，在风烛残年时，口授留下了一部巨著——《失乐园》。洪堡特在英雄迟暮的岁月，在"访旧半为鬼，惊呼热衷肠"的境况下，仍奋笔疾书，为人类社会留下了不朽的丰碑。他的好友居维叶去世了，他的哥哥威廉·冯·洪堡特去世了，好像秋风扫落叶一样，他的亲人、友人从生命之树上一个个地凋谢了。一个崭新的世界脱颖而出。"长江后浪推前浪，世上新人胜旧人"，他的学生尊敬他，爱戴他。但他本人总有新不如故之感。他在一个陌生的世界里，写作他的伟大的科学研究史诗。

他工作紧张而有条不紊。上午，他查资料，做笔记。下午，接待来自全德国、全欧洲乃至全世界的来访者。晚上常常与国王共进晚餐之后就挑灯夜战，辛勤地"爬格子"。

"人怕出名猪怕壮"。洪堡特这位享誉海内外的科学家受到方方面面人们的尊重和顶礼膜拜。很多学术活动，乃至国际性学术会议邀他去主持或发表演讲。很多社会、政治乃至文学活动也少不了把他请去。国王借重他的外交才能，因而很多外事活动都请他列席。编著地理学著作的学者向他请教关于美洲大陆的第一手材料。经济学家们由于他掌握了德国财政制度的全面情况而让他当上经济地理方面的顾问。第一流的文学家们的拜访则是希望他诗人般的灵感能点燃他们头脑中的才华之火。字典、工具书的编者们前来咨询的目的，是想从他那无所不包的智慧之海中得到科学、文学、史学、哲学多方面的启迪。

特别值得提起的是美国年轻而有才华的文学家、诗人、记者贝雅尔德·泰勒对洪堡特的访问。泰勒是美德人民友谊的使者，他以将歌德的名著《浮士德》译成英文这个"二次创作"而闻名于世，他在世界各地从事新闻采访工作，有"当代马可波罗"之称。他也多次到过德国，他逝世前不久担任了美国驻德国公使。当他第一次不远万里，越洋到柏林来会见洪堡特这位"现在世界上活着的最伟大的人物"时，洪堡特很热情地接待了泰勒，并询及美国国内的许多问题。这位潜心著述的大科学家，对美国的方方面面竟了如指掌，这不能不使泰勒万分惊诧和佩服。洪堡特想起"交亲散落如云，到而今空余此身"的晚景，便对泰勒苦笑着说："我的朋友，你走过的地方不少，你看见过很多废墟，现在你又看见我这另一堆废墟了。"这体现出他对生老病死自然规律的理解。

第二年，泰勒又来到洪堡特的书斋拜访。忠诚的老仆开门迎候时热

情地说："欢迎你再次来访。大人阁下最近身体欠佳，恐怕不如泰勒先生您上次来访时那么健康，但是，感谢上帝，他的病已差不多好了。"洪堡特指着堆满书桌的最后一卷《宇宙》的清样，对泰勒说："自从你去年走后，我就一直干着这件事，有几卷已出版，这一卷马上就要印出。"泰勒望着他疲倦的面容说："你还能干这种吃力的工作吗？"他面带微笑，轻松作答："工作就是我的生命，我睡得很少，前天我还用 16 个小时改正这些清样。"他又对泰勒提起很多往事，他谈到俄皇亚力山大一世的趣闻，也谈到他访问英国时一夜之间连听三位名人的演说。在送别泰勒时，他诙谐而自信地说："下次请你的夫人一道来，我一定会礼貌地活到那个时候。"泰勒后来回忆这次会见时，生动地记叙道："他好像把他的身体看成同他不相干的样子……他好像用一种好奇的眼光观察他自己逐渐衰退的体力，就如同他年轻探险时观察一棵逐渐衰老的树一样。"

"活到老，学到老，还有三分学不了"

洪堡特尽管学富五车，但还念念不忘用"知识更新"来赶上历史的潮流。19 世纪 40 年代的柏林腓特烈·威廉大学里，隆冬季节的早晨，学生们挤满了教室，听著名的博克教授讲希腊文学和考古学。在这些青年学生中间，人们常常会见到一位身材不高，穿着棕色长袍的白发古稀老人，他和其他学生一样，全神贯注地聆听老师讲解，认真地记着笔记，这便是洪堡特，他正是以"老学生"自居，"他正是为年轻时未学过的东西补课"。

大家见他的听课很有规律，每次总坐在第五排靠窗口处。所以，那里成了他的"专座"，其他学生都自觉地把那个位子留给他。有一次讲述自然地理课的教授在谈一个重要的地理问题时，引用了洪堡特著作中的话，作为权威的依据。这时，大家都把敬佩的目光投向这位白发苍苍的老科学家。他稍稍起立，向大家微微鞠一个躬，然后又伏身课桌，继续写他的笔记。如果他在课堂上一缺席，学生们就纷纷传言："亚力山大今天缺课，是国王陛下请去赴茶会了。"没有见到他，学生们反而很不习惯似的。

这所大学是亚力山大·冯·洪堡特的哥哥威廉·冯·洪堡特任普鲁士教育大臣时，于1810年创办的，最初以普鲁士国王腓特烈·威廉三世的名字命名为"腓特烈·威廉大学"，第二次世界大战以后，以威廉·皮克总统为首的德意志民主共和国政府以其创始人之名重新命名为柏林洪堡特大学。这所由威廉创办，又为亚力山大老年求学的最高学府，纪念着洪堡特兄弟的丰功伟绩和高风亮节。

洪堡特终身在旅行考察、科研著述中忙碌，由于种种原因，他一直没有结婚。没有家庭拖累，他就全身心地投入到科学事业中去。中国古代大诗人白居易说过："每与人言，多询时务；每读诗史，多求理道。"洪堡特没有家小，却广为交游，他"谈笑有鸿儒，往来有白丁"。他交游的面很广，上至君临天下的国王陛下，下至贫苦的莘莘学子，而他交游层面最广的自然当数著名的科学家、艺术家、作家、诗人、政治家。他逝世后遗留下的书信多达8000封，他所交往的人中，有名气的人数得出来的有2000多位。他正是通过与这么多友人的交往来再学习、"充电"和进行知识更新。他是德国人，在法国也住了较长时间，法国知识界尤其感激他这位国际友人。当1815年拿破仑彻底失败，英、普、俄、奥等国联军占领巴黎时，他作为一名普鲁士著名科学家，代表法国的自然历史博物馆等科学机构，去到联军司令部进行调解，使他们对平民和科研机构等免于骚扰和侵犯，他还极力保护了像拉普拉斯等大科学家的私人财产。后来，在1827年，巴黎的法国地理学会推举他为名誉会长。洪堡特学无止境，他渊博的学识，为举世所推崇。授予他名誉博士学位的有以下的大学：奥得河法兰克福大学（1805年）、波恩大学（1828年）、屠宾根大学（1845年）、布拉格大学（1848年）等。在1852年，他还获得了英国皇家学会的柯普利奖章。很多国家大的科学院也都选举他为外籍院士。

旷世的巨著——《宇宙》

洪堡特一生到过很多地方，他足迹遍及西欧、南北美洲和北亚。他的考察成果，在科学理论方面作出了重要贡献。他是一位自然科学家、自然地理学家、地貌学家。他对近代植物地理学、气候学、地质学、地球物理学也作出了开拓性的贡献。他不是孤立地看待自然界的事物，他对每一个现象，都作为自然界的一部分来进行考察。他认为自然界是一个巨大的整体，各种自然现象都是互相联系的，并且依其内部力量的作用而不断运动发展。他认为任何一种自然现象都不是孤立、偶然地产生的，而都有着一定的规律。他以自己多年来在各地观察到的事实为依据，对比研究各种自然要素的异同，运用比较的方法找出它们的规律，揭示了自然现象间的因果关系。洪堡特首先创立了这种现代地理学的基本原理，使自然地理学作为一门科学，在自然科学领域中占有了其应有的地位。

洪堡特广泛考察和深入研究了植物分布与气候及地理环境的关系。

他科学地论证了平原地区随气候的改变而引起的植物种类的变化，以及山地上因高度不同、气候变化所形成的植物垂直分布的规律，并提出了关于植物生态学的理论。唐朝大诗人白居易有一首诗："人间四月芳菲尽，山寺桃花始盛开。常恨春归无觅处，不知转入此中来。"也意识到这种情况，洪堡特把这一种感性认识深入研究，上升到理性认识，总结成为理论。

洪堡特首先提出等温线的概念。他创造了用等温线来比较各地气候差异的方法。他把各地的平均温度都换算成海平面高度上的气温数值，移植到地图上，再把温度数值相同的点连成线。他绘制出了世界上第一张北半球的等温线图。他对大陆内部和沿海地区的气候进行了比较，还指出了大陆东岸和大陆西岸气候的差异。

洪堡特早在1836年写给伦敦皇家学会会长的信上就建议当时号称"日不落帝国"的英国应在世界各地建立地磁观测站网。他与他的朋友、著名普鲁士数学家约翰·卡尔·弗利德里希·高斯一起在柏林搞过多年地磁观测站的组织工作，研究了磁力现象的地理分布问题。他曾第一个指出当北极光出现时，地磁强度显著减少。他也是较早研究流星的天文学家，他关于南天星座光亮度的测定方法对天文学是个开创性贡献。他也第一个利用地形剖面图方法来研究山地地区。他计算了大陆的平均高度。

洪堡特正是在他上述一系列重大科学成就基础上来撰写《宇宙》一书的。关于写这本书的计划，他早在1827～1828年由巴黎返回柏林前后就已订下了，那时他正在柏林大学里讲授自然地理学，正式大规模动笔是10年以后的事，该书第一卷于1845年在斯图加特出版，第二卷则出版于1847年。对他这位老年作者来说，真正是赢得了广大的读者。他1833年7月14日给普鲁士天文学家弗里德利希·威廉·贝塞尔的信上说："这是我生命的著作，它将反映出我所提出的那些关于自然现象已探明的和未探明的关系的概念和观点，这主要来自我本人的经验以及阅读很多种文字的参考资料这种苦心探寻。"

《宇宙》最恰当的称呼应是一部高级科普著作。洪堡特以生动活泼的语言、清新流畅的风格表现了从银河系到地球表面不同地区的整个物质世界，表现了自然宇宙的历史。它不但是地理学、地质学的百科全书，也奠定了地球物理学的基础，是包罗地球科学全部内容的旷世巨著。《宇宙》的第 3 卷至第 5 卷则包括了他研究中的特殊发现，并补充了若干新材料。这部巨著援引、列述的参考文献源达 9000 种之多，所以，它又是自然科学史的重要著作。这部巨著被译成很多种文字出版。著名生物学家达尔文的自传中有这样一段话："没有一本或一打书对于我的影响，能和洪堡特的著作及赫歇尔的自然科学研究导论相近似，他们激起我一种强烈的欲望，要对于自然科学高大的建筑作一种贡献，虽很微小，亦所不顾。"

谦虚伟人的最后岁月

硕果累累，德高望重的洪堡特曾说："伟大也只不过是谦虚的别名。"这告诉我们一个真理，再伟大的人如果忘了谦虚，他原有的伟大将大打折扣，黯然失色。而洪堡特确实是一位谦虚的伟人。

洪堡特老骥伏枥，志在千里，烈士暮年，壮心不已。他不停地在赶写他的《宇宙》。春天来了，他陪同国王威廉第一在王宫宁静的花园里挽臂往来漫步。王宫原名"逍遥宫"，是腓特烈大帝在大肆征战之后解鞍小住、稍事休息的行宫。但对于洪堡特来讲，却并没有什么可以让他从劳动中脱身出来而得到休息的地方。

在《宇宙》第 4 卷出版后不久，驻柏林的美国大使馆邀请洪堡特出席华盛顿诞辰的庆祝会。大使馆秘书举杯祝酒时说："这一杯为乔治·华盛顿——我们美国的国父；这一杯为冯·洪堡特男爵——科学之王，普通的君主连为这位科学之王解鞋带也是不配的。"洪堡特站起来，用他微弱的声音致词答谢，而在一片掌声中，人们也听不清他讲的什么。朋友们出于对他健康的关心，帮他披上大衣，搀他回到家里。

洪堡特本希望在他 89 岁寿辰前完成《宇宙》最后一卷——即第 5 卷。但他精力一天天不支了，朋友们都预言他会挺过 1859 年 9 月 14 日，也就是他 90 寿辰这一天。然而他却深知自己来日苦短，难以熬过这年春天。在那桃红李白的四月间，柏林的市民再也见不到在菩提树林阴大道上漫步的这位大家熟悉的老科学家了。人们彼此相问："男爵阁下最近怎么了？"很少有人能说清楚。

1859 年 5 月 6 日，这位伟大的科学家惜别了他眷恋的地球人世，旅行到另一个新世界去了。

普鲁士为洪堡特举行了国葬，全欧学术界都以不同方式深表哀悼。他的未竟之业——《宇宙》第 5 卷由他的学生、后继者整理完成，于 1862 年出版，他在天之灵当得以宽慰。洪堡特的名字不但是德国人民的骄傲，也是全人类的骄傲，地学上很多名称都以"洪堡特"命名，除上面已提到的"洪堡特洋流"外，格陵兰西北部世界上已知最大的冰川叫"洪堡特冰川"（最高达 100 米，延伸达 100 公里）；在美国西部内华达州和加里福尼亚州之间有洪堡特国家森林、洪堡特湖、洪堡特河、洪堡特灌溉工程等。

洪堡特的光辉业绩和崇高风范永为世人崇敬和怀念。

四、生物地层学奠基人——史密斯

　　18 世纪的英国，在自然科学全面发展的基础上，春风得意地掀起了一场领先世界的产业革命。1769 年，钟表匠阿尔克莱特制成了自称是他发明的水力纺纱机，转动不用人力，可以直接利用自然力。纺出的纱较为粗韧，可用作经线，比哈格里夫斯发明那种手摇的"珍妮纺纱机"纺的细而易断的纱好多了。阿尔克莱特的这项发明，使纺织工业用纱的供应问题完全解决，让下一道工序——织布显得落后了。他这项发明又开发了自然能源——水力，并且期盼着更多自然能源快些开发出来。就在这一年，上帝又把另一名奇才投放到了这大西洋东北边的不列颠岛上。他名叫威廉·史密斯。他并非科班出身，而是"自学成才"的。他的科学研究工作，使英国的地层划分对比、地质测量填图及矿产普查勘探得以全面启动。他因而获得"英国地质学之父"的桂冠。他不仅属于英国，而且属于全世界。他是整个生物地层学的奠基人，也是对整个传统地质学有重大贡献的科学巨匠。由于他的成就，人类开发利用深埋地下的化石能源——煤炭、石油以及其他资源的宏伟事业得以更快速地发展。

铁匠之子的抱负

　　1769 年 3 月 23 日，英国首都伦敦西边牛津郡丘吉尔城附近一个乡村铁匠约翰·史密斯的妻子安恩，生下了第一个儿子，取名叫威廉。史密斯（Smith）在英文里正好是"铁匠"的意思，而约翰的祖辈都是小农，到了他这一辈，才真正地"名副其实"了。他正是在产业革命风起云涌的新时代，学会了铁匠手艺，成了一名手工业工人。以后安恩又生下了四个孩子，在负担如此沉重的家庭，作为长子的小威廉很早就为父母分忧解愁了。他不仅要帮助父母照顾弟妹，还要替父亲拉拉风箱，打打下手等等。正是"里里外外一把手，穷人的孩子早当家"。

小威廉有时跟着父亲到炼铁厂去拉铁块。他看到红红的铁矿石倒进炼铁炉，然后变成奔流的铁水，进入模子里冷凝成铁锭。工人叔叔告诉他，那些铁矿石是附近山里挖出来的，挖铁矿的工人又是如何如何辛苦……小威廉望着矿石呆呆出神，有时闭目遐想：我长大要是能在山里找到更多更好的铁矿石，炼成更多更好的铁，该会为人们打制出多少好东西来啊?!

命运的转折

小威廉7岁就失去了父亲。他母亲安恩出身小农家庭，很贤淑勤俭。她含辛茹苦地撑持着这个穷困的家，把小威廉送进了乡村的小学。家庭环境的艰苦，磨炼出了小威廉勤劳俭朴的优秀品质。

小威廉11岁，小学尚未毕业时，他见家中实在太穷太苦，不忍心让母亲太受累，不忍心让弟妹们太受苦，就被迫自行辍学了。他当时已学会了简单的算术，而且练得一手好字。他一边帮助母亲劳动，一边在家继续进行艰苦的自学。他特别喜欢数学，而且学得很好。他还随着年长的同乡友人到伦敦等通都大邑去经风雨，见世面。他们白天出去打零工，晚上在简陋的旅店、工棚里与来自各方的人交谈，并且找各种各样的书来读。这使他眼界大为开阔，阅历更为丰富，知识大为长进。他断断续续地在丘吉尔城打了四五年零工，在伦敦打了两三年零工，自己省吃俭用，把工钱大部分捎回家去孝敬母亲，供养弟妹。

1787 年，命运之神光顾到了 18 岁的威廉，使这年成为他生命历程的重要转折点。一位叫爱德华·维勃的测量工程师从斯陶布荒原来到丘吉尔城，要对教区的预备教会学校进行详测，打算圈并一些公地，对该校加以扩建。他需要聪明精干的小伙子帮他打下手，扛标尺，牵测绳，作记录等。威廉的朋友得知此信息，把他带到维勃的工作事务所——一个庄园主的住宅里。维勃见威廉腰圆背阔，身强力壮，虽出身寒微，却谈吐不俗，见多识广，又写得一手好字。面试结果十分满意。维勃就留下威廉·史密斯给他当助手。而威廉·史密斯对这份好差使也十分满意，既能挣钱养家，又能跑更宽广的地方，见更多新鲜事物，还可学到很多本领。

威廉·史密斯以后从事测量工作 10 多年，他和维勃一家人在一起生活了将近 5 年。他跟着维勃去野外实地测量，又到维勃工作事务所上班，从事内业整理、绘图等工作，他勤奋刻苦，任劳任怨，从不偷奸耍滑。他不但做维勃测量工作的助手，也替他家人承担一些繁重的家务劳动、体力活。他与维勃全家关系都十分融洽，很得他们的喜欢。他勤学好问，维勃也毫无保留地教给他测量工作的业务知识，他悟性很好，很快就掌握了测量工作的全套本领。

驰骋在英格兰大地

经过三四年的边学边干，威廉·史密斯已培养出了独挡一面的工作能力。1791 年秋天，22 岁的史密斯就被维勃派到萨默塞特郡北部去对一座庄园及其周围的土地进行测量与评估。史密斯徒步去到那里，借宿在巴思城西南约 8 公里、靠近海利特顿城的一个名叫"拉格波纳"的农舍。

这座不起眼的小楼房，后来就被称为"英国地质学的发祥地"。因为史密斯关于"地层层序律"与"化石层序律"的学术思想正是在这里开始萌动的，这是后话。他测量完那座大庄园后，又对周围很多煤矿、运河进行了测量。测量煤矿时，他不但测了地表，还下到矿井里去观察、测量，以后绘制出了很多地面地形图和矿井坑道图。他当年测绘的海利特顿地区的地图一直使用到现在。

过了大约两年，1793年，史密斯又应当地一些领主的聘请，对计划中的运河进行测量与调查，他们的目的是想把他们开办的煤矿采出的煤通过运河以最低的运费推销到更广大的市场上去。工作一段时间以后，任务完成得很好。1794年3月，英国议会就批准建设运河的议案，还把史密斯请到会上进行质询，他胸有成竹地对议员先生们作了论证，回答了他们提出的问题。同年8月，他与运河建设委员会的两名委员一起乘四轮马车（这在当时已是最先进的交通工具了）到英格兰北部去视察其他运河和煤矿。这趟旅行路途很长，时间也较充裕，他沿路对地层和地层中的化石也附带作了观察，为他今后十分感兴趣的研究工作提供了很有价值的线索。他路过伦敦时，特别去逛过书市，并走访过书商，希望得到一些地质学方面的书籍，但是没有达到预期的目的。

后来被称为"萨默塞特煤矿运河"的工程开始于1795年7月，史密斯自始至终参加了运河线路的测量与调查。当时修建两条支运河，都从煤矿区出发，沿着近于平行的山谷延伸，每条都长约6英里。这两条支运河在前方汇合，从汇合点再往前修2英里长的运河就与正修建中的肯勒特运河及埃丰运河联结起来。而埃丰运河修通以后又能把巴思城和泰晤士河边的纽伯里城及里丁城联结起来。这两条运河的修建可以使煤矿产出的煤通过运河水网而运人英国最大的河——泰晤士河，它行销的市场自然更广，经济效益也就更好了。

威廉·史密斯从1794年到1799年一直受雇于运河公司。他为测量运河线路跋山涉水，足迹遍及大半个英格兰。这期间，他熟悉了运河所穿过的岩层，主要是从三叠系的泥灰岩到侏罗系的里阿斯统及鲕石层。他也采集了不少化石。他的笔记表明，在 1796 年 1 月，他已有了重大的发现：岩性相似的地层可以由其中所发现的不同化石组合来加以区别，这实际上是当时的很多地质学家们所没有认识到的概念。他也开始作彩色地质图，就是在地质图上着色，以表明不同的地层在周围山上是如何出露的，这实际上就是最早期地质图的雏形。所有这一切，为他后来伟大的科学发现打下了坚实的基础。

地层与化石的深思

早在青少年时代，威廉·史密斯就已经从读过的书中，从人们的谈论中，知道化石是古代生物的遗体埋藏在地层中形成的。他没有学过高深的地质学、生物学课程，但是，从实践和直观上，也就是频繁的观察、接触中，他也逐渐知道并熟悉了一些常见化石的异同，因此，作一些简单的鉴定、分类，对他来说，慢慢地也就不是一件难事。

从地层分布和地质构造来看，英国真是个"得天独厚"（"得地独厚"）的国家。它幅员并不算辽阔，但是，"麻雀虽小，肝胆俱全"。从西边的威尔士到东边的伦敦，直线距离不过 200 多公里的范围内，有着从前寒武纪直到第四纪的所有地层，没有什么重大缺失，地层的地质构造也较为简单，很多地方是单斜层，有的地方是背斜或向斜构造，也较正常、平缓，很少有地层倒转、断层重复等紊乱现象。再说，绝大部分地层都没有变质，年代较古老的地层即使变质也比较轻微，层序、构造也都很好辨认。那个地区经过史密斯及以后若干代地质学家 200 多年研究、测量，成了全世界一条经典的地层剖面，载于很多教科书上，为很多学者、教授所援引、利用。

威廉·史密斯时代的英国，正进行着轰轰烈烈的产业革命，工业建设蓬勃发展。机器隆隆开动，需要大量能源，因而大力找煤，挖煤。煤炭开采出来后就要运到远方销售，于是大力挖掘运河，一挖就是多少英里。浮土被剥掉了，运河两岸揭露出新鲜的地层、岩石（地质学上叫做"露头"），连续的露头就构成连续完整的地层剖面。如果运河的走向与岩层的走向垂直，那么，运河穿过的地层就越多，这剖面的研究价值就越大。史密斯沿着运河两岸来回走着，也就观察了很多人工开挖出来的、理想的地层剖面，认清了许多地层、岩石的特征及岩层的积叠顺序。

有很多地方，岩层里满嵌着各种各样漂亮的化石。那一个个像月饼一样的菊石、密密麻麻一个挨一个的螺蚌壳化石、岩层面上一张张树叶的化石……无一不引起史密斯的浓厚兴趣。他跑的地方很多，见的地层、化石也多，他不但仔细观察，还大量采集化石，他面对着摊在桌子上、地面上的化石标本，陷入沉思。

正如前面所说，当他 22 岁时，在萨默塞特郡搞测量，住在巴思城附近的拉格波纳农庄时，对地层和化石已开始朝夕揣摩了。他注意到这样一些重要的事实：岩层里包含的化石虽然千奇百怪、丰富多彩，然而，当穿过成层积叠的岩层时，下面的地层（即所谓"层位低"的地层）和上面的地层（即所谓"层位高"的地层）包含的化石往往是不同的。而且，若走过的地层越多，地层厚度越大，最下面的地层与最上面的地层相距越远，它们所含化石差别就越大，有时简直是天壤之别，根本找不到丝毫共同的东西。最下面的地层（"层位最低"的地层）所含化石往往看去结构较简单、原始，与现代生物差别很大，有的简直似是而非，难以辨认。而最上面的地层（"层位最高"的地层）所含化石往往结构更复杂，数量更丰富，且与现代生物面貌很接近。另外，如果顺着同一地层走（有时就走在一个岩层层面上），那么，不管走多远，同一地层里包含的化石往往总是相同的，当然各个地点化石的数量绝不可能完全一样。

地层层序律与化石层序律

威廉·史密斯的上述重大发现，从他早在1796年（27岁时）的笔记上已可见到了。他终于领悟了事物的本质：既然不同的地层有不同的化石，而同一地层不管延伸多远，都能找到同样的化石，那么，化石就是说明地层的一种特殊符号，如果把成层积叠的地层看作一部厚厚的"书"，每一个岩层就像可翻开的"扉页"，化石就是这扉页上的特殊文字，我们若能读懂化石、岩层这特殊文字，那么，这就说明地球亿万年历史的厚厚的"书"被我们读懂了。史密斯把这种认识进一步总结成了以下两条规律：

1. 未经扰动的、成层叠复的岩层，下面的是生成时期较早的，覆盖在上面的则是生成时期较晚的（今天这很易为人们所理解，就好像人们铺床一样，下边的草垫最先铺，较后铺的褥子在草垫上面，褥子上面的床单又比褥子后铺，等到要睡觉时铺在床单上的被子则是最后铺上去的）。

2. 由上面的原理，很自然地就得出：下面岩层里所含的化石是较早历史时期生物的遗骸形成的，而上面岩层里所含化石是较晚历史时期生物遗骸形成的。

这就是有名的"地层层序律"与"化石层序律"（过去也叫"地层积叠律"与"化石积叠律"），这两条定律紧密联系，不可分割。地层从下到上的顺序反映了一个地区各时代沉积岩层发育的历史；而从下面地层所含的化石到上面地层所含化石的出现顺序，则反映了一个地区各时代生物群的面貌。两者结合起来，再加上其他方面的研究，就可以恢复一个地区整个地质发展历史。

谈到地层层序律，科学史的专家们会想起 1669 年丹麦医生兼地质学家史腾诺在研究意大利北部托斯卡纳地区地质发展史时提出的 3 项原理："原始水平原理"、"原始侧向连续原理"和"叠覆原理"。其中的"叠覆原理"正是指岩层序列自下而上是由先到后、由老到新的关系。这个年代比威廉·史密斯出生整整早了 100 年，比他提出"层序律"整整早了 130 年。两者内容何其相似乃尔？！但是，非科班出身的史密斯，不可能通过书本学习、国际学术交流等途径来便捷地继承先人的成果，因而，不得不从头摸索，"英雄所见略同"地再重复发现一次。有的地质学史专家甚至推测，也许史密斯直至逝世以前都没读过史腾诺的书，甚至连听也没听说过史腾诺的名字。

史腾诺时代的意大利，虽然经文艺复兴而进入科学的启蒙时代，但生产力还没有大规模发展，对地质找矿方面还没有提出更高要求来刺激其前进。所以，史腾诺的宝贵发现没有能马上应用到生产实践当中，慢慢地因后继乏人而失传。他的卓越思想仅仅在他留下的著作里尘封了两三百年，最近才被科学史专家们发掘出来加以肯定。

史密斯时代的英国，正值产业革命，蓬勃的工矿交通建设事业的强烈刺激，实践中产生的科学思想很快回到实践中去应用，所以，发展更加迅速。史密斯比史腾诺有着更丰富的实践，他更多地注意了地层中的化石，提出了"化石层序律"来与"地层层序律"相辅佐。所以，他的成就远远超过了比他早 100 多年的史腾诺。

提起这两条定律（特别是地层层序律），有人也许会轻蔑地说："多清鲜啊！这难道也叫定律吗？这简直是平凡的真理，是大实话，是人们凭直觉、凭日常生活经验就能理解的、不证自明的'公理'。当然啰，我们铺床，总是先铺的在下面，后铺的在上面。总不可能先把被子、床单铺在半空中悬起，再把草垫、褥子塞到它们下面去吧！"我们说："钟不敲不响，凳子不搬不走，扫帚不到，灰尘照例不会自己跑掉。"这虽然是"平凡的真理"，可是，为什么人类历史几千年，人们却视而不见，没有把它总结出来应用呢？只有到了威廉·史密斯的时代，历史发展到资本主义社会，产业革命轰轰烈烈地进行，才有像史密斯这样的人出来总结它，把它上升到理论的高度，反过来指导地质矿业实践，这样才推动了生产的发展，也推动了科学的发展。正是在这种"平凡真理"的基础上，建立起了19～20世纪这200年的近现代经典的地质学、历史地质学理论体系。

萨默塞特郡的拉格波纳农庄，是威廉·史密斯早年从事地质科学实践活动的居所，特别是他开始酝酿这两大"层序律"的"老根据地"，所以，他曾称那里是"英国地质学的发祥地"。他曾居住过的房屋，至今原样屹立。其实，说它是"近现代地质学的摇篮"也同样是当之无愧的。

关于对威廉·史密斯的评价，有人认为他对地质学进展所作出的贡献主要在于实用方面，是以野外地质学为基础的。他是一位实地调查者，从事具体实际工作的人，而不是一位关在书斋"象牙之塔"里的学究。他把他的发现看作是用来促进他自己国家工业、农业经济发展的工具。现在流传下来的、他早年的很多笔记也证明了这一点。

威廉·史密斯在解释地层层序上之所以获得那么快速的进展，的确大大受助于英格兰本身地层的连续性，后来越来越多的评论家都认识到并强调了这一点。在英格兰中部，可以找到从前寒武纪经过古生代、中生代，一直到新生代第三纪的沉积岩层。其中，只有早古生代地层经受了褶皱和挤压（就是后来确定的早古生代"加里东运动"的影响），地层只有少量倒转、重复，给解释它的层序带来困难。另外也有少数地方，花岗岩和其他火成岩的侵入给地层层序造成混乱与不规则状况。但是，在长达两三百公里的"威尔士—伦敦剖面"上只占着极少的部分。至于像产生欧洲复杂的阿尔卑斯构造的那种强烈褶皱与断层（就是后来确定的中、新生代"阿尔卑斯运动"的影响）只出现在英格兰的最南端，不过有一些小小的揉皱。除了上述极少数特殊情况外，剖面的大部分连续而完整，层序清晰。其中，特别是中生代地层尤为理想，富含各种各样的化石，研究起来十分得心应手。与之相对照的情况是，美国东部完全缺失侏罗纪地层，白垩纪地层直接超覆在三叠纪地层之上。在德国，维尔纳所研究划分"建造"的萨克森地区，则不仅缺失侏罗系，而且白垩系直接覆盖在古生代甚至时代更老的地层之上。归根到底，英格兰中部连续完整、化石丰富、构造简单、序列清晰的中生代地层，是史密斯建立其理论的直接基础。

著名的英国进化论生物学家托玛斯·亨利·赫胥黎（达尔文的忠实信徒和宣传者，被称为"达尔文的吠犬"）1881年在"大英协会"发表了题为"古生物学的产生和发展"的演讲。谈到威廉·史密斯时，他说："这位谦虚的大地考察者，他的职务使他走遍了英格兰的很多地方，我们国家第二纪（即中生代）地层的序列提供的特别方便的条件，给了他很大的帮助……"（这篇演讲词后来收入1895年在伦敦出版的《赫胥黎文选》之中）。

也有人把史密斯跟18世纪法国的著名博物学家布丰及苏拉维相比。后二者早先得出结论认为，如果岩石所含的化石中，没有已知的现生生物的化石的代表，那么，它的时代就应该比较老，如果地层中所含化石之一部分或全部都与现代海洋中生活的生物很相像，那么，它的时代应该较新。他们的观点无疑也是正确的。史密斯的生物学知识并不丰富，他并不关心物种的绝灭和化石的现生相似种类，他仅仅把化石看作是用以鉴定特殊地层（例如粗粒钙质岩或珊瑚灰岩）的手段。他在1800年以前已经认识到，发现于冲积层里的、被摩擦碰撞损坏的化石表明，这些

地层的沉积时间要晚于那些含有未破碎化石的地层的沉积时间。史密斯和布丰、苏拉维总算得到了殊途同归的结论。他完全是由丰富的实践之中得出来的，尽管他不像后二者那样有着深厚的生物学功底。

　　威廉·史密斯的主要成就，归结起来，在于以下三点：（1）他认识到英格兰地层的规则的序列，这个序列首先在英格兰西南部被确定，以后又在英格兰大部分地区建立起来；（2）发现很多地层都有其各自特殊的化石内容，这些化石可以用来把这些地层与其他在岩性上与它相似的地层区别开来；（3）利用上述两个发现编制了各种比例尺的地层剖面图和地质图。最后这一点将要专门详细地在后面论及。

光荣属于史密斯

　　史密斯是一位平民科学家，他完全是从实践中有了新发现，并创立新见解。他本身文化层次不高，但他也非常希望把他的发现让每一位想增加见闻的人都能知道。

　　1799 年的一天，史密斯和他的朋友们在咖啡店里闲聊，他高谈阔论起地层和化石序列的问题，把自己在矿山和运河工地上多年的观察心得头头是道地加以阐述，朋友们听得津津有味。邻座上两位胸前挂着十字架的年轻牧师走过来。其中一位笑容可掬地开口向史密斯打招呼。

"哈啰！请问尊姓大名！"

"威廉·史密斯！"

"在哪里贵干？"

"运河公司测量队。"

"您刚才谈论的问题真有意思！"

"这是我亲身的经历、实践的体会。"

"噢！您读过书吗？"

"我家里很穷，父亲早去世了，没有钱。小学也没有念完，后来就当了测量工人。"

"很好！刚才您谈论的问题，我和我的朋友们多年来都想过，希望解决它，但都没能实现。这的确很有意思，请您再仔细和我们讲讲好吗？"接着，这位青年自我介绍道："我叫约瑟夫·唐森德，是本地的牧师。"他又转身指着另一位牧师说："我的这位同行朋友叫本杰明·理查德逊。我们都是化石爱好者，喜欢采集化石。"

史密斯非常高兴地答应了他的要求，于是就约定了时间，史密斯去到唐森德家中，理查德逊也去到那里。史密斯向他们口述了发现于巴思城周围的地层和其中所含的化石之名单，由他们二人加以笔录、整理，就完成了世界上最早的地层表，因而是很有名的，当时这份地层表的原本、以及史密斯1799年绘制的巴思城附近5英里地区的彩色地质图，至今还完整地保存在伦敦地质学会。

作为一位牧师，唐森德交际很广，信息也灵通，他又有较高文化水平和流畅的文笔，因而，他得以尽快把史密斯的发现向英国地质学界传播开去。唐森德和理查德逊最早按史密斯口述画出了巴思城附近地区从白垩纪的白垩层往下直到石炭纪煤系地层的层序。这个层序概要于1801年首次发表在理查德·瓦尔纳所著的《巴思历史》一书中。虽然地层层序短而不完全，虽然瓦尔纳本人也不完全明白，但是它对于发表日期的记载是最早的，是很有意义的。瓦尔纳是巴思城一个牧师，也是有名的作家。他住在巴思城与煤矿运河之间的维德康布村。他认识史密斯，史密斯审查过他采集并收藏的化石标本，并将化石按地层顺序加以排列。在《巴思历史》一书中，一个简短的篇章题名为"巴思的矿物学和化石学"，瓦尔纳在这当中提到，他对于地层和其中的"化石内容"作了一般的观察。而"更加科学的和专门的报导"，很快就会在"巴思附近米德福德地方十分聪明干练的史密斯先生"所写的大作中出现。

唐森德由于大肆传播史密斯的科学发现而在 1807 年伦敦地质学会（世界上最早的地质学会）成立时得到了"名誉会员"称号。但唐森德始终把史密斯尊为老师，他感激史密斯发现的事实和创立的见解，他后来出版的书中使用了很多史密斯为各不同的地层所起的名称。理查德逊的牧师住宅里也有很多对地质学感兴趣的人常来常往，他对传播史密斯关于地层和化石的知识也做了大量工作。

英国著名地质学家威廉·丹尼尔·康尼比尔和威廉·菲利普斯于 1822 年在伦敦出版的书——《英格兰和威尔士地质概略》中写到威廉·史密斯时说："在很多地方把他所掌握的情报自由地散布。事实上，通过口头扩散这一方法已成为大多数英国地质学家的共同特性，这样对于作者很少知道的很多地方科学的进步是大有裨益的。"

史密斯通过学生和友人的传播及自己后来卷帙浩繁的著作，终于在英国地质学界获得了应有的地位和荣誉。

更大范围的实践活动

史密斯与运河公司的合同期满之后，又为当地一些领主、庄园主作一些灌溉和排除土地积水等方面的设计，他借机会在各地到处巡视，以观察到更多的地质情况。1800年，他受雇于诺福克郡霍尔汉地区一位著名的庄园主兼农学家托玛斯·寇克。过了一年，寇克又把他介绍给贝德福地区的弗兰西斯公爵。弗兰西斯公爵把他安排在自己的一个叫沃伯仑的庄园做事。寇克和弗兰西斯公爵二人都在他们的庄园里举行年会，以配合6月的剪羊毛节，很多著名学者、士绅和有声望的外宾都来参加这些集会。从1801年起，史密斯都要出席这些年会，讲述关于地质学及其经济价值，并展览他的地质图。那些庄园里至今还保存着史密斯1801～1803年所绘制的英格兰和威尔士的几幅小型着色地质图。

1802年，史密斯第一次会见英国皇家学会会长约瑟夫·班克斯爵士，并向他阐述了自己的想法。班克斯热情地接受了史密斯关于测制英格兰和威尔士全境地质图的建议，并鼓励他完成此项工作。史密斯把1801年6月1日他规划这项工作时印好的说明书先发行出去，还公布了预订者的名单。这说明书的名称是《发现于英格兰和威尔士不同地区的各种岩层自然序列之精确描绘与记述》，还有一张"地层修正图"附在此书后面。

具体作地质图时，史密斯是按以下程序进行的：他把所观察到的地层和其中所含化石按上下顺序编好，再丈量地层厚度，画成一张一张的剖面图（他最早在巴思城附近就作了不少剖面图），把剖面线标在地图上，每个剖面按化石的不同划分了很多层，又把地图上各剖面的化石相同的岩层（也就是年代相同的地层）联结起来，不同的地层再以不同的颜色表示，它们在地图上的地区分布就一目了然。这样绘制出来的就是世界上最早的地质图。

史密斯实践的范围很广，有很多工程项目都雇他去工作，例如英格兰东海岸和南威尔士的海防工程建设、约克郡和兰卡郡的煤矿管理，以及给地主庄园做房地产估价等。史密斯承接这些业务也不单是为了生计，他只要能在祖国大地上巡游，多搞地质观察，就一概应允下来，一门心思仍不忘他的地质地层工作，他作了大量考察笔记。由于时间紧迫和冲突，不得不雇了一位誊写员，在他抄录和整理笔记时是大有帮助的。

具备一定经济实力之后，史密斯于 1804 年在伦敦租了一幢大房子，开始实现他大展宏图的计划。他把一些大房间辟为标本展览室。为此他订做了很多标本陈列柜，顶上是倾斜的搁板，下面是抽屉。他把多年采集的化石按不同层位顺序摆在搁板上，用标签放在旁边以示说明。1808 年，也就是伦敦地质学会成立的第二年，该学会会员就集体来此参观，收到很好的效果。

史密斯结识了一位伦敦的地图刻印家与出版家约翰·卡利。1812 年，卡利表示愿意将史密斯的英格兰和威尔士地质图刻印出版。这些地质图的比例尺是 1 英寸代表 5 英里，习惯上称为"1 英寸地质图"，实际折算的比例尺应当是 M＝1：316800。图版是专门镂刻的。图上地名的安插由史密斯亲自决定。在地理底图上，按照前述方法，把地层单元之间的界线（即地质界线）填绘上去。然后不同单元着上不同的颜色，并且再加上一种新颖的方法，就是把每个地层单元的底部颜色着得浓一些，显得深暗一些，这样就可以表示出上下关系，使人对地层的构造、如何叠覆的关系一目了然。这项大工程历时两三年，到 1815 年 5 月才完成。图名叫做《英格兰、威尔士及苏格兰部分地区地层概略图》，此图在伦敦为农业部、皇家研究院以及艺术制造业及商业促进协会作了展览。这个促进协会从 1812 年起，每年为征求英格兰和威尔士矿产图提供 50 畿尼金币的奖金。史密斯于是获得了这一奖励。到 1816 年 3 月，已有 250 份地质图着了色，并分发给了订户。其中，大部分图都由史密斯亲自编号和签了名，并在他的日记上作了记载。此图大概总共发行了 400 份，至今保存下来的已不足 100 份。

应当附带说明，他当年在地层单元的底部把颜色着得深一些、浓一些，看起来显得暗一些，而越往上部，就用正常色调，看起来浅一些，一目了然看出哪是上，哪是下。那时这种方法很好，可是在今天，地层单元时代先后已能精确表示出来，孰先孰后一看便知，自然不再用此原始方法了。

　　从史密斯在 1801～1802 年间画的地质图手稿上可以看出他很早就掌握了穿过英格兰的地层总的层序。再把他 1815 年画出的地质图与今天同样比例尺的英格兰地质图加以对比，就可以看出非常接近。史密斯当时记载的详细情节现在看来仍很正确，给当今地质学家留下了深刻的印象。他用不同颜色表示了 21 个沉积地层单位，还用其他颜色表示花岗岩及其他岩浆岩的巨大岩块，并用不同的符号表示了锡矿、铅矿、铜矿、煤矿、盐矿和明矾石矿。他以后作的地质图还有不少新的补充和改进。例如，他先后在伯克郡、牛津郡、萨默塞特郡和约克郡发现若干含珊瑚化石的石灰岩，他就专门用橘黄色表示，以区别于一般的石灰岩。

　　史密斯还出版了很多英格兰的地质剖面图和小地区分幅地质图，图上对煤矿及其他矿层特别标了出来，不仅有学术意义，经济价值也是很大的。

排除万难 一往直前

　　一心为了地质科学事业的史密斯，出版自己的地质图纯粹为了推广科学成果，丝毫不为赚钱。上述《英格兰、威尔士及苏格兰部分地区地层概略图》每份售价仅 5 畿尼（折合 5.25 英镑），但是，制图和着色花费的成本却很高，弄得入不敷出，使他面临严重的财政困难。他为了补贴自己科学研究的经费，曾于 1812 年在煤矿运河附近租了一个采石场，并开办了一个锯木厂和石材商店，由他弟弟来经营管理。但是，后来发现，由于采石场里有事先并未觉察到的断层和破碎带，石材完整性大受影响，质量很差，效益很不好，这些企业支持不了他的科研，反而又拖了他的后腿，最后使他债台高筑，走投无路。

　　威廉·史密斯只有作出忍痛割爱的大胆决定，把他大批按地层顺序排列好的整套化石标本出售给大英博物馆。他于 1815 年与对方谈判，结果令他大失所望。该馆道貌岸然的大人先生们竟乘人之危，面对着他的精美化石，这些在科学史上有着重大价值的稀世珍品，他们只肯出 500 英镑，而且还是分期付款。史密斯想到这些宝物总算由国家博物馆正规收藏，可供当今和后世的科学工作者永续利用，也就不多和他们计较，很快就拍板成交。又过了 3 年，他再补售一些化石，才又得到 100 英镑。博物馆官员还要求史密斯提供所有标本的目录。其实，这些化石都有他的原始说明标签，把现成的标签挨个抄下来就是一份完整的目录，博物馆的人自己也完全干得了。而史密斯又同样看在国家博物馆的份上，不辞辛劳地坐下来，自己动手，花费大量时间去认真负责地抄写，与他们精诚合作。但是，他实在太忙了，把时间都花在这上面也实在受不了，他又把自己 15 岁的外甥约翰·菲力克斯找来帮忙打下手，干点誊写事务，为他分劳，节约宝贵的时间。当年史密斯出售给大英博物馆的 2000

多件化石标本连同原始说明标签如今仍然完好保存在该馆，是研究科学史的珍贵材料。

史密斯辛辛苦苦地排除万难，舍弃多年珍物，换来一些血汗钱，也对他大作的出版不无小补。所以，在以后若干年里，他的几部巨著陆续问世。《由生物化石鉴定的地层》一书（伦敦，1816～1819 年版）共分 4 个部分，以 19 个彩色图版表示了从第三纪的伦敦粘土到下面的中侏罗统漂土岩中的化石。《生物化石的地层系统，第 1 部分》（伦敦，1817 年版）一书中描述了从伦敦粘土一直到下面早侏罗世的里阿斯统泥灰岩内的化石（这里面有一部分化石是被大英博物馆收购的）。该书内有一张"英国生物化石地质年代表"。正是用这些化石，按其在地层中出现的顺序来鉴定地层的发育过程与连续性。这个地质年代表也曾单独发行过。后来，此表又包括在地质剖面图卷中发行。这些地质剖面图卷共有 5 个褶叠的大张，是手工着色的水平剖面全图，穿过了英格兰南部的各个不同地区，其中就有从伦敦到威尔士最高山峰——斯诺冬峰的地质剖面图，堪称生物地层学草创时期的经典。这套地质剖面图卷在 1817 年也单独发行过。

长期与史密斯合作出版地质图的卡利，为他提供了着色用的英国各地区地理底图，前述那些地质剖面图也是他帮助出版的。到 1819 年 5 月，肯特郡、萨塞克斯郡、诺尔福克郡和威尔特郡的地质图都出版了。这项工作一直进行到 1824 年。总的说来，21 个地区的 24 幅图都出版发行了。英国最大的郡——约克郡就占了 4 幅。其他地区的图也是按最先进的方法来绘制出版的。

高风亮节　享誉全国

威廉·史密斯从 1820 年起，即迁往英格兰北部。他在很多年间一直居无定所，总是住到那些对他的工作和兴趣都十分方便的寄宿地。1824

～1825 年间，他和他的外甥约翰·菲力克斯一起，在约克郡的若干城镇里巡回宣讲地质科学，约翰自幼给他当助手，又勤学好问，很快成为地质学的内行，以后果然自学成才，当上了牛津大学的地质学教授。显然，这不但归功于约翰本人的勤学苦练、刻苦钻研，与史密斯的精心培养、热情提携的伯乐精神也是分不开的。

后来，严重的风湿病和老年性耳聋折磨着史密斯，那种飘泊无定的生活他再也无法过下去。1828 年，正好约克郡斯卡波罗城附近的赫克尼斯村有一位富翁——约翰·约翰斯顿勋爵，他对史密斯的工作极端支持，于是给了史密斯一个土地管理员的职位，使他得以在该村过上将近 5 年的安定生活。他始终忘不了自己毕生从事的地质事业，干完土地管理工作之余，他仍继续从事地质调查、测量与制图工作。他绘制了一幅大比例尺的赫克尼斯山侏罗纪地层地质图，是 6.5 英寸等于 1 英里，折合比例尺为 M＝1：9748。这幅精美的图于 1832 年出版。

1831 年，伦敦地质学会会长亚当·薛知微（著名地质学家，"寒武纪"的命名者）宣布把第一枚"沃拉斯顿奖章"授予史密斯。论及原因，"考虑到他是英国地质学最早的发现者，特别因为他在英国是第一个发现鉴定地层同一性并加以传授的人，他也是第一个运用产自地层中间的化石来确定地层层序的人"（这一决定 1834 年发表在《伦敦地质学会专报》第 1 期上）。就在这个颁奖仪式上，薛知微尊称史密斯是"英国地质学之父"。

1832 年，在牛津举行的"大英协会"会议上，即席议决，授予史密斯一枚金质奖章。同时，英国政府又奖赏他 100 英镑年金。1835 年大英协会举行会议时，爱尔兰都柏林的特林尼蒂学院授予史密斯法学博士学位。

1834 年，史密斯从赫克尼斯村迁居到斯卡波罗城。1835 年，他又移居到纽波罗甫村的巴尔街。他照例地出席大英协会的年会，并两次向年会提交论文。他住在这些地方，特别是住在斯卡波罗城时，花费了很多时间来撰写回忆录，整理地质考察资料，对研究的很多论题，还在笔记本上详细叙述，谋求逐步解决的途径，念念不忘自己最心爱的地质事业。

埋骨何需桑梓地　人间处处有青山

两辆四轮马车奔驰在黄埃散漫、金风萧瑟的英格兰南部宽广的驿道上，两名骑马的侍者尾随其后，时值 1839 年 8 月。在第一辆马车里，坐着年届古稀、须发斑白的威廉·史密斯，一双炯炯有神的慧眼，凝视着车窗外丰饶的原野、碧绿的野草、茂盛的禾稼，飞快地退向车后。

坐在威廉·史密斯旁边的是英国地质调查所所长亨利·德·拉·贝齐，一个法国血统的英国人，他拍着前者的肩膀说："威廉·史密斯先生，为了替议会新大厦的建筑选择合适的石材，我们已经跑了一年多，跑遍了英格兰、苏格兰的几乎全部采石场。今年，我们看过了一份介绍德尔比郡之波尔索维尔荒原一个采石场所产镁质石灰岩用途的报告。当建筑工程正式进行时，石材供应就明显不足了。我们镁质石灰岩的继续供应是来自约克郡以北 8 英里的安斯顿采石场。这种石头固然坚硬，在'应用地质博物馆'的建筑上，它的使用效果还蛮不错。可是为了象征我们大英帝国的尊严。议会大厦必须有高度精美的雕饰。这种石头就不能胜任了。您看这个问题到底如何解决呢？"坐在他俩对面的建筑师查尔斯·拜利和石匠兼雕刻家查尔斯·史密斯聚精会神地听着，也以期待的目光等着威廉·史密斯的答复。

威廉·史密斯转过身来聆听了好久，终于回答道："对于能影响石头建筑物状况的因素，我已有很多考虑。"他敲敲左手拿着的笔记本继续说："有很多初步想法都记在这上面了。到了伯明翰，我们再来好好总结这一阶段的工作，提出完成任务的适当方法吧！"

说话间，一位侍者催马来到车窗边上，大声嚷着："报告所长大人，北安普敦到了!"当他们在北安普敦下塌,准备继续向伯明翰进发时,威廉·史密斯以古稀之年,再加上长期旅途劳顿,不幸外感风寒,一病不起。8月28日,他在北安普敦与世长辞。

当一些杰出的地质学家对于化石确定地层顺序的价值才初始觉察、勉强承认的时候,威廉·史密斯从事了大量研究,出版了《由生物化石鉴定的地层》、《生物化石的地层系统》等经典著作和精美地质图,"生物地层学",作为一门分支学科已是牢固建立起来了。威廉·史密斯不但是"英国地质学之父,"他作为全世界"生物地层学的奠基人"也是当之无愧的。他不仅研究理论,也注重实用,为地质知识在矿业、建筑等方面的应用而奔波。他没有死在家庭的病床上,而是死在风尘仆仆的差旅途中。他并未埋骨在家乡桑梓之地,而是长眠在工作地区的青山绿水之间。他生命不息,工作不止。他的一生是勤劳的一生,是为地质古生物科学事业顽强战斗的一生。他的伟大历史功绩将永为世人所纪念!

五、"灾变论"的主帅——居维叶

在地质科学发展早期，存在着所谓"激变论"或"灾变论"的观点，它的大本营在法国，从 18 世纪的若尔日·路易·莱克勒克·孔特·德·布丰开始创立，到 19 世纪初，为若尔日·利奥波德·克列蒂安·弗雷得里克·达戈贝·居维叶发展到登峰造极的地步。

新教徒的家世和早期成长

居维叶于 1869 年 8 月 23 日出生在今德国、法国、瑞士三国交界的威腾堡公国蒙贝利亚尔城。他父亲祖上是法国的胡格诺新教徒。法皇路易十四终止信仰自由后，他们家族曾被迫流亡到瑞士。他父亲本来是瑞士国民，但后来在法国军队里服役，退伍之后在法国政府机构当个小官，结婚较晚，娶了一位比他年轻 20 岁的妻子。当居维叶出生时，他父亲已退休，家境相当于较贫穷的小资产阶级。他的家乡在地理上与法国联系较紧密，于 1397 年从布根底王国分离出来，并臣服了威腾堡大公，在 16 世纪时，这里的居民皈依了马丁·路德派教义，同时仍保持讲法语。

居维叶生下来时先天不足，很长时间健康状况不良。他在童年时代就喜欢画画，并表现出在知识和感情上都相当早熟。他有着惊人的记忆力，很喜欢读博物学家布丰的作品，并且掌握理解得很深刻。他 12 岁时开始产生对大自然动物、植物、矿物等的爱好，常常采集标本，并且和一些少年朋友一起建立科学协会，互相切磋学问、交流心得。

居维叶的父母希望他成为一个路德教派的牧师，就像他叔叔那样，但他的老师却不情愿授予他去蒂宾根神学院的奖学金。在1784年，也就是他15岁时，发生了一件对他一生命运有转折意义的事，蒙贝利亚尔市市长夫人把他介绍给自己的姐夫——威腾堡公国的大公。这位大公正要选拔一批优秀年轻人去上德国斯图加特附近的卡罗林纳大学。居维叶被送到那里，经过两年基础课学习，学会了德语之后，他决定专修行政管理学、法学、经济学，因为他觉得这些与他研究自然历史还是很有关系的。他上大学二年级时，曾发现在斯图加特附近有一些新奇的植物。那时，该校一位讲授动物学的年仅20岁的教师，名叫卡尔·弗里德利希·基尔迈耶尔（后来成为德国"自然哲学学派"的奠基人之一）。基尔迈耶尔教过居维叶解剖技术及比较解剖学。后来，德国著名人类学家约翰·弗里德利希·布鲁门巴赫在蒂宾根也教过这些课。1786年，基尔迈耶尔和布鲁门巴赫一起，按18世纪晚期德国的感情风格，与居维叶缔结下了永恒的友谊。

1787年，居维叶荣获金质骑士十字奖章，这样，他就被允许和贵族家庭出身的子弟生活在一起，甚至有时和大公本人在一起。这位有着明亮的蓝眼睛、厚厚的红头发、散乱的衣装的年轻人就成了宫廷选中的人，从而受到更好的教育。他又和一些朋友建立了自然历史学会，对其中最积极的成员还颁发奖章。居维叶于1788年，也就是19岁那年，从卡罗林纳大学毕业了。

从诺曼底到巴黎

居维叶虽然以优异成绩从大学毕业，但那时大公国政府里没有空闲的职位给这位年轻的穷苦平民，他被迫到诺曼底去当一名家庭教师，主人是一个贵族、新教徒，名叫德里希。

在去诺曼底时，他乘公共马车穿过法国北部。巴黎的奢侈豪华，令他眼花缭乱。那时，正值法国大革命的动乱时期，但他从1788年到1794年都住在诺曼底，他的生活似乎还是置身国内革命大局之外的。他作为家庭教师的职责不太引人注意。他秋天和冬天住在卡尔瓦多斯省首府卡昂，那里德里希家的庄园有丰富的藏书和茂盛的植物园。春天和夏天他住在塞纳滨海省费康渔港附近费堪维尔城堡里德里希家的大别墅。这样好的条件给了他很好的机会，去解剖很多海洋生物，特别是软体动物、海鸟和海鱼。居维叶还在斯图加特的时候，就养成好习惯，每天都在大的笔记本上作笔记，画草图。他认为这是向瑞典生物学大师卡尔·冯·林奈学来的治学风格，他称这个叫"动物学日志"。和"植物学日志"。在诺曼第，他继续做笔记，更加上了鱼类、鸟类和软体动物的精美图形，并配上详尽的特征描述。

居维叶离开斯图加特的卡罗林纳大学以后，和一位最亲密的德国朋友克里斯蒂安·亨利希·法夫一直保持通信。他通过法夫与该大学保持联系，也与威腾堡公国当局保持联系。自从居维叶经历危险以后，这些信件被法国警察公开了，居维叶被迫假装同情法国革命。但是，法国大

革命爆发之后，他又常常表示不赞成革命政权，他说，这是"平民大众制定法律"。居维叶终其一生都是畏惧"平民大众"的。

对于科技史学家来说，居维叶和法夫的通信有着双重的重要性。这些书信中包含着居维叶19～23岁（1788～1792年）之间所获得的、而又在他35～63岁（1804～1832年）之间进一步发展了的基本思想。这些信也使人们能设想居维叶可能在赞成"生物链"理论上对让·巴蒂斯特·皮埃尔·安图旺·德·莫内·德·拉马克有过的影响。刚开始的时候，居维叶是敌视这一理论的，无论是科学上的、哲学上的或社会上的这一理论他都反对。1788年他写给法夫的信上说："我希望，经历过的每一件事都向我们表明是小心谨慎地从假说分离出来的……科学应当建立在事实基础上，而不是建立在某种系统的基础上。"1791年，他向他的朋友法夫解释说，动物的身体构造，必须要与它的生活方式协调一致。

居维叶相信神的天意。1791年前后，基尔迈耶尔回到卡罗林纳大学，法夫把基尔迈耶尔公开发表的讲义寄给了居维叶。后来，法夫回忆说，在居维叶的一封信中，谈到夏尔·蓬内著名的"套盒"理论，所有已存在的物体，从晶体到人，逐渐形成较复杂的系统，其间通过微小的、难以觉察的过渡环节来相关联，这样就形成一个连续的链条。

居维叶对知识的重大转折点作了一番分类整理之后，立刻就理解了很多问题。他于1792年在《自然历史杂志》上发表他的第一篇关于大头蛀虫的文章。他表现出是"生物链"理论的支持者，他写道："在这里，跟在其他任何地方一样，自然界并没有产生飞跃……所以，血统遗传从小龙虾到虾蛄，再到木头蛀虫，到多足昆虫，都是分阶段进行的。所有这些属都应当是与单一的自然界的纲相关。"

当1793年蒙贝利亚尔被法国吞并时，居维叶就成了法国公民，他要寻求巴黎科学界的承认。他给著名矿物学家勒内·于斯特·阿雨等人写了信。他又把自己未发表的作品集中起来寄给巴黎自然历史博物馆年仅21岁的厄蒂埃纳·若弗鲁瓦伊·圣提雷尔教授。圣提雷尔充满青春的朝气和热情，他鼓励居维叶到巴黎来。居维叶于1795年初抵达巴黎，他在解剖学研究上取得重大进展，他提交的论文标志着无脊椎动物研究达到新的阶段。后来，他在1829年写道："在我之前，当代博物学家把所有无脊椎动物分为两个纲：昆虫纲和蠕虫纲。我是第一个提出另外的分类，在这新分类中我指出了软体动物、甲壳动物、昆虫、蠕虫、棘皮动物和植物形动物的特征和界线。"

拉马克在介绍他自己1796年的经历时，承认他"在很大程度上是遵循极有才华的博物学家居维叶提出的分类方案"。圣提雷尔本来是反对"生物链"思想的，可能是在与居维叶共同工作一年之后，受其影响而改变了自己的观点。在一篇关于猩猩的文章中，他们二人大胆地提出物种起源于一种简单类型的思想。拉马克声称，他把他的物种转变理论归功于巴尔特勒米，后者1788年重新复活了古希腊人关于这一问题的思想。但是，拉马克对圣提雷尔很亲近。拉马克肯定受到了1795年圣提雷尔向"生物链"理论转变的影响，这一理论居维叶可能是通过法夫从基尔迈耶那里得来的。

辉煌与悲哀的一生

居维叶一生事业的飞黄腾达主要是两个方面的结果，一是他的科研工作所取得的成就，再就是他作为教师的能力。他只需要几分钟的准备，就能够把逻辑十分严谨的教材内容阐述得一清二楚。他不停地讲解，在黑板上画出精美的图形来准确地表达他的教学内容。在巴黎，动物学家很少，居维叶一来到巴黎不久，很自然就被任命为"中央学院"（在几年时间里代替了革命前的"中央大学"）的动物学教授，又担任了巴黎自然历史博物馆的动物解剖学助理教授。因为居维叶在博物馆有此职位，他一年四季都住在动物园附近的植物园里，他一直到逝世都住在那里。

1796 年 4 月，居维叶当选为法兰西科学院自然科学学部的委员，那时他还不到 27 岁。他于 1800 年担任法兰西学院博物学教授，并且还负责到波尔多、尼斯、马赛等地去筹办大学预科学校及中等专业学校。1803 年他担任了法国科学院自然科学学部的常务秘书。在以后的年代里，执政府被拿破仑的"法兰西第一帝国"所替代。1808 年法皇拿破仑一世任命居维叶为大学监督。他对于组建新的索尔彭纳巴黎大学贡献很大。他于 1809～1813 年曾作为外交使节，出使过意大利、荷兰和德国南部，为与这些国家之间在高等教育方面的交流合作而奔走。1811 年，为了表彰他的业绩，他获得了捐赠基金，并荣膺骑士称号。

1814 年，拿破仑一世的帝国失败，波旁王朝复辟。居维叶的政治思想是开明的专制主义，他仍成了国王的忠实奴仆。著名法国作家马里—昂利·贝尔（笔名斯汤达尔，小说《红与黑》的作者）曾经揭露道："居维叶对于掌权者什么卑躬屈节的姿态没有表现出来啊!?"这说明居维叶见风使舵、随波逐流的政治态度。事实上，他为了迎合当权者，毫不犹豫地通过与亲新教徒的自由主义对手和解来否定他自己过去忠于拿破仑帝国的行径。另一方面，他又在极端保皇党人敌视新教教会时表现出对后者的支持。他担任过新教徒大学的校长，有段时间，又担任过非天主教教会的领导人。这个博物馆的动物学教授特鲁萨尔认为，居维叶给予他同一教派者的支持与他作为一个动物学家的工作是同样重要的。

居维叶于 1814 年波旁王朝复辟时成为国务委员会委员。从 1819 年至他逝世时（1832 年），他实际主持了国务委员会内务部的工作。他每天上午 11 点出发，去参加处理国务委员会或公共教育委员会的事务。每星期一下午的时间是留给研究院的。他于 1818 年成为法兰西科学院院士，1819 年他被封为男爵，1824 年他获得荣誉军团"大指挥官"称号，1831 年他被提名为法兰西贵族。居维叶试图在高等教育上发展宗教教学、现代语言教学及自然科学教学，由此而发挥了他自己的巨大影响。由于他各方面的成就，使他在朋友和亲戚中都享有崇高威信。有很多申请各种资助的人写信给他，或者直接去拜访他，总是对他肉麻地恭维和吹棒。居维叶一天到晚都是来去匆匆，很容易动怒，他实际是个真正的权欲主义者。他的一些同事埋怨他总不把自己的科学思想和从事科学事业的目的告知自己的伙伴。居维叶不是一个襟怀很坦白的人，他写出的书面文章往往并不一定代表自己真实的观点。尽管如此，他对于有志青年还是亲切热情的，大力帮助他们，为他们出谋划策。

居维叶个头儿矮小，在革命时期，他很消瘦，在拿破仑帝国时代，他变得强壮了些，在波旁王朝复辟以后，他长得特别肥胖，因而他走路必须走得很慢，而且不敢弯曲身子，害怕中风。但是他的健康状况和食欲都很好。他外号叫"猛犸"，他也总爱摆着一副科学家领袖的架势。当他披着密布装饰并有貂皮边缘的紫色天鹅绒大氅时，更露出一副威严的样子，他毫不隐晦地承认他是蓄意这样做的。

居维叶的家庭生活并不幸福。1804 年 2 月，他 35 岁时，娶了一位寡妇达沃塞尔夫人。此人是很虔诚的新教徒，很慈祥、坦率，并且精力旺盛。她已是 4 个孩子的母亲，后来她和居维叶又生了 4 个孩子，她主持家务很周到细致，居维叶特别爱吃的蒙贝利亚尔香肠从来不会从他们家的餐桌上消失。居维叶有三四处大的收入来源，其中任何一处的收入都能使他们家过上舒适的生活。他是很富有的，他有自己的四轮马车，有众多的仆人。他常走访巴黎的沙龙，他自己也常在家中接待来访者，每逢星期六晚上，在他藏书室大厅里，就与很多名人欢聚。他的同事、同行、友人很少去他家。他家的客人大多数是来自法国各个省的博物学家、外国人，甚至还有两位著名的青年作家——马里－昂利·贝尔（即斯汤达尔）和普罗斯培·梅里美，他们尤其为居维叶的女儿和继女的魅力所吸引。居维叶虽然有很多荣誉和金钱。然而，他的四个孩子都先他而去世，使他富有的生活蒙上了一层阴影。尤其是 1827 年，他 22 岁的女儿克雷芒蒂娜的死对他打击最大，他似乎只有用无休止的工作来忘却这种悲哀。

居维叶于 1832 年 5 月初的一个夜晚患了轻微的瘫痪与食管收缩症。

以后几天，他变得很衰弱，并于 5 月 13 日逝世。由于他死得突然，病症不可思议（一般认为是急性脊髓炎），所以医生对他的尸体作了解剖。他的脑很特殊，脑内各叶外形很膨胀，重量也异乎寻常地大（达到 1860 克）。如果人们相信他的遗孀，那么他留下的财产与他庞大的收入是极不相称的。一般人认为他自私贪婪，这说明实际上他把很多钱拿去捐助慈善事业了。这是通过他那出了名的慷慨大方的女儿克雷芒蒂娜当中介来运作的吗？抑或是他也许有隐私的生活呢？

居维叶的科学工作和管理工作做得很多，他越到老年，他的这些工作也越伟大。他这种非凡的能力可以用他非凡的记忆力来解释。他的私人藏书（小图书馆）是按内容分类编排的，对所有的人都开放。在他逝世前，他的藏书量已达 19000 卷，还有几千本小册子。他能把自己藏书的几乎所有的主要内容加以记住，他可在几秒钟之内，从他的藏书里找到他所需要的信息，不管是历史的、法律的、自然科学的，乃至考古纹章学的等。他总试图在尽可能最短的时间内去做尽可能最多的事。为了赢得时间，提高效率，所以他选择合作者就并不求全责备，他的很多合作者都缺乏他那样的知识素养，也不敢批评他。这样一来，很多合作者共同完成而在他名下出版的著作就难免有些不足之处。

比较解剖学与"器官相关定律"

居维叶在动物学方面的著作，很大一部分是他在自然历史博物馆那样优越的地位和条件下从事研究工作的成果，这些著作当时在全世界的科学研究事业上都是最伟大的建树。那时，政府组织了到远地异域的考察探险队，带回来的所有标本都以极大的速度丰富了博物馆的馆藏。该博物馆有一大批比较解剖学标本，17世纪末，克劳德·培罗尔与若尔日·杜凡尔内伊作过整理，18世纪中叶，道邦童作过整理，到居维叶手上，他又作了全面的整理。整个标本库包含有几百件骨骼和几十件解剖标本。1804年，标本总数达3000件，1832年，这个数字上升到13000。居维叶把鱼类和鸟类标本按照他自己的系统分类陈列在博物馆走廊上。若弗鲁瓦伊·圣提雷尔在博物馆建立庞大的动物展室，为居维叶的研究工作提供了哺乳类和鸟类的珍贵无价的标本。全世界的业余爱好者给他送来了很多化石标本。因为他的研究工作很容易得到各种各样的材料，所以，居维叶很少为科研目的而出差。1803年，他利用了去马赛行政管理出差之便，研究了地中海的海洋生物。1817他去到英国研究鱼化石。他在法国研究院及国务委员会的任职常常妨碍他离开巴黎，甚至在夏天他也少有能外出的。

居维叶早年发表过3部普通动物学著作：一是1797年发表的《动物自然历史基本图表》；二是1800年发表的、与杜梅里尔合著的《比较解剖学教程》及1805年发表的、与杜凡尔内伊合著的《比较解剖学教程》；三是1817年发表的《动物界》，按他自己的分类系统来编排，其中昆虫部分是与皮埃尔·拉特雷伊合著的。他的工作常常有一点仓促，也有点保守，所以，他的分类系统，除鱼类而外，不如拉马克、拉特雷伊、圣提雷尔这些人的分类系统扎实可靠。他的《鱼类的历史》一书，从在诺曼第就开始写，以后逐渐修改，最后与阿希尔·瓦朗希埃纳合作完成。1828 年出了第 1 卷。在居维叶逝世时，编好了第 9 卷。到 1849 年瓦朗希埃纳写到第 22 卷为止。这部伟大著作，奠定了现代鱼类学的基础，居维叶所创的鱼类的科名大多数都一直沿用，而且在今天的分类系统中，这些科名很多升级成为目和亚目的名称。在居维叶之前，很多喜欢采集软体动物贝壳的人，随意地描述这些贝类，而常常忽略贝壳内的软体。居维叶为了建立比较解剖学这一学科。他花费毕生精力为博物馆的公共走廊收集布展了 13000 多件标本，并搜集了很多图和文献，他亲手描绘的图制成了 336 块展板。1849～1856 年之间，罗里亚尔也绘制了很多块展板，题目叫做"比较解剖学"、"肌肉学图集。"

居维叶在科学史方面著作也很多，他作为法国科学院的常务秘书，必须定期作科学研究进展的报告。这些报告 1828 年汇集成 4 卷，1833 年汇集成 5 卷。他也有责任为法国科学院亡故的院士写悼词、生平介绍等，这些都是很好的文献，很有可读性。在米索主编的《名人传记》一书中，居维叶写了亚里斯多德、布丰、道邦童、林奈、普林尼等人的传记条目。他的《鱼类的历史》一书的第 1 卷追述了鱼类学的发展历程，其中包含了很多重要史实。虽然有些地方写得有些枯燥，但意义仍是很大的。他在法兰西学院最后的教学过程中，还出版了一本书，叫《自然科学产生以来的历史》，是以他的讲义内容为基础的，这是科学史领域内他的第一部伟大著作。

居维叶被公众认为是一位奇才，他把一生献给研究那些绝灭了很长时间的动物，关于这些动物，在他之前，也只有布丰能很好地理解它们的科学意义。但是，居维叶知道如何在研究这些动物上取得重大进展，以及如何才能让这些研究做得更加准确。他正是以现生生物为出发点，根据动物化石去恢复古代生物的整个全貌。他运用比较解剖学的方法拟定了"生物肢体对比原则"，研究了各类生物的不同构造，得出了动物各器官之间、器官构造和机能之间有着密切联系的结论。这就是"器官相关定律。"根据这个规律认为每个有机体是一个完整而严密的体系，它的各部分都是相互适应的。任何一部分的改变都要引起另一部分的改变。因此，任何一个对生物组织规律具有科学知识的人，都可以从获得一部分机体而判明其他部分。他举例说：用一个偶蹄的碎片就足以说明动物牙齿、颚骨、脊椎、腿骨、股骨和骨盆的形状。只要有最小的一片骨、最小的骨凸，都可以像拥有一具完整的个体一样，去精确地决定它的纲、目、属、种。

早在两千多年以前，著名的古希腊科学家亚里斯多德就已经注意到若干生物现象：没有一个动物同时具有长牙和角；反刍动物有一种多重胃（譬如牛就有 4 个胃，就是我们爱吃的"牛百叶"），但是牙齿很不行。他已经发现动物身上的不同器官之间，存在着某种联系。但是亚里斯多德受到当时科学水平的局限，没有继续深入去研究这个问题。

居维叶于 1812 年发表了旷世名著——《化石骨骼之研究》。其中，"关于鉴别四足动物骨化石的困难"一节中，他说："能使我们对各种生物的形态，细心地用比较解剖学的原理研究其一致性和差异性，可以根据生物体不同部分和器官的任何一碎片，准确地鉴定每一种生物。因为每一个生物个体，都构成一个它自己特有的完整系统。系统的所有部分是相互适应的，通过相互作用，或者对同一目标的合作、协调一致产生某种确定的效果。所以，同一动物身上的某一部分不发生变化，则其他部分也不会有相应的变化。因而只要单独取这些部分中的任何一部分，就可表示它所从属的所有其他部分……如果一种动物的内脏，其组织结构只适于消化新鲜的肉，那么，必不可少的是：嘴的构造应当与之相应，适于吞食捕获物；爪的结构必须适于抓住捕获物并将其撕成碎片；牙齿要适于撕咬捕获物的肉；整个肢体系统，或者运动器官要适于追捕和赶上猎物；感觉器官则要适于发现远处的猎物。自然界赋予这种动物的头脑，也必定具有足以隐藏自己和策划捕捉所需的本能。总之，牙齿的形状和结构规定了踝状突、肩胛骨、爪的形状，如同一个曲线方程决定了它的所有其他性质一样。对任一特定曲线来说，如果假设各项性质都分别是特定方程的基础，那就可以确定它的全部性质；同样地，单独考虑一只爪、一副肩胛骨、一个踝状突、一条腿骨或臂骨，或者任何其他骨骼，都能使我们发现它们所属的牙齿的种类。反过来也一样，根据牙齿的形状，我们也可以确定其他骨骼的形状。因而，通过仔细观察任意一块骨头本身来开始我们的研究，一个充分掌握器官结构规律的人，实际上可以重建骨骼所属动物的全身。"

以上这段话，详尽、准确、生动地阐明了"器官相关定律"的基本原理。关于居维叶提出并运用这一规律，还有以下几个生动的故事。

有一天中午，居维叶在自己办公室小床上休息，睡得很熟。突然被一阵怪物的嘶叫声惊醒了，他抬头一看，睡眼惺忪中，见床前站着一只头上长角、脚上长蹄的怪物，不知是什么时候闯进他办公室里。他定了定神，漫不经心地说："你只会吃草，我不怕你！"说完，又转过身去继续睡觉。那怪物忽然格格笑出声来，开玩笑地说："老师，我想装扮一个动物来吓唬吓唬你！哪知我扮演了一个食草类动物，根本吓不住人啊！我没有掌握好你教给我们的器官相关定律。"

有一次，人们在巴黎附近发现了哺乳动物化石。当时，一件动物化

石的头部已经暴露出来，身体还埋在土石中，居维叶闻讯赶到发掘现场，仔细看了头部化石之后，说道："从这个动物已显露出来的牙齿来看，我认为它是哺乳动物中有袋类的负鼠，根据器官相关定律，有袋类的腹部必然有一块小的袋骨，以支持它的袋子。"说完之后，居维叶把化石周围的砂岩扒开，人们果真看到了化石腹部有一块袋骨！人们大为惊讶。后来，这件化石标本经描述鉴定为新种，命名为"居维叶负鼠"。

还有一次，一位博物馆馆长，名叫柯林伊，他给居维叶寄来了一张化石素描图，图上的古代动物形状是从未见过的，人们只能作初步的推测，有人说是一种介于鸟与蝙蝠之间的飞行动物，有人说是一种会游泳的鸟。居维叶根据器官相关定律，从这种动物的头部和前肢的特点，推断出这是一具"飞龙"化石，后来，人们又找到许多类似的化石，证明确实是一类会飞的龙——翼龙的化石。

早在1804年，居维叶就有一个想法，就是要由肌肉在骨头化石上留下的痕迹来恢复已绝灭动物的肌肉系统，然后再在肌肉上推测出一定厚度的皮肤组织。如果已绝灭动物有完整的化石骨架，在骨头上恢复出肌肉、皮肤这些软组织，那么，整个动物就被复原成生活时的状态，显得栩栩如生，人们参观起来，就像回到了远古的年代。

居维叶曾想象过自然界平衡的概念，这概念直到他以后很长时间都没有什么发展。他想象活生生的自然界是一个"巨大的网络"，物种在这个网络里相互依存，一开始，他相信从"创世"的6天开始，这个网络就是固定的，刚好物种本身也是固定的。但是，早在1812年，他自己的古生物学新发现就迫使他承认"创世"是分若干阶段进行的。他说，爬行动物在发现哺乳动物之前很久就发现于陆地上，已绝灭的物种是第一个出现的；只有在地球上最接近现代的地层里采出的化石才是与今天生活着的生物几乎完全一样的。他断言，灵长类动物是最后被创造出来的；它们决不可能在化石状态下存在。

《地球表面的革命》与"灾变论"

1804 年，居维叶与一位年轻的地质学家亚力山大·布隆尼亚尔一起调查巴黎盆地地质。布隆尼亚尔比居维叶小一岁，他 1794 年毕业于矿业学院，他早年也学过医，并向大化学家安徒旺·罗朗·拉瓦锡学习过化学。他大学毕业后，当过采矿工程学教师，又兼任巴黎中央学院博物馆教授，还在陶瓷厂当过厂长、顾问。他曾第一个将法国中部的第三纪地层按照年代顺序划分成自然单位。他是居维叶的好朋友，他们亲密合作，研究了巴黎盆地含化石的地层，特别对巴黎盆地绝灭的哺乳动物进行研究、复原、确定了含化石地层的层序。他们于 1808 年发表了《巴黎附近的矿物地理》，1811 年再版重印，该书附有一幅巴黎近郊地质图，还有若干幅地质剖面图，阐述了通过化石鉴定地层年代的动物群顺序原理。他们强调了化石在鉴定地层上有其价值，一出版就获得承认，并产生很大的影响。

他们以后又将上述著作内容扩充，特别是描述了和巴黎盆地地层相当的欧洲多处地层来加以对比。最后他们于 1822 年出版了《巴黎附近之地质记述》这一巨著（1835 年又再版重印）。凭他们的经验证明，鉴别地层年代，化石证据远比岩石和地层位置要优越得多。他们在长期的地质研究中，发现了在不同的地层中含有不同的动植物化石，地层越深、越古老，所含动植物化石就越和现在生活着的动植物不相同，有些显然是绝灭的种属。这本来证明了生物界是变化着、发展着的，而绝迹了的生物就是现代生物的祖先。这应当说是 19 世纪上半期的重大科学发现，已接近于揭示有机界发展的根本规律。

遗憾的是，居维叶作为封建贵族的政治代表，政治偏见使他颠倒了科学上的真理和谬误。为了把活生生的科学事实同创世论调和起来，他臆造了一个全球灾变理论，其实质就是用上帝多次创造世界来代替水成论和火成论的一次性创造。他说，不同的地层是由于发生过多次大洪水灾变中沉积形成的，不同地层中的不同生物化石则是在每一次灾变后的重新创造。他甚至断言，《圣经》中的摩西洪水就发生在五六千年之前。

居维叶的"灾变论"，在他1812年发表的《化石骨骼之研究》的"绪论"里已有系统阐述。1825年，该"绪论"被修改补充，单独以《论地球表面的革命》为名出版了单行本。居维叶在书中指出，干燥陆地的出现并不是由于水面或多或少引起逐渐的和广泛的下降，而是存在过多次地面突然上升和接连多次水的退却。这种水的反复进退不是缓慢的和渐进的，恰恰相反，大多数是突然激变，先是淹没，然后退却，最后才出现现今的大陆基本轮廓。居维叶还举例说，在辨别化石中发现的新种属，和现有种属之间存在着重大差异，这是灾变的结果。最近的一次灾变，海水曾淹没了现今的各大洲，后来又退去了，在北方各国留下了大型四足动物的尸体（如冻土中的猛犸象等）。这些动物连毛、皮、肉都保留到现在，这说明：（1）当时的普通气候状态，不是常年冰冻的，这些动物不可能在如此低温下生存；（2）这些动物的死亡，是由于当地气候瞬间发生了翻天覆地的变化。当那可怕的洪水席卷地球时，那些习惯于干燥陆地生活的生物被大洪水卷走；而当海水退走，海底突变为干燥陆地时，另外一些水生生物也被干死，于是那些物种就绝灭了。该书的内容，比较确切地反映了居维叶"灾变论"的观点和论证。由于他夸大了研究对象的范围，错误地做出了全球性的灾变结论，某些论点就同《圣经》上的"摩西洪水"结上了缘。

以居维叶为首的"灾变论"者，在实际论证上修补了水成论学派的一些破绽，使之更能迎合神学家们的口味。在宗教势力大肆吹捧下，"灾变论"曾风行一时。居维叶及其追随者们以反科学的理论，来消除新发现的事实与物种不变论的重重矛盾，竭力把地球演化的历史，说成是周期重复的大灾变。谬种流传，严重阻碍了科学的地质进化论和生物进化论的发展，并企图把地质科学引入不可知论的神秘境界。

居维叶的这套理论，也遭到了若干科学家的据理驳斥，反对他最激烈的，就是他的好友，早年举荐他来巴黎工作的圣提雷尔。他们私交虽然不错，然而学术观点歧异，使他们越来越分道扬镳了。圣提雷尔比居维叶小3岁。他是布丰的得意门生，由于天资聪颖，才智过人，才21岁就当上了巴黎自然历史博物馆的动物学教授，主要也研究脊椎动物学，他23岁时发表了《猴类自然关联的报告》，阐述了动物结构一致性原理，并提出了器官均衡原理，受到广泛重视。他后来又发表了《解剖学哲学》，阐述了物种可变的进化论思想。他认为，周围环境不变，物种可暂时维持原来的形态，周围环境一变，物种就不能不变，所以，物种的变化，取决于环境，他也承认物种有突变，但他主张是在长期逐渐变化过程之后才产生突变，而且这种变化是受有机物质本身内在特性制约的，绝非什么"超自然力"的影响，这就和居维叶的"灾变论"有了本质的不同。

圣提雷尔仍然忠诚信奉他年迈老友拉马克的思想，并声称所有脊椎动物都有相同类型的身体构造，而这种相似性正是关于它们共同起源的很好证据。1820年，他甚至声言已在无脊椎动物中发现了身体构造的这种一致性。居维叶找了很多理由来批驳他。圣提雷尔很不高兴，并试图报复。1824年，工作效率很高的居维叶把一个侏罗纪的爬行动物化石归于鳄类之中，其实，它们相去甚远。圣提雷尔很快就指出他的错误，并把那个爬行动物根据其解剖学特点而叫做"远龙"，还认为它是第三纪哺乳动物的祖先。他表明，居维叶所主要从事的研究领域——古生物学，能够得出有利于"生物链"理论的证据。圣提雷尔后来发展了古生物学的这一部分，其目的在于发现"缺失的环节。"

圣提雷尔的两名信徒——劳朗塞与梅伊朗从一个大胆的假说出发，于1829年试图找到鱼类和头足类之间的构造相似性，这样就有可能理解无脊椎动物与脊椎动物之间的过渡。居维叶试图通过科学院来阻止对这项工作的考核。圣提雷尔公开谴责了他。居维叶亦愤怒作答。1830年2

月15日至4月5日，将近50天中，他们的论战越来越激烈，居维叶谴责圣提雷尔及其信徒是泛神论者，这在查理十世统治下的法国是很严厉的谴责了。新闻媒体对这件事作了广泛的报道，每篇文章都按其政治观点作了不同方式的表述。1830年的"七月革命"中查理十世被推翻并逃走。在若干天担惊受怕之后，居维叶重又得到新政权——"七月王朝"的路易·腓力皇帝的宠爱。他也就得以在法兰西学院继续攻击拉马克和圣提雷尔。就在他逝世之前6天，他的最后一次讲座上，他在诅咒了无用的科学理论及基尔迈耶尔、拉马克和圣提雷尔的泛神论之后，表示了对造物主——神明的虔诚效忠。

1830年，居维叶的忘年之交——年轻的英国地质学家莱伊尔出版了其旷世巨著——《地质学原理》第一卷，针锋相对地提出了"均变论"

（或"渐变论"）与居维叶的"灾变论"相抗衡。伟大的革命导师恩格斯在其不朽巨著——《自然辩证法》一书的"导言"中，对此作出了正确的裁判，书中说："地质学产生了，它不仅指出了逐一形成起来和逐一重叠着的地层，并且指出了这些地层中间保存的死绝的动物的甲壳和骨骼，以及绝种的植物的茎、叶和果实。最后必须承认：不但整个地球，而且它今天的表面以及生活在其上的植物和动物也都有时间上的历史。这个承认最初是很勉强的。居维叶的地球革命的理论在词句上是革命的，而在实质上是反动的。他以一整系列的重复的创造行动代替了上帝的单一的创造行动，使神绩成为自然的根本的原动力。莱伊尔破天荒第一次把理性带进地质学中来，因为他以地球缓慢的变化的渐进作用代替了由于造物主的一时兴发所引起的突然的革命。"

恩格斯对待居维叶的评价还是客观、公正、全面的、一分为二的。在上述同一巨著的"科学历史摘要"部分，谈到自然科学对于神学打开六个缺口时说："第五个（缺口）：达尔文、拉马克、细胞等等（斗争、居维叶和阿迦西）……"显然，对于居维叶在古生物学、比较解剖学等方面的光辉成就，特别是提出"生物肢体对比原则"、"器官相关定律"，整个科学界都是充分予以肯定的。

对居维叶和"灾变论"的全面评价

居维叶的生活是相互补偿的。他出身在一个贫苦的家庭，并非贵族成员，而他成了富人，并得到男爵称号，他并非特别漂亮，但他从人们对他知识的赞美中得到安慰，他通过穿着精美的服装而显出一副威严的外貌。他的虚荣心是无止境的，正如他渴求荣誉与赞美一样，这是主导他整个一生的特点。他有一些日耳曼式的精神，他把社会看做一群生物的集体，这当中，服从就是天经地义的。虽然他对"上司"极顺从，但他在那些他认为是其"属下"的人面前又是威风凛凛的。

在居维叶的著作中，人们应该对他的至今鲜为人知的支持新教徒团体的作用分开来考虑，这个作用或许证明了他对于当权者的奴性。他代表教育之再组织者而从事的活动常常是很成功的。这些活动为一些新颖的思想所鼓舞，而这些新思想在他进入加罗林纳大学时，在那里已经很普及了。如果他对于理论在科学研究中所起的作用有更加准确的概念的话，那么，他渊博的学识就能够使他成为第一个伟大的自然科学史专家。他整个一生中最大的痛苦就在于为了迁就他所认为的确切事实而怀疑理论思想。这一点证明是他极大的错误，并且在很长一段时间内成为自然科学发展的障碍，特别是在法国，直到现在都还有人在坚持"只限于描述现存事物"的路线。

很可能，在居维叶声称的开始于1804年的宗教复兴当中，害怕新的革命占了主要的地位。居维叶不应当为此而呐喊，因为那时成千上万的法兰西人正在经历一场类似的政治一宗教演进。居维叶毫无疑问地再次虔诚地增强了他自己的信仰，而每一次哀痛的新时期又给他的生活投下阴影。但是，他对《圣经》的年代学观点的尊崇却阻碍了他获得新的思维形式，新思维形式是以四维观点看待现象。第四维就是时间维。对物理现象来说，时间是很短暂的，而对于宇宙万物的创造，以及对物种的创造而言，时间是以百万年、十亿年计的。在这个领域里，居维叶相对于他的第一位老师布丰来说，他的思想是落后的。他对于生物各部分之间平衡的解释，以及生物在自然界里的平衡的解释是太静止了，甚至拉普拉斯在这点上都谴责了他，但是，后来，由于命运的嘲弄，事与愿违，他取得很大成就的古生物学却为物种可变性提供了确切的论据。当1859年达尔文使进化论思想高奏凯歌之时，当克里斯蒂安也不再试图把《圣经》与地质学调和起来的时候，居维叶的光荣也就消失了。尽管如此，作为科学史专家和研究科学思想形成条件的心理学家，居维叶的作用、他非凡的记忆力，甚至他的缺点和失败，都在科学上留下了丰富的信息资源。

在居维叶逝世之后一个多世纪，科学的发展历程似乎充满了戏剧性的色彩。莱伊尔的"均变论"，即"将今论古"的现实主义原理在19世纪中叶全面提出时，它对于"灾变论"简直是占了压倒的优势。100多年里，"灾变论"一直受到强烈批判，特别是前苏联极左路线统治科学的时期，更给"灾变论"扣上了"不可知论"、"神秘主义"、"上帝特创论"、"唯心主义"、"形而上学"、"反动腐朽"等政治帽子，好像"永世不得翻身"一样。然而如前所述，居维叶"灾变论"一些具体科学结论是有事实根据的，不能全盘否定。

近年来新的探测，特别是天文地质学、宇宙地质学等新兴学科的诞生和发展，再加上深海钻探等宝贵资料，不但对过去的理论与假说有了新的补充和论证，而且也对某些传统的规律给予重大的挑战。宇宙间灾变现象的证据比比皆是。在行星、卫星上出现的成千上万个大小不等的陨石冲击坑（即所谓"环形山"）表明，陨石、小行星、慧星等小天体与星体的冲击是相当普遍存在的，宇宙中有许多突然爆发和震动现象，有整个天体爆发（如超新星）或一个天体的局部爆发（如太阳耀班），还有更大规模的银河系核心大爆发和整个星系大爆发。这些灾变现象对于地球来说也并不例外。地球表面也可能有陨石冲击坑。最典型的是中美洲墨西哥尤卡坦半岛上一个直径达1公里左右的大型火山口状、漏斗状的大坑。还有位于我国江苏、浙江两省之间的太湖，南半部酷似半圆形，也有人怀疑有可能是陨石冲击坑。

地球化学、特别是天体地球化学的研究也取得了可喜进展，世界上很多著名的地球化学家、天体地球化学家，包括我们的中国科学院院士涂光炽、欧阳自远，都多次论述过，在白垩系与下第三系交界的粘土层中，铂族元素，特别是其中的铱和钴、镍、砷、锑等元素含量竟为正常地球化学背景值（克拉克值）的10多倍至几十倍。接触带上的氧同位素测定说明海底和水面温度都曾一度突然上升，最高可达10℃。碳同位素分析也曾指出海水成分有异常变化。科学家们联想到对陨石和彗星的化学分析及天文光谱分析表明其上铂族元素、钴镍元素含量很高，于是很自然地推断出这些陨石、彗星曾撞击过地球。又据天文学的计算，相当于 10 公里直径的陨石，约每 1400 万年冲击地球一次，这说明地球曾不止一次地被冲击，相应地，生物也不止一次地遭到灭绝之灾。

生物演化总的过程体现为旧物种灭绝、新物种产生这种"新陈代谢"过程。然而，这种过程并非匀速地进行的，生物许多物种往往在极短时间内来一个大规模的集体灭绝。美国古生物学家塞普科斯基 1982 年提出，这种大规模灭绝事件在显生宙中就有 15 次之多，其中最大的几次都是全球性广泛分布的。

最典型的例子莫过于中生代白垩纪与新生代早第三纪之交的恐龙绝灭事件。恐龙是脊椎动物爬行类中的庞然大物，从三叠纪开始出现，统治了地球一亿多年，到白垩纪末期突然在极短时间内绝灭了，这构成地史古生物学中的"千古疑迷"之一，多年来对它的解释是众说纷纭的。前不久，美国的阿尔瓦雷斯父子根据前面提到的白垩系与下第三系之交的界线粘土层中铱等稀有金属含量异常，以及在相应层位中宇宙金属球粒及燃炭粒的发现等，提出了恐龙绝灭的"小天体陨击说"。该学说认为，白垩纪末小天体撞击地球，该小天体被撞碎，地球表面物质也被挖

掘并抛向空中，变成大量粉尘，沉落地表，小天体中丰富的铱含量构成了界线粘土层中的铱含量异常，宇宙金属球粒也沉落其中。被撞击的地表高热能烧毁了大片森林，因而燃炭粒也进入界线粘土层，而且，大量粉尘弥留在大气中，降低大气透明度，弄得天昏地暗，日月无光，植物光合作用大受影响，没被烧光的森林植被也因不能进行光合作用而死亡，引起食物链中断，需吃大量植物才能生存的草食恐龙会面临饥荒而减口以至灭绝，以它们为食的肉食恐龙当然更难逃厄运。倒是体态较小、机动灵活的动物也许应变性稍强而侥幸过关。这种说法头头是道，引人入胜，成为当今热门话题，很多情况下几乎得到了共识的论断。

后来，科学家们在二叠系与三叠系之交、前寒武系与寒武系之交等的界线粘土层中，也都有铱含量异常等现象的发现，一时形成"界线粘土层的研究热"。这些成果都可以用来解释那些界线下、上，古生物的大绝灭、大复苏、大辐射。

革命导师恩格斯把辩证法的规律总结为三条："质量互变律"、"对立统一律"与"否定之否定律"。在"质量互变律"中，量变是一种缓慢的、数量上和程度上的变化，是渐变，这种渐变经过一定积累，会引起事物性质上的飞跃变化，这是质变。质变一般是时间较短暂的急剧变化，也就是突变，而时间更为急促、具有破坏性和灾难性的突变则称为灾变。过去陨星撞击地球，在地球表面形成冲击坑，地表大量物质被抛向空中，地面被冲击处还产生大量断裂，使原来物质经受破碎、熔化、变质甚至气化。在冲击后的相当长一段时间，冲击处的物质还要进行运移，以便达到新的均衡，被熔化的物质还可导致岩浆活动。这样，在一瞬间进行的冲击作用可以影响到该地区若干万年的发展。地球整个环境在陨击后发生急剧变化，会引起生物的绝灭，在新建立的均衡环境中又会演化产生新的物种。

均变和灾变是地球及生物演化中的两种重要现象，它们贯穿于地球及生物演化之全过程，相互穿插地进行。可以认为，占时间短的灾变是地球及生物演变的一种主要方式，它使地球和生物界产生质的飞跃，决定了其演化历程的主要框架。而占时间长的渐变则是在灾变确立的基础上进行的调整。如白垩纪末的大灾变事件（小行星或彗星冲击）引起生物界的一场大绝灭，根本改变了地球上生物界的总面貌，这场浩劫之后，在新的基础上出现了新生代大量新的属种，进行了新调整，并重新开始缓慢的演化；因而，灾变不仅是对地球演化过程中旧事物的破坏，而且也是促使新事物诞生的一个重要方式。

从最近地球科学发展趋势来看，"灾变论"重新复活，重新抬头，并逐渐取代了"均变论"的上风地位，形成了所谓"新灾变论"，它在"天文古生态学"（"天文地质学"的一个分支学科）研究中获得了有力的支持。它并非居维叶"灾变论"的简单重复（居维叶当时多半强调"大洪水"），而是以最新科学成果为依据的崭新创造。这便是"否定之否定律"、波浪式前进、螺旋式上升在科学发展史进程中的生动体现。

当代陨星撞击地球导致生物绝灭、灾变的论断，毕竟十分接近居维叶当年关于地球多次灾变、生物多次绝灭、并重新出现生物的结论。至于发生灾变的原因和动力，从多数文献记载中，居维叶曾提出过是"自然力以外的力"，便有人认为是"超自然力"、"上帝"，进而与神创论联系起来，进行了100多年的批判。最近二三十年，在欧洲，特别是法国，出版了一些关于居维叶的传记和通信集等，掀起了一阵"居维叶热"，全面重新评价居维叶的功过。1980年7月在法国巴黎召开的第26届国际地质学大会上，地质学史专业组收到43篇论文，宣读了35篇，其中在"居维叶逝世之前地球科学之进展"专题组中，宣读论文15篇，在论述法国地质学文献和地质学术团体历史方面以及对法国地质学家评论方面，普遍地对居维叶的学术思想有客观公正的高度评价，还居维叶以历史的本来面目。

"坚持真理，修正错误；拨乱反正，实事求是"的态度在科学史和科技人物史研究中永远都是需要的。

六、"均变论"的主帅——莱伊尔

1797年，正是英国完成"产业革命"，"工业经济"浪潮开始席卷欧美之际。就在这一年，一位杰出的地质学家——詹姆斯·哈屯在走完71岁的人生之旅以后，悄然长逝了。哈屯留下了他不朽的著作——《地球论》。他提出了地质学中的进化理论，论述了地球不断发展的原理，因而在地质学史上占有重要地位。然而，也就在这一年，距离哈屯辞世的爱丁堡城不到100公里的山村——苏格兰福尔法尔郡的金诺迪村，上帝又投放了另一位天才到这个世界上。他继承和发展了哈屯的理论，使"均变论"——"将今比古"的"现实主义原理"成为一个完整体系。他的名字叫查尔斯·莱伊尔。

幸福的幼年

1797年9月14日，在英国苏格兰东部格兰扁山脉南麓一个风景如画的金诺迪村，一位富豪学者莱伊尔家中生下了第一个儿子，给他取名查尔斯。在查尔斯不到两岁时，他们全家迁往英格兰的南安普敦附近的新福里斯特。查尔斯·莱伊尔在那里度过了他的童年。父亲老莱伊尔早年毕业于剑桥大学。他文理兼长，一方面喜爱文学，研究过意大利大诗人但丁的《神曲》等古诗；一方面又热爱自然科学，喜欢去野外旅行和考察，并钻研过昆虫学与植物学。家中的小图书馆、小博物馆收藏了大量图书文献和动植物标本。母亲玛丽是一位十足的贤妻良母，主持家政很有魄力，她以后又为小查尔斯生下了两个弟弟、七个妹妹。母亲教子有方，兄弟姐妹 10 人都相亲相爱，小查尔斯是最受弟妹们尊敬的长兄。他就在这种养尊处优的环境里长大。

小查尔斯上过很多私立学校，他天资聪颖，智商很高，记忆力很强。8 岁开始学写作文，10 岁时学拉丁文，13 岁时学法文，成绩很是优异。然而，他对一些私立学校男生喜欢恶作剧、"大鱼吃小鱼"的等级制度很反感。他有时宁可在家中听父亲的教诲，或在新福里斯特街上闲逛，因而常常旷课。他也不仅限于死读学校的书本，他受父亲影响，很喜欢走出户外，去探索大自然的奥秘。他的第一项科学嗜好就是采集蝴蝶和水生昆虫标本，尽管当地百姓把这看作没出息，非男子汉气，但他的观察能力却超过任何一个普通男孩。他又喜欢和小伙伴们到附近山坡断崖旁去采集五光十色、奇形怪状的矿物、岩石标本，他们采得最多的是玉髓、水晶。他面对着件件新奇的标本，陷入沉思，在幼小的心灵里，留下一个个难解的疑团，他请教老师，请教父母，也请教书本，而疑团越解越多，不少是以后上大学学习和从事科研工作才彻底解开的。正是这些疑团，把他一步步引向了成长为科学家的道路。

丰富充实的大学生涯

1814 年，刚满 17 岁的查尔斯·莱伊尔上了牛津大学，开始学习古典文学和数学。由于早年的兴趣，他选修了当时著名科学家格尔登讲授的昆虫学课程。他父亲希望他将来成为社会上有地位的律师，以继承家业，于是，他在牛津大学改学了法律，并且在三年多以后毕业而取得文学学士学位，并迁往伦敦研究法律。1821 年，他再次进林肯法学院，深入钻研过法律。

与此同时，他对数学、地质学等自然科学的兴趣却有增无减。他上大学时，有一次在父亲的小图书馆里见到贝克威尔所著的《地质学引论》。他仔细一读，幼年时埋藏在心中的关于矿物、岩石的成分、成因、变化等疑团都迎刃而解。进而，他也读到地球的海陆变迁、古生物化石分布等。这是他第一次接触地质学的系统知识，因此兴趣倍增而手不释卷，反复精读。此书果真成了把他引向地质科学事业的指路明灯。他进而选修了牛津大学著名教授巴克兰讲授的地质学课程。在漫长的假期，他就参加牛津大学地质学小组的野外旅行考察及采集标本的活动，他由此而识别了很多矿物、岩石和化石，受到了地质学的基本训练。他也喜欢到牛津大学爱许莫林博物馆去观察丰富的岩矿与化石标本，博物馆的地下室光线虽暗，却成为地质学讲座的教室，课堂教学与标本观察实习很便于配合进行，使他在学习地质学基础知识上进展很快。

1818年，莱伊尔大学二年级暑假，与其全家作了长时间的欧洲大陆之旅，他们去过法国、瑞士、意大利等国，多次穿越阿尔卑斯山脉。他对峡谷、瀑布、冰川、泥石流、地层、地质构造（褶皱断层）等充分观察，详细记录，并采集了大批矿物、岩石和化石标本。他为了多观察一些地质现象，常常在家人已住旅舍休息之后，还要步行更多的路程。

莱伊尔在法律专业毕业并取得文学学士学位的同时，他加入了伦敦地质学会和林奈学会。伦敦地质学会成立于1807年，是世界各国地质学会中最早的一个。该会章中谈到："本会设立之目的，是为了联络地质学家之感情，鼓励他们研究之热忱，采用统一的学术名词，推广新发现，促进地质学之进步，尤其要为不列颠矿物知识之普及多做贡献。"作为会员的莱伊尔，已正式跻身地质学家之行列。后来，他在勤奋地研究法律过程中，视力受到削弱。他寻找并发现解脱目疾的办法在于更多的户外活动。于是，他很自然地把工作重心转移到了地质学调查研究上来，以地质科学为其终生事业。

关心地质科学中的"水火之争"

年轻的莱伊尔刚刚跨入地质科学门槛的时候，就遇到了地质科学上的"水火之争"——"水成论"和"火成论"两大学派的大规模论战。争论的过程和结果，都极大地推动地质学的发展，在地质科学史上留下了光辉的一页。

说起"水成论"，它的开山鼻祖远的应追溯到17世纪法国的仁奈·笛卡尔，丹麦的尼尔斯·斯滕森（史滕诺），瑞士的约翰·索伊赫泽尔，而真正较系统地提出的是17世纪末、18世纪初英国年轻有为的地质学家约翰·伍德沃德，他27岁时即成为伦敦的格勒山姆大学教授，28岁即当选为英国皇家学会会员。他对英国地层和化石都有着开拓性的研究。他先后发表了《地球自然历史论》（1695，1702）、《全球天然物体观察简介》（1696）、《化石研究之路》（1696）、《英国化石博物学研究尝试》（2卷本）（1728～1729）。第一本书为其代表作，影响深远。由于他在英国早期古生物学、地层学上的成就和影响，在他逝世前一年（1727年），剑桥大学特地设立了伍德沃德研究讲座。

伍德沃德早年考察了不列颠岛许多地区的地层结构，采集了大批岩石和化石标本，经过深入钻研后，他得出结论，认为摩西洪水使大地土崩瓦解，洪水稠如泥浆，无机物和生物都混杂在洪水中一泻千里。到洪水静止下来时，最重的物质，如金属、重矿物及较重的动物骨骼下沉到最底部的地层中，其上部的白垩层就沉积了较轻的海生动物，至于人和高级植物的遗骸，就沉积在最高的泥沙地层里。他认为化石是摩西洪水最可靠的历史见证，他对他提出的"洪积论"（实际就是"水成论"）观点坚信不疑，并试图在剑桥大学形成独立的学派。

伍德沃德的学说，由于俄国的里赫曼、德国的格奥尔基·赫里斯蒂安·富克泽尔、法国的让·埃蒂昂纳·盖塔尔等人的继承和发展，在17世纪一度很占上风，最后由德国大地质学家亚伯拉罕·戈特罗勃·魏尔纳总其大成，正式称为"水成论"。他于1787年发表的关于地壳构造及岩层层序的论文，虽只有28页，但却极为精辟。他认为，一切组成地壳的岩石都是由水溶液中形成的。水是改造地表的主要营力，一切岩石都是在不同时期的最初淹覆全球的洋水中沉积而成的。显然，17世纪英国物理学家、化学家罗伯特·波义耳发现盐从水溶液中沉淀结晶对他是有启发的。魏尔纳的地质实践从他的故乡萨克森开始，那里的地层都是沉积岩。他研究后，就武断地认为整个地球表面早先都是一片汪洋，现在的山岳有多高，古时的海洋就有多深。海水里溶解的矿物质最先沉积为结晶状岩石，包括花岗岩、片麻岩、片岩、蛇纹岩、石英斑岩、正长岩等，他把这些"深海化学沉积岩"叫"原生岩层"。他把石灰岩、页岩、板岩、杂砂岩等视为浅海沉积物，叫做"过渡岩层"，它们也是化学沉淀物，只不过掺杂了些陆源碎片。他把砂岩、凝灰岩、石膏、岩盐、煤、玄武岩、黑曜岩等认为是更浅水的沉积物，而且也有化学沉淀物，称为"层状岩层"。他所称的最后一类是"最新冲积层"或"淤积物"，就是常见未成岩的亚粘土、砂、砾石、火山渣和泥浆等。

魏尔纳的学派曾根据矿物外形形态特征对矿物做过详细分类，对沉积作用与沉积岩研究等方面也很有成就。但他对火山作用、岩浆岩却作了错误解释，又不承认地壳运动，再加上与《圣经》上"洪水论"十分吻合，而得宗教神学的支持，以至于风靡了很长时间。

"水成论"从一开始就并不是一帆风顺地一统天下。就在伍德沃德发表其"洪积论"著作后不久，意大利威尼斯修道院院长、天主教神甫、地质学家安东尼奥·拉扎罗·莫罗就针锋相对地提出了"火成论"学说。他对地中海区火山现象观察得很多，目睹过维苏威、埃特纳两大火山的爆发，考察过那不勒斯附近的蒙·努奥伏火山锥。他认为地层的形成纯粹是由地球内部的热力所造成的。地球刚形成时，全为水层所覆盖，固体部分是较规则的球形，无高低起伏，后来地下热力的作用才把地内物质带上来，由火山爆发而形成岛屿乃至山脉、大陆。生物的出现又要再晚一些。山脉、大陆、岛屿之间有裂缝、凹地，大量泥沙、土壤、金属、硫磺及各种矿物沿裂缝喷出，又沉积在凹地，就形成各种地层，其中掩埋着生物的遗骸。

莫罗的论点也得到了很多学者的支持。法国地质学家尼古拉·戴马列曾经论证了奥芬涅玄武岩属于火山成因，更正了盖塔尔玄武岩水成说的错误论点。也有很多学者如俄国的米哈伊尔·瓦西里耶维奇·罗蒙诺索夫、法国的若尔日·路易·勒克莱尔·孔特·戴·布丰等又是吸收了"水成论"和"火成论"双方的合理部分，进行了近于客观真理的阐述。尤为有趣的是，德国大文豪、诗人、剧作家、思想家约翰·沃尔夫冈·冯·歌德，在他的代表作《浮士德》第二集第四幕中，就写道，当浮士德与魔鬼之间搏斗时，女魔们唱出了水神与火神之冲突，山之成因究竟是水还是火？这是该剧主题思想之一部分。他以神话故事衬托出地质学史上的"水火之争"，他这种把科学与艺术融为一体的创作，是别具匠心的。他后来还发表了《维苏威、埃特纳火山的观察》、《关于花岗岩》，总的看来，他还是趋向"火成论"的。

"火成论"的最后集大成者是英国地质学家詹姆士·哈屯。他在苏格兰做了30多年地质工作。1785年，他年近60岁，才在爱丁堡皇家学会宣读了自己的经典大作——《地球理论》。在当时"水成论"占优势的情况下，他反而遭到皇家学会外籍会员、瑞士地质学家戴·鲁克的反对。哈屯为了充实论据，1785～1788年又专程出野外实地考察，很有收获，确证了花岗岩是火成岩，绝非水成岩，而变质岩则是由于地壳运动而产生的。但是。到1793年，爱尔兰皇家学会主席理查德·基尔温又再次攻击哈屯。哈屯冲破重重阻碍，于1795年又在爱丁堡皇家学会上作报告，并及时出版了报告之第1、第2卷，但到1797年他逝世之前，仍未得到应有的承认，尽管如此，在友人帮助下，该报告第3卷仍在他死后两年（1799年）得以出版。

　　哈屯有位挚友叫普雷菲尔，原是一位数学家，由于与哈屯长期过从，也客串研究起地质学来，并对哈屯的见解耳熟能详。他尤其对哈屯在学术上受到的不公正待遇十分同情，因此，在哈屯死后，立志弘扬其光辉成就，他终于写出了《关于"哈屯地球论"的说明》这本高级利普读物，该书图文并茂，阐述深入浅出、简明扼要，语言生动优美，深得科普界乃至美术界赞赏，并广为流传，使哈屯在地质学上的建树得以发扬光大。

　　按照哈屯的观点，"地球就像一台特殊结构的机器——它是根据化学和力学原理构成的"。"在地球上起作用的主要的力，有重力、燃烧和冷却、太阳光、电和磁力，这些力不仅仅引起现代的地质现象，并在过去的时期里也发生相同的作用"。哈屯认为，在地表上，一方面可以看到陆地上的侵蚀和破坏作用，而同时又能看到海底的沉积作用，海底也可能升出海面形成新的大陆。哈屯把"地球的地下火"看成是堆积物升出海面的原因和动力。他又指出地下火的威力可使大股熔岩流喷出而成火山。他尤其肯定花岗岩、玄武岩等都是地球内部的熔融体（即岩浆）结晶而成的，也就是"火成的"（绝不是水成的，不是在水中沉淀结晶的）。他比较确切地阐明了岩浆岩（火成岩）、沉积岩（水成岩）和变质岩的成因。

哈屯把地壳变化及矿产的形成完全归于火山、地震的作用，过分强调"地下火"这一动力。他认为地球经历了一个无穷无尽、周而复始的发展过程，旧大陆的形成和破坏及新大陆的形成，总是经常在发生。火成学派代表了当时地质学中的进化论学派，他们论述了地球不断发展的原理、由地下构造力引起地壳运动的原理、海陆沧桑有序更替的原理、由深处侵入的岩浆凝固而生成脉岩充填裂缝的原理、矿藏生于火成岩和水成岩接触带的原理等。这些理论都为人类生活和生产实践所证实，并且对当时开发矿产资源也很有指导意义。这些理论大大推动了地质科学的进步，获得越来越多的支持者、拥护者，在18世纪末19世纪初逐渐占了优势。

深得宗教神学支持的"水成论"也不甘心自动退出历史舞台。有一次水成学派与火成学派的学者在爱丁堡附近的小山丘下集会，对那里的岩石、地层构造的成因进行现场讨论，一开始是各抒己见，但争得面红耳赤时，就发展到人身攻击、恶言忤谩，甚至拳脚相加、打架斗殴，演出了科学史上一场不光彩的闹剧。

莱伊尔在牛津大学法律与地质学并进之时，很喜欢读有关学术文章，涉及"水成论"、"火成论"等论点的文章，他无不兼收并蓄。然而，普雷菲尔所著《关于"哈屯地球论"的说明》一书却紧紧抓住了他的心，令他爱不释手，反复精读，为他后来继承与发扬哈屯的"渐进论"、"均变论"打下了坚实的基础。他关心着"水火"之争。"水成论"受宗教神学支持，有根深蒂固的传统习惯势力，莱伊尔一开始难逃其影响和制约，但随着学习的深入、阅历的增多，"水"、"火"二字也时时在他脑中激烈地斗争着。

进入地质科学的大殿堂

1821年，当莱伊尔得知当时地质学权威詹姆逊教授要在爱丁堡讲授地质学课程时，他便毅然专程前去听讲。詹姆逊是德国地质学大师亚伯拉罕·魏尔纳的得意门生。他于1804年在苏格兰大学任自然历史教授，又于1808年在爱丁堡创立了魏尔纳自然历史学会，并以魏尔纳为名誉会长。该会的目的，即在于宣扬魏尔纳为代表的"水成说"学派的理论。詹姆逊讲课生动活泼，他虽是"水成论"拥护者，但也客观地概括介绍了各家的观点。这对莱伊尔地质学思想的形成和发展影响很大。

1822年，莱伊尔特地到家乡和离家乡不远的文其尔海地区考察海退现象，验证这个地区的海陆变迁、地层变化。1823年，他又参加了他的老师巴克兰教授领导的地质小组，到英格兰南部萨塞克斯郡和怀特岛进行地质考察，研究那里的下白垩统地层界限和地层对比。同年，他根据在家乡地质考察收集的资料，写出了自己的第一篇地质学论文——《福尔法尔郡的河流地质》，在伦敦地质学会年会上宣读。该文是他早期地质考察若干收获的总结，虽然该文反映的是水成论观点，但仍有许多评论称赞他对地质现象观察的细致和深入，显示他在地质研究中的卓越才干。也在这一年，他开始访问巴黎，以后又去过多次。他在那里结识了自然科学界很多名家，如法国地质学创始人普雷沃、法国灾变论古脊椎动物学家若尔日·居维叶、法国矿物学家及古植物学家亚力山大·布隆尼亚尔、德国自然地理学奠基人亚力山大·冯·洪堡特等。他还和普雷沃一起考察了巴黎盆地。与这些科学大师合作研究，共同探讨理论问题，使他获益匪浅。

1824年，莱伊尔随同巴克兰教授到苏格兰湖区进行专题考察，主要研究了家乡金诺迪附近淡水湖中形成的沉积物，对湖的形成以及该区地层、地质演变作了详细记载。同年，莱伊尔又陪同来访的法国地质学创始人普雷沃到英格兰和苏格兰很多地方作了地质考察，他向这位老前辈学到很多工作方法和专长。

1825 年，莱伊尔打算完全结束在法律方面的学习与研究，于是应招到酒吧间去打工。但由于他父亲又给予他财力上的支持，他就更无所顾忌地全身心投入地质科学研究工作中。他不久发表了一篇关于岩脉贯入沉积岩的论文，文中可以看出，随着对地质现象的广泛观察和深入分析，他逐步发现从老师那里学来的水成论已不能解释很多地质现象，需要重新进行审视。1827 年春，莱伊尔有机会读到生物学大师拉马克的《动物学哲学》，他开始接触物种可变的真理，逐渐动摇了他早期对水成论的崇拜。同年，莱伊尔在评论施克罗柏所写的《法国中部地质》一书时，提出了与哈屯学说火成论相似的观点，用一般自然进程中水与火的作用来解释许多地质现象，这就排除了宗教迷信的愚昧、不可知论及若干旧观念。

1828～1829 年，是莱伊尔地质学事业很关键的转折时期。他与比他大 5 岁的英国青年地质学家罗德里克·英佩伊·莫企逊一同远赴欧洲大陆的法国和意大利若干地区去考察。后来，他又独自一人从意大利北部向南行至西西里岛，恶劣的道路状况和食宿条件都没能阻挡他旅行考察的决心。可喜的是，在西西里岛上的埃特纳火山周围地区，他发现了很显著的证据，足以支持他关于自然原因适合解释地球特征、地质现象的这样一种信念。而且他还坚定地认为甚至像埃特纳山这样的现代特征也具有其很久远的古老历史。后来，他与莫企逊合作发表了一篇《以法国中部火山岩说明河谷的冲蚀现象》论文，该文论点是水成作用与火成作用相结合，并明确提出了自然变化的渐进作用。莱伊尔的老师——水成学派的巴克兰教授以及许多权威地质学家都反对他们的论点。但他们尊重客观事实、坚持科学真理的实事求是精神，又赢得了许多进步学者的同情和支持。

划时代的巨著

　　莱伊尔经过 10 多年（19 世纪 10 年代末至整个 20 年代）的艰苦努力，足迹遍布不列颠岛及西欧、南欧各国广大地区，搜集了丰富的第一手资料，并形成了自己的系统的新地质理论——渐进论。为了对自己的成就加以总结，并对于与自己理论针锋相对的"灾变论"严正地加以驳斥，他立下了编写一部巨型理论著作的雄心壮志。1829 年旅行西欧、南欧归来后，他动手撰写了这部巨著的第一卷，于 1830 年付印出版，书的全名叫《地质学原理或可以作为地质学例证的地球与它的生物的近代变化》，习惯上简称《地质学原理》。他罗列了丰富的事实材料来阐释他的原理。在当时一些人看来，他的科学探究方法是很新颖的，甚至多少有点异端邪说。著名生物学家查尔斯·罗伯特·达尔文曾评价他说："我考核出的最前一名……向我清楚地表示出，比起我把他们作品放在身边并且在以后还一直阅读的其他任何一位学者来，莱伊尔研究地质学的方式有着惊人的高超之处。"

　　该书在卷首引用了三位大科学家的话。一是罗哲尔·培根的话："要认识真理，先要认识真理的条件。"一是卡尔·冯·林奈的话："坚硬的岩石不是原始的，而是时间的女儿。"三是普雷菲尔的话："在地球的一切变革过程中，自然法则是始终一致的；她的各种规律是唯一有制约一般运动能力的东西。河流和岩石、海洋和大陆，都经过各种变化，但是指导那些变化的规律以及它们所服从的法则，始终是相同的。"后者是阐释哈屯的观点。这三句话表明世界是有漫长的变化历史的，变化是有普遍真理性的规律的，是可以认识的。这完全概括了莱伊尔的渐进论思想。

　　此书第一卷共分两篇。第一篇为第 1 章～第 14 章，主要论述地质学研究的内容、地质学发展简史、地质现象的自然法则等。第二篇为第 15

章～第25章，主要论述无机界中现时正在进行的各种变化。莱伊尔把地质现象归因于一般自然过程中水和火的作用，认为地球表面是屡经变化的，这种变化一直在缓慢不停地进行着。书中对岩石的剥蚀、搬运、堆积等作用都做了比较系统的阐述，而且强调只有把各种现存作用力综合起来考虑，才能解释很多现象，单靠"水成论"和"火成论"都是片面的。

1830年夏天，莱伊尔去法国，又穿过地质情况复杂的比利牛斯山脉，旅行到西班牙，他对那里的地质情况很感兴趣，可惜那里是个封闭的、压抑的社会，对他不表示欢迎。他折返法国，正赶上"七月革命"，推翻了波旁王朝的最后一个皇帝——查理第十。他不敢久留，又回到伦敦，继续写作《地质学原理》，至1831年底完成了第2卷，1833年4月完成了第3卷，即最后一卷。他坚定扎实的工作得道多助，一些社会捐款和科学基金，资助了他这部巨著的出版。

该书第二卷包括第二篇（续）的第26章～第33章，以及第三篇的第34章～第49章。我们可以看出它的章的号码是通编的。第26章～第33章论述了火山和地震的成因及其影响。第34章～第49章则是有机界现时正在进行的变迁。第三卷即第四篇。1838年，莱伊尔将第四篇扩充成独立的专册，命名为《地质学纲要》。到1851年，他又将这部分重新编写，经过补充、修改之后，定名为《普通地质学教程》。到1865年再次更名为《地质学纲要》，是很好的教科书，书中有地层系统、岩层分类、分布、形状和结构，其中对火山岩、深成岩、变质岩尤有精辟阐述。这一套书影响深远，到1874年，共出了11版，被翻译成10多种文字在很多国家出版。我国清穆宗同治十二年（1873年），洋务运动时期，江南制造局的翻译家华蘅芳与美国医生玛高温将《地质学纲要》译成中文，书名为《地学浅释》，由该局出版。1959年老地质学家徐韦曼据1874年的两卷本（包括第一、二、三篇）译成中文，书名为《地质学原理》，由科学出版社于1960年分两册出版。

　　莱伊尔的这部巨著，罗列了大量事实、资料，进行深入分析，就用当今所观察到的自然界各种地质营力（如风、雨水、河流、火山、地震等）来阐明古代地壳的变迁，为动力地质学提供了理论基础。它揭示了不同岩层中不同地质年代的生物化石与现代生物之亲缘关系，指出，地层年代愈接近现代，则生物类型与现存物种愈相似，他通过对地层变化历史之研究阐述生物进化史，为生物地层学奠定了理论基础。他以历史比较的观点，说明地球的面貌是缓慢改变着的，为历史地质学的建立，奠定了理论基础。这部巨著的问世，对地质学很多分支学科，如矿物学、岩石学、地层学、古生物学、矿床学、构造地质学等的发展起到了促进作用。

　　莱伊尔的《地质学原理》一书，代表渐进论观点，对以法国居维叶为代表的"灾变论"是有力的批判，在渐变论与灾变论的论战中，发挥了重大的作用。

　　居维叶是少年得志、英俊有为的封建贵族，御用科学家。他虽然在古生物学（特别是古脊椎动物学）、比较解剖学、地层学、地史学等方面做出了卓越的贡献。但阶级的偏见使他颠倒了是非，他把不同地层具有不同生物物种的客观事实硬与上帝特创论调和起来，臆造出一个全球灾变理论，用上帝多次创造、多次灾变毁灭相交替来代替水成论、火成论的一次性创造。他说，上帝创造一批生物物种，某一地层就有某些生物化石，上帝又发动洪水灾变来杀灭这些生物，所以在以上（以后）的地层里再也找不到他们的化石了。后来上帝又重新创造一批生物，上面的地层里就有了这些新生物的化石，如此往复循环多次。他甚至断言，《圣经》中的摩西洪水，就发生在五六千年之前。居维叶这些论点，在他1825 年发表的《论地球表面的革命》一书中，有着系统的阐述。他维护了物种不变论，迎合了宗教神学家的口味，他以反科学的"理论"来调和新发现的科学材料与物种不变论的矛盾，这种"灾变"既然是上帝随意进行的，也就把地质科学引入了"不可知论"的神秘境界，与当时方兴未艾的地质进化论、生物进化论是背道而驰的。

恩格斯在《自然辩证法》一书中深刻批判了上述"灾变论"谬说："居维叶关于地球经历多次革命的理论在词句上是革命的，而在实质上是反动的。它以一系列重复的创造行动代替了单一的上帝创造行动，使神迹成为自然界的根本的杠杆。"由此可见这一理论在当时流毒之深及对其批判之必要。

针对居维叶"灾变论"的上述缺欠，莱伊尔在《地质学原理》中一一进行了有力的批判。首先，莱伊尔继承哈屯的观点，提出在进行地质遗迹对比中要从时间无限性出发，因为地质年代里各种变化过程极为缓慢，而且不易觉察，尤其在人生百年里很多东西极难见其终始，居维叶对地质年代只有几千年的概念，实在是过分强调了地质过程的骤发性。其次，莱伊尔毕竟倚仗着当时已掌握的很多大陆地质的资料去推断全球地质变化的缓慢性、均一性，而居维叶仅以巴黎盆地的不整合来概括地球历史的全貌，显然以偏概全。再者，莱伊尔早年承认无机界的缓慢变化，却坚持物种不变论，但在晚年接受了达尔文的生物进化论，并在《地质学原理》一书后几版中，补充进了达尔文学说的内容。居维叶则始终坚持物种不变论、上帝特创论。在与居维叶的论战中，莱伊尔广泛而系统地论证了渐进论的核心——"将今论古"的现实主义理论和方法，并概括成为一句名言："现在是了解过去的一把钥匙。"

莱伊尔抹去了居维叶给地球发展史涂上的神秘色彩，把地质学引向了"可知论"的进化发展的道路。因而恩格斯在《自然辩证法》一书中称赞道："只有莱伊尔才第一次把理性带进地质学中，因为他以地球的缓慢变化这样一种渐进作用，代替了由于造物主的一时兴发所引起的突然革命。"在同一书中，恩格斯还指出，在自然科学史上，对保守思潮打开"缺口"的杰出科学成就有："第一个缺口：康德和拉普拉斯。第二个：地质学和古生物学（莱伊尔，缓慢进化说）。"跟任何理论都不能十全十美一样，莱伊尔的理论也有其局限性。正如恩格斯在同一书中所批判的："莱伊尔见解的缺点——在其最初的形式中——是在于，他认为在地球上起作用的各种力是不变的。无论在质上或在量上都是不变的。地球的冷却对于他是不存在的，地球不是按照一定方向发展着，它只是偶然地、毫无联系地变化着。"也就是说，莱伊尔忽略了地球变化的定向性、不可逆性。他的地质进化论实际上是"均变论"、"等速论"。

不断的实践　永远的探索

《地质学原理》第一卷的出版，使莱伊尔作为一位卓越的地质学家而扬名于世。他以前一直埋头苦干于地质考察、科研著述之中。"立业而后成家"，1832年，35岁的莱伊尔才与玛丽·伊丽莎白·诺尔妮结婚。玛丽当年23岁，按中国的说法，刚好比莱伊尔小一轮（他们属相一样，都属蛇）。玛丽的父亲也很有地质知识，玛丽从小受到父亲的熏陶，所以与莱伊尔有着相同的兴趣爱好。他们即使在蜜月旅行中，也抓紧从事地质考察。他们由德国波恩溯莱茵河而上，穿越瑞士的阿尔卑斯山，到达意大利北部，沿途又搜集了更多的地质资料，就在这年和次年，他的《地质学原理》第2、第3卷出版时，也很得益于这次旅行考察的成果。由于玛丽有能力参与他的工作，成为他的贤内助，使他们婚后的幸福与日俱增。他们相濡以沫40多年，白首偕老。

莱伊尔结婚和发表《地质学原理》第2、第3卷期间，还在伦敦帝国学院讲学，受到热烈欢迎。但他兴趣始终是实践与考察，最后还是辞却了兼职教授之职。1833年下半年，他再次由巴黎到波恩，沿莱茵河上溯至法兰克福、曼哈姆，然后折而西行，到了比利时东部及法国北部海滨，进行地质考察，尤其对那里的海岸结构、海陆变迁等作了详细的研究。1834年，莱伊尔到北欧斯堪狄纳维亚半岛进行地质考察，特别对瑞典的海岸上升现象加以注意，还研究了那里的冰川现象、冰川活动。同年《地质学原理》第3版（共4册）出版时，补充了以上考察的成果。1837年，莱伊尔又经丹麦到挪威进行地质考察，挪威的峡湾海岸及各种地质作用的考察成果又丰富了该年出版的《地质学原理》第5版的内容。

莱伊尔作为一位卓越的地质界学术领袖，也活跃在国内外学术舞台上。1835年，他应邀去波恩出席了德国科学协会会议，他与德国、法国著名地质学家克里斯蒂安·利奥波德·冯·布赫及埃里·德·鲍蒙轮流担任地质组的主席，受到与会者的尊敬。他与布赫的交流，尤其有巨大的收获。布赫早年就读于德国富莱堡矿业学院，是水成学派大师魏尔纳的得意门生，一开始极忠实于水成论，即使在意大利维苏威火山首次见到熔岩时，仍牵强地以水中沉淀结晶来解释，但他考察了法国、意大利、挪威等很多地区以后，大量火山现象及熔岩流终于使他尊重事实，倒向真理一边。他于1802年提出了"隆起火山口"的假说，认为隆起是由于地球内部升起并侵入沉积岩层的岩浆物质膨胀而形成的。布赫的"反戈一击"，也是促成"水火之争"中"水成论"彻底失败的重要因素。莱伊尔详细了解了布赫的观点，也更使他由哈屯著作中坚定了"火成论"信念。

1836 年，莱伊尔在伦敦地质学会年会上担任主席，他在会上高度评价了剑桥大学地质系教授亚当·薛知微（"寒武纪"的命名者）关于层理、节理、劈理的论述；又赞扬了他的老友莫企逊关于志留纪的命名及地层系统的理论，受到与会者的充分重视。

1838 年起，莱伊尔较集中地从事冰川的考察与研究。1839 年，他提出了冰河期的概念，从而建立起第四纪地层的完整系统，1840 年他在伦敦地质学会会议上听取了美籍瑞士地质学家让·路易·鲁多尔夫·阿迦西宣读的关于冰期的报告与论证。莱伊尔在阿迦西的启示下，根据新的资料重新拟定了划分第四纪地层系统的科学依据，而且还纠正了过去把某些苏格兰冰川地形当作古海海面侵蚀遗迹的片面看法。阿迦西早年在瑞士从事地质学、古生物学、冰川学研究，尤其对阿尔卑斯山冰川考察与研究十分精湛，还提出了古代大陆冰川作用的理论。莱伊尔很钦佩阿迦西的研究成果，他把对冰川的新认识补充进了新版的《地质学原理》一书中。

两次赴北美考察也是莱伊尔地质学生涯中的大事。第一次是 1841 年应邀去美国讲学，并从事地质旅行。美国年轻的著名地质学家詹姆士·霍尔作他的旅伴兼向导。当年仅 30 岁的霍尔已是纽约州地质调查所的研

究员，奥尔巴尼自然历史博物馆馆长，他对北美很多地区的地质作过研究（以后，他最早提出了"地槽"的概念，并出版了其经典著作《纽约州古生物学》共8卷）。在霍尔的陪同与帮助下，莱伊尔考察了美国密西西比河以东的几乎所有地区以及加拿大东部很多地方。他们研究了魁北克地区下古生界与古老结晶岩系的不整合接触。考察尼亚加拉大瀑布后，莱伊尔认为该瀑布表明河流在坚硬岩石中能逐渐掘蚀出一个大深谷。莱伊尔在考察中检查了煤层植物化石——痕木的原生产状。他又把加拿大地质调查所所长罗杰斯关于原生煤层的理论引申应用到美国宾夕法尼亚煤田。他考察期间对北美东部中生代、新生代地层以及冰川现象专门作了研究。整个考察过程中他采集了大量标本，搜集了很多珍贵资料。他应邀在波士顿召开的美国地质工作者协会大会上作了专题学术报告，受到热烈欢迎。1842年回国后，他写成《北美旅行记》，分两卷于1845年出版，成为研究北美地质之重要文献。

《北美旅行记》刚出版，莱伊尔又带着新的课题，第二次去美国考察，历时9个月，1846年才归来。他这次首先考察研究了宾夕法尼亚煤田地质，然后沿密西西比河考察了两岸地质，对三角洲、冲积平原的成因和发展作了详细研究，重新复核了密西西比河流入墨西哥湾的水量，还提出了沉积物质的重量和堆积的数据，为地质学之半定量与定量研究作了新的尝试。他回国后在英国科学协会做了这次考察的专题报告。此后，他整理了全部收获，写成《美国第二次访问记》于1849年出版。

莱伊尔不仅是伟大的科学家，也是卓越的政治家。在美国旅行考察期间，美国北方新兴资产阶级与南方大农场主、奴隶主集团之间的矛盾已日益明显。他对北南双方情况都很熟悉。他虽然钦佩南方的勇敢和军事技能、军事实力，但他却坚信北方在未来的斗争中必然会取得胜利。10多年以后的美国南北战争（1861~1865年）结局完全证实了这位科学家的真知灼见。

19世纪40年代，莱伊尔的知名度和影响力已超出了地质学界乃至整个科学界。他与辉格党（工党的前身）领导人约翰·罗素勋爵、伦敦警察厅（"苏格兰场"）的创立者罗伯特·皮尔爵士以及英格兰历史学家托马斯·麦考利等都有社交往来。1844年，他与英国著名物理化学家迈克尔·法拉第共同研究过防止矿山灾祸事故。1848年，由于他的科学成就而被封为准男爵。1849年，他当选为伦敦地质学会会长（他在1822年，1825年曾两次当选为该学会秘书）。

1850年，莱伊尔再次去德国和比利时考察，在波茨坦，他会见了老朋友洪堡特。洪堡特原来也是水成论领袖魏尔纳的得意门生，他研究了火山现象以后，提出了新见解，认为火山作用不仅在地球的古代地质史中起了巨大的作用，在现代地壳活动中也有着重要作用，生成于山脉中或形成火山岛的火山是呈线状分布的，表明火山与深入地球内部的地壳断裂有着密切的关系。和布赫一样，洪堡特观点向"火成论"转变是对"水成论"的致命打击。莱伊尔在洪堡特启发下，又进一步充实和修订《地质学原理》的有关篇章。

1852年，莱伊尔应邀第三次去美国，到波士顿罗维尔研究所讲学。在讲学中，他宣传自己的渐进论观点，以在北美上两次考察的成果为佐证，并概括介绍了欧洲各地的地质资料，演讲内容丰富，语言生动，妙趣横生，紧紧抓住了每一个听众激动的心。

1851～1852年，莱伊尔担任过国家大型展览的特派专员。他对开始于牛津大学的教育改革予以热情帮助，他一直反对不列颠学院的教会统治。他虽然声望很高，但从未放弃地质科学的探索。他和夫人玛丽每年夏天都要在不列颠岛和欧洲大陆旅行。1854年的冬天，他们又专门去马德拉群岛，研究该岛本身的起源和奇特的动植物群。1858年，他获得了英国皇家学会的最高奖章——科普利奖章。同年他又骑着小黑骡在意大利西西里岛考察，他证明了埃特纳火山并不像一些地质学家长期以来坚持认为的那样，是由一次突变性的爆发隆升而成，恰恰相反，是由一系列小型喷发积累起来形成的。他写给夫人玛丽的信上说："一只好的骡子，就好像给一位年迈的地质学家提供了一双年轻的腿。"

莱伊尔和达尔文，一个是地质进化论者，一个是生物进化论者，他们间的友谊也富有传奇色彩。达尔文与莱伊尔的夫人同龄，也比莱伊尔小12岁，按中国干支旧历，比莱伊尔小一轮，一个属相，同属蛇。莱伊尔的《地质学原理》第一册出版不久，达尔文刚从剑桥大学毕业，1832年（毕业的次年），由其恩师、植物学家亨斯罗推荐，以自然科学工作者的身份，登上英国海军"贝格尔号"巡洋舰去作环球旅行。他按恩师教导，随身携带了莱伊尔的《地质学原理》第一卷。达尔文在亲身的考察、实践中体会到，莱伊尔关于地质作用的观点远远胜过他所知道的其他任何著作，他出自内心地认为莱伊尔的书是一本"可钦佩的书"，并且成为莱伊尔地质渐进论的热心拥护者。

达尔文经过5年的旅行考察，绕地球一圈，主要游历了南美洲、南太平洋诸岛和澳大利亚，获得很多珍贵资料，采集了大批标本。他主要有以下三方面的收获：首次认识到动植物的种类是变化的、变异的；其次是发现南美大陆在晚近地质时期中在逐渐缓慢上升；第三是重新核定了关于珊瑚礁形成的理论。他回到英国以后，正式拜访了莱伊尔。莱伊尔大力协助和鼓励他尽快整理考察资料，发表研究成果。1837年，达尔文发表了《贝格尔号环球旅行所经各国的自然史和地质研究日记》，受到当时学术界之热烈称赞而崭露头角。他在莱伊尔进一步帮助下，于1845年出版了《一个自然科学家在贝格尔号的航行日记》一书。该书出第二版时，他在特设专页上写道："谨以感谢和愉快的心情，将本书的第二版献给皇家学会会员查尔斯·莱伊尔爵士。这本日记以及作者的其他著述如有任何学术价值，那么，这主要归功于那本著名的、可钦佩的《地质学原理》，特此致谢。"达尔文后来还在给朋友的信上写道："我经常想，我的著作有不少东西是从莱伊尔的头脑里得来的，但实际上我对那些东西却并不十分清楚。《地质学原理》的伟大功绩完全改变了我的精神状态，结果使我感到，即使我看到莱伊尔没有看到的事实，也总是部分地通过莱伊尔的眼睛看到的。"

莱伊尔"将今论古"的现实主义原理、渐进论的地质思想，启发达尔文深刻地认识到现存物种是从以前物种变异和遗传而来的，并且先存物种又起源于更老、更原始的物种。而莱伊尔的地质思想和方法论又反过来受到达尔文生物进化论的影响和促进。达尔文的书《物种起源》（全名是《物种起源由于自然选择和生存竞争中适宜品种的保存》）于1859年底在伦敦出版，轰动了整个科学界。其实，早在出版前三年，达尔文就把自己关于物种起源的思想、观点以及新的理论，无保留地告诉了莱伊尔，莱伊尔以往虽坚持物种不变论，把生物进化视为超自然的智慧的结果，与达尔文曾有严重分歧。但他不抱狭隘的门户之见，仍然真诚鼓励与支持达尔文努力完成巨著的创作，并且还以自己在学术界的声望和影响去推荐和宣传达尔文的著作，使之广为流传，备受称赞。该书出版半年之后，达尔文给英国著名植物学家约瑟夫·达尔顿·胡克的信中说："有一点是看得很清楚的，没有莱伊尔、你、赫胥黎等的帮助，我那本书早已失败了。"

莱伊尔虽然与达尔文有过分歧和争论，但他在达尔文、胡克等人许多实际资料和实验结果的启发下，终于服从了真理。他在1863年出版的《人类古老性的地质论证》一书中，特别是1865年完成的《地质学原理》第十版修订中，完全采纳了达尔文的结论，并为他自己的理论补充了强有力的论据，使得达尔文的学说赢得了新的追随者。达尔文由衷喜悦地感叹道："鉴于他的年龄、他以前的观点以及在社会上的地位，我认为他对这一理论的行动是英雄的。"

莱伊尔的光辉成就赢得了崇高的荣誉。1861年他被任命为大英博物馆馆长，同年更当选为皇家学会会长，并代表伦敦大学出席国会。1863年，他获得了东普鲁士科学奖状。以后又当选为法国科学院通讯院士。1866年，他获得伦敦地质学会的最高奖赏——沃拉斯顿奖章。

莱伊尔即使在年迈、精力衰退的古稀之年，也没有放弃野外地质考

察。1872年，75岁高龄的他，仍然去法国南部考察洞穴堆积。一年之后，他的夫人玛丽在一场短暂的急病中突然逝世，这位40多年相濡以沫的贤内助骤然离去，对莱伊尔的打击可谓特大，但他化悲痛为力量，还在继续修订他的《地质学原理》第12版，他并且说："我致力于我心爱的科学的日常工作之中，以便把我生活中已造成的可怕的变化遗忘得尽可能地远。"两年之后，这位伟大的科学家也与世长辞了，人们怀着崇敬的心情，将他安葬在伦敦威斯敏斯特大教堂内。

崇高的评价 深情的纪念

莱伊尔一开始从父命而攻研法律，把地质学作为业余爱好来研究，通过考察实践和精研，他工作的重心完全转移到地质学上来，成为杰出的专业地质学家，并做出了卓越的贡献。他关于地质进化论的思想、"将今论古"的现实主义原理以及他不断修改、完善的《地质学原理》巨著，有划时代的奠基性意义，推动了地质学的迅速发展，培育了好几代地质学家。莱伊尔的成功不仅在于刻苦钻研、躬行实践，更在于勇敢坚持真理，坚决修正错误，永远赶上时代前进的步伐。

莱伊尔和任何伟大的科学家一样，都不是十全十美的，由于时代的限制，他的某些论点也不免有唯心论和形而上学色彩。恩格斯在其巨著《自然辩证法》中充分肯定了莱伊尔的功绩，已如前述，而同时，在同一书中，也指出了他的某些错误。然而，瑕不掩瑜，莱伊尔毕竟是一位伟大的科学家，是使地质学作为一门独立学科的开拓者、创始人之一，他的现实主义理论和方法，在与灾变论作斗争中推动了地质科学的发展。从认识论的哲学高度来分析，"将今论古"是"溯因法"，以结果反推原因，也就是"认识的回向系统"，与"认识进向系统"的"预测法"是相对应的。

1980年7月在法国巴黎举行的第26届国际地质学大会上，新当选的国际地质科学联合会主席尤金·塞博尔德以《80年代的地质学》为题的演讲中说："我们相信从原则上说现在是了解过去的钥匙，尽管地质学中有很多例外，尽管我们所处的这个间冰期和下一次冰期之间这一时期也是例外（这是事实）。至少，现在的矿物和岩石以及它们在空间的排列是我们了解所有岩石的钥匙。"这正说明，无论地质科学发展如何千变万化，莱伊尔等前辈地质学家所阐明的最基本的原理永远都是放之四海而皆准的。

澳大利亚的塔斯马尼亚州是该国最大的岛（面积6.8万平方公里），其西部沿海山脉最高峰海拔880米，被命名为"莱伊尔峰"，而该山峰又代表附近山脉的矿区，该矿区最先是采黄金的，后又采白银，而今产出该州90%的铜矿。1968年后又勘探出更大的地下矿藏。

莱伊尔这个伟大的名字永远为人们所纪念。

七、古生物学和冰川学权威——阿迦西

19世纪之初的1807年，英国著名化学家汉弗利·戴维（即大科学家迈克尔·法拉第的老恩师）写信给友人们说："我们想要举行一次晚餐会，谈论地质学上的问题，希望你也入会。"1796年成立的阿斯克斯学会和1799年成立的英国矿物学会很多成员都收到了这封信，大家又彼此串联。最后大家约定，11月13日在伦敦的"自由石匠小酒馆"隆重集会。会议上除讨论学问外，还成立了世界上最早的地质学学术团体——伦敦地质学会。

就在这一年早5个多月的时间里，诞生了一位小孩，后来成为杰出的古生物学家、冰川学家，并得了伦敦地质学会最高奖——沃拉斯顿奖。他就是让·路易·鲁多尔夫·阿迦西。

"要把所有动植物的拉丁学名都记住"

小路易·阿迦西于1807年5月28日出生在瑞士风景如画的白奈斯·阿尔卑斯山麓的摩拉湖畔一个叫莫梯耶的村庄里。他是好几代神职人员的后代，他祖上是法国加尔文新教的一支——胡格诺教派教徒，因为受到法皇路易十四的迫害，而逃到瑞士定居。他母亲家庭也是这种情况。他父亲和母亲的祖先不仅身体健壮，也很有知识。他以后行动上很实干，思想上富于革新，的确与智力素质和身体素质方面优秀的天赋有着密切的关系。

　　小路易·阿迦西和他哥哥奥古斯特·阿迦西从小就对鸟、鱼、鼠、蚱蜢、蟑螂、蝉等小动物很感兴趣。他们常去原野上、树林里、小溪边，乃至田间地头采集这些动物来做标本，抓住活的就在家中养起来。逐渐地，他们搞起了一个"稀奇有趣的活昆虫和其他动物"的家庭博物馆，他们的父母见他们把家园里里外外搞得乱七八糟，一片狼藉，不免十分厌烦，常常训斥他们。然而不少邻居、客人见到他们的小博物馆，却对他们热爱科学的这种执著精神十分赞叹。有人甚至翘着大拇指安慰他们的父母道："你们的孩子将来必然大有出息。眼下弄得零乱一点又何必在乎呢？"

　　1821年，小路易已是14岁的中学生了，他听老师讲生物课，与他童年的爱好结合起来，学得津津有味。生物的学名都是用拉丁文写的，是按瑞典著名生物学家卡尔·冯·林奈（拉丁化的名字是"卡罗鲁斯·林尼阿"）创造的"双名法"命名的，属名在前，第一个字母大写，种名在后，创名人的姓氏在最后，第一个字母大写。一般同学读着，背着这些枯燥无味的拉丁文感到很厌倦。而小路易则在哥哥的帮助下克服了学习的困难，他们的祖上是法国人，法语属拉丁语系，也为他们掌握拉丁语带来了方便。小路易尝到了熟读拉丁语学名的甜头，老师又告诉他，将

来如果研究生物学，这些拉丁文学名是必须要掌握的。小路易就在哥哥的帮助下，立下小小的志向——要把"所有已知的动物和植物"的拉丁文学名都记住。他还起草了一份宣言，在小伙伴们面前高声朗读，大讲特讲他将来当上伟大科学家之后要干的事业。

他想当科学家的志向愈来愈坚定。他在给一位同学好友的信上写道："我将要在科学方面有所进步。我将在浓霞台接受初步训练，然后，考入德国的一所大学。我将在巴黎完成我的学业，而后我将开始著书立说。"他简直替自己的未来勾画出了一幅雄伟的蓝图。

伴鸟而眠

小路易·阿迦西的父母从狭隘的实利眼光出发，希望他成为一个商人。因此，他 15 岁时，父母就送他去洛桑进一所两年制的职业学校读书。他叔父在浓霞台开了一所商行。父母本以为小路易毕业之后可以到叔叔那里去当一个帮手。然而，父母的算盘打错了。小路易从小就热爱大自然，痴迷于动植物，立志好好做学问，对做生意丝毫没有兴趣。所以，职业学校毕业后，他没去浓霞台叔叔的商行，而进了苏黎世的医学院。

小路易·阿迦西早就发现，动植物知识不仅限于它们的拉丁文学名，光熟读会背这些名字还远远不够，关键是要弄清它们的外部形态、内部构造，然后才可能对它们有正确的命名、合理的分类，只有掌握了动植物各方面的特征，才能找准它们在分类系统中的位置，而且，若发现前人分类错了，还应当进行自己的新分类。以后，他又觉得，要掌握动植物的特征，光阅读卷帙浩繁的拉丁文文献还不够，还更应该亲自到大自然去进行实地观察，乃至亲手做实验。他在苏黎世医学院接触到一些当代第一流的解剖学家。他们教阿迦西做解剖实验，辅导他阅读很多图文并茂的解剖学书刊。阿迦西的解剖学知识迅速增长，就像用一副神奇的眼镜，武装了他那原未经训练过的眼睛，使他能洞察自然界、动植物界的真理。他解剖动物，也观察活的动物，他后来干脆住到养着 40 多只鸟的鸟室旁边。他欣赏着小鸟们在那有限的空间里展翅飞翔。小鸟们浑身披着色彩斑斓的羽毛，嘴里不停地吱吱喳喳，唱着优美动听的歌。他一头扎进这小鸟的王国里"体验着生活"，他对小鸟的研究也真正地"进入角色了"。偶尔有只心爱的小鸟不幸死亡时，阿迦西也如丧亲人般潸然泪下，他自己似乎成了鸟类大家庭的一员。

小型科学院

阿迦西实现了到德国求学的理想，他 19 岁时进了德国海德堡大学。在那里他学了很多门功课，还深入学习了希腊文、拉丁文和拉丁语系的其他语言。将来无论从事什么领域的研究，这些外文都是不可或缺的。为了训练自己双眼的敏锐与快捷，他选修了击剑的体育课，这真是智育与体育的最佳结合点。他每个星期都画出时间方格表，预先计划哪段时间要做什么事，每天都争分夺秒地学习。他不但正课学得好，而且课外时间也安排得很紧凑，经常找一些学习自然史的同学在他的房间里聚会，学习自然史包括的专业较广，有动物学、植物学、古生物学、地质学等等。他们在聚会时，可以互相对对课堂学习的笔记，互通有无，把漏记的补上。这些"年轻的科学家"又可以从自己的专业特长出发，准备或长或短的"科学报告"，在聚会时宣读。这样一来，就以阿迦西为核心组织起了一个"小型科学院"，一个小型"学会"，会员们通过彼此交换知识来使大家的学问得到长进。

阿迦西通过领导这种小型学术团体，加强了对集体教学、集体学习的方法，也就是比较教育法、比较学习法的信念。正如他自己所说："互相交流心得笔记——这也就是比较法的教育制度——向我启示了大自然是一个整体世界这种哲学观点。"他决心把这个自然作为一个包罗万象的整体单元，去研究它的性质，并以此作为自己终生的工作计划和奋斗目标。

不久，他转到了埃朗根大学哲学系，并果然在 1829 年，他 22 岁那年毕业并取得了哲学博士学位。

医生乎？博物学家乎？

阿迦西的父母见他们的儿子没如他们的愿去当商人，而醉心于纯科学、乃至哲学的研究，又对他进行干预。见他既然进过苏黎世医学院，就又想方设法让他向实际功利靠拢。他们觉得家里有个医生儿子也不错。医生这个职业在当时当地是保证可以结得起婚、而且可以安安稳稳过舒适生活的。他母亲写信给他说："你早一点儿学完医，就可以早一点安家立业，捉到你的蓝蝴蝶，并把她变成一个爱你的家庭主妇。"

阿迦西在选择自己前途这一点上，始终与父母存在分歧，也常常发生争吵，引出一场场风波。但是，亲人终归是亲人，最后仍不能不以妥协而告终。阿迦西可以继续研究博物学（主要是动物），但必须以开业的外科医生来自食其力。他父母曾说："让科学成为你打算遨游太空的气球，但必须让医务成为你的降落伞。"意思是说，要让"医生阿迦西"来支持"博物学家阿迦西"，作后者的坚强后盾或保险伞。路易觉得父母的话也不是完全没有道理，所以，他就转到慕尼黑大学医学院去继续医学方面的深造。一年多的时间里，简直是他的高产期，他在解剖学、外科学、妇产科学和病理学等方面都不断有学术论文问世。

当时还出现了一个新的情况，著名科学家冯·马修斯邀请路易·阿迦西同他合作写一本自然史方面的书，并准备写好后出版。路易·阿迦西不胜惊喜，欣然从命。他在给妹妹塞西尔·阿迦西的信上，兴高采烈地谈起这个宏伟计划："如果我们的爸爸的书房里的一本最大最好的书，是出于他的儿子路易的手笔，那岂不是成了一件奇闻了吗？这岂不正像在药房里看见我给病人开的处方那样地了不起吗？"这话后来传到他父母那里，也引起二老的高兴。他们甚至又听说，这部书稿已经在当代著名科学家中间引起了很大的轰动。但他父母又传出话来："那么就让他同科学鬼混一阵吧，只要他肯一生行医。"可见得他们父母和儿子之间分歧依然存在，前者总摆脱不了狭隘的功利眼光。

阿迦西忘我地学习和研究，一心要想当上世界上最伟大的博物学家。他知道仅在室内读书、搞研究还不够，还必须外出旅行考察。当他听说德国地理学大师弗列德里希·威廉·亨利希·亚历山大·冯·洪堡特正在组织去俄国乌拉尔的考察团，要物色与他一同前往的助理人员时，他以年轻人的冲动，写了一封信给法国古生物学大师若尔日·利奥波德·克列蒂安·弗雷德里克·达戈贝·居维叶，请他向洪堡特举荐，信上说："在六个月的时间里，我常去一家铁匠铺和一家木匠铺，学会了使用铁锤和斧头。同时，我也学会使用武器，例如大刀和刺刀。我身体健康，体格强壮，会游泳，并且不怕长途跋涉……一句话，我认为自己生来就可以成为一个到处奔走的博物学工作者，我唯一的缺点是难以控制自己的冲动，这是需要克服的。我请求您在冯·洪堡特先生面前为我美言推荐。"可是，他的申请书去得太晚了，洪堡特已招聘好了自己的助理人员。这个机会也就丧失了。

阿迦西在争取这些机会（写书、旅行考察等）的同时，仍全力以赴抓紧学习和研究，尽管他内心深处并未打算终生行医，但是他在医学方面发表了大量的研究成果，1830 年 4 月，他给他母亲的信上说："抛掉对我的一切担心吧！您可以看到我说的话是算数的。"果然，他在当年获得了医学博士学位。他的科学成就使他已在全欧洲闻名，而这时他才仅仅是一位 23 岁的青年。如此年轻就获得双重博士学位桂冠者，无论在当时还是以后都十分罕见。

在居维叶的教导下

阿迦西在慕尼黑学医的同时，也对鱼类的研究下了功夫。这一兴趣是他少年时在瑞士西部小溪观察鱼类时培养出来的。在慕尼黑他研究了两位杰出的博物学家于 1819 年和 1820 年收集的大量巴西鱼类，特别是亚马逊河鱼类。那以后，他对鱼类学就产生了恒久的兴趣。1826 年其中一位博物学家开始将这些物种进行分类，他逝世后这些藏品都移交给了阿迦西。阿迦西完成了分类工作。1829 年他将结果写成《鱼类种属选》一书发表。1830 年他发表了《中欧淡水鱼类志》内容简介。该书在 1839～1842 年分为几部分印行。

1832 年在阿迦西早期学术生涯中十分重要。这年他到了当时的科学中心巴黎。他拜会了杰出的古生物学大师、"灾变论"的主帅居维叶男爵。居维叶在古生物学、脊椎动物比较解剖学等方面取得过辉煌成就，而且在拿破仑王朝和波旁王朝都担任过教育和科学方面的重要职务。新

近取得政权的"七月王朝"国王路易·菲力又封他为男爵，并内定授予内阁总理之职。居维叶十分平易近人，他以极大的热情，欢迎和接待这位远道而来的瑞士青年科学家。他在自己实验室的角落为阿迦西安排了一个位置，而且耐心地指导和帮助他。阿迦西听说这位法国权威正准备出版一本关于鱼类化石的书，而他本人对这方面很有兴趣和功底。他把自己发表过的文章及心得笔记呈给居维叶审阅，居维叶看后非常高兴，立即把收藏的全部鱼类标本都交给了他，欢迎他参加这本书的写作。他忘我地工作着，而且为此不惜一切投入，他请了一位画家来为他绘制标本的图样，这使他本来就不多的生活费显得更加拮据了。往往还不到月底，他的伙食费就不够了。不得不四处告贷，寅吃卯粮。有朋友介绍他去一家科学杂志担任动物学栏目的主编，但因为每天要固定占用他两个小时，所以他宁可受穷也不愿分心，就谢绝了朋友的好意。

阿迦西给父母写信时说："我常常每天工作 15 个小时。"又提到他经济困难之事。他父亲仍是老话一句，回信劝他回到家乡去当外科医生，可以不受穷，不受累。他母亲给他的信上则说："如果你现在走上外科这个行业，也许晚一些时候你还有可能在自然科学研究方面出一点成果。"阿迦西没有采纳父母的意见。他深知，青春时期是猛攻科学堡垒的关键时期，错过这大好时光，再回过头来弥补也许永远也补不上。

阿迦西没有向贫困妥协，继续忘我地工作着。居维叶则提醒他要劳逸结合，警告他说："工作太紧张是会死人的。"这位大师教导别人固然好听，然而他自己却同样积劳成疾。他为阿迦西敲警钟之后不久，就在赴法国议会的路上中了风，几天后就病故了，终年仅 63 岁，真是英年早逝啊！这位伟大的导师和亲切的友人走得这样急，阿迦西似乎受到沉重打击而悲痛万分。他们交往不过几个月工夫，而对居维叶热情、严谨、细致的治学作风的耳濡目染，使阿迦西终生受益无穷。

洪堡特的鼎力相助

居维叶逝世后，阿迦西化悲痛为力量，继续忘我地从事研究与著述。虽然他口袋里的钱已经少得和他手中的某些罕见的鱼类标本一样了，以致他不得不解雇了为他绘标本图的画家，但他仍在贫困中挣扎，把这项事业苦苦撑持下去。

"天无绝人之路。"幸运之神向他伸出了援助之手。这位幸运之神是居维叶的同龄人、好朋友、声望相当的德国地理学大师洪堡特男爵。他自诩为"善良的撒马利亚人"（即圣经《新约全书·马太福音》中热心助人的朋友）。阿迦西到达巴黎后不久曾拜访过他。洪堡特是居维叶的好友，他从居维叶处了解到年轻的阿迦西在鱼类化石研究上很有造诣，并与他一起写关于鱼类化石的巨著。居维叶英年早逝，阿迦西完成居维叶的未竟之功是责无旁贷的，而今他完成得很好。洪堡特答应帮助阿迦西联系出版商科塔，商谈关于他正在写作的巨著之出版问题。过了几个星期，却音信杳无。阿迦西在饥饿、穷困和失望中苦苦等待。最后，终于收到洪堡特的信，老科学家还极端谦虚和客气地在信上说："亲爱的阿迦西先生，你一定会原谅我对于你的友谊的关怀，如果我请求你利用一下我随函奉上的一点头寸的话。"他紧接着又十分委婉地说："我相信，你要为我做的，会比这个大得多。"

正由于洪堡特的关怀，阿迦西一直从事鱼化石研究和写作，他的划时代巨著——《化石鱼类研究》于1833～1843年这10年间，分为5卷，在瑞士的浓霞台出版。在这部巨著中，他整理、描述、分类的鱼类化石共有1700多种。尤其可贵的是，他并不单纯停留在记述鱼类化石上，他通过对这些生活在古代海洋中的鱼类的描述再现了古代海洋的面貌，也就是古生态学、古地理学的研究。这种研究，激发起了人们研究已绝灭生物的兴趣。

洪堡特进而又给阿迦西在新建立的瑞士浓霞台学院（后为浓霞台大学）谋得一个教授职位。年仅25岁的阿迦西，衣锦还乡，成了浓霞台学院的一位年轻教授。他的父母见儿子虽然没如他们之所愿，成为一名商人和外科医生，但他当上一名教授、科学家，也同样是生活比较优裕的"人上人"了。二位老人终于感到心满意足，他们在现实生活中被说服了。

浓霞台的科学明星

阿迦西在浓霞台大学担任了14年的教授（从他25岁到39岁）。这是他科学研究上最辉煌的时期。他作为一个初出茅庐就硕果累累的自然历史科学工作者，在如花似锦的前程上奋进。他的教学和科研成绩，博得广大同事和学生们的欢迎和尊敬。他有洪堡特这个后台，通过洪堡特，他甚至赢得了普鲁士国王的青睐。

浓霞台位于瑞士西部、侏罗山东南麓、浓霞台湖西北岸，风景如画。它又是一座历史文化名城，11世纪建城，至今留有12世纪的哥特式教堂，13世纪设市，当时已有800多年历史。该城名称系法语，按音译应为"纳沙泰尔"，中国著名地质科学大师黄汲清院士1932~1935年在此留学，并荣膺博士学位。他给予该城一个更好听的译名——浓霞台，反映出那里山峰峻峭，湖光潋滟，白云暖暧，霞光万道。该城德语叫"诺恩堡"，意即"新城"。新建的浓霞台学院（浓霞台大学）由于阿迦西这些锐意进取的科学家的到来，逐渐成了欧洲科学界重要的中心之一。四方学者都汇集到这里来一起切磋学问。著名的德国地质学家、火山学家克里斯蒂安·利奥波德·冯·布赫到这里之后，诙谐地说道："当我到了浓霞台大学、向阿迦西登门求教时，我似乎老是怕他会把我当作一个新的动物品种来研究。"

阿迦西不但教好他的学生，而且也热心科学知识在人民中间的普及。他特别喜欢儿童，孩子们和他在一起，也分享了他对大自然的热爱。他领着孩子们漫步在田野间，或跋涉在群山里。作为一个宗教家庭出身的科学家，他笃信上帝。他对孩子们讲述上帝创造世界的故事，从而启发孩子们的想像力。他对大自然之美作了活生生的科学讲解，孩子们很多东西都看得到，感觉得到，对他的讲解听得津津有味，兴趣盎然。他和孩子们一起攀上高高的峰顶，放眼山前广阔的原野、河川，在大家心旷神怡的快乐境况下，他指点一件件景物，向他们灌输地理、地质知识，这种寓教于乐的方法，使孩子们受益匪浅。他领着孩子们在原野上采摘野花、野果，向他们揭示植物的奥秘。他请孩子们吃橘子、香蕉等热带水果，孩子们边品尝果子的美味，边听他讲这些果子的构造和生长的道理，对照着手中的实物，越听兴味越浓。他也常和孩子们一起做游戏，总是笑口常开，就像孩子们的大伙伴。这种"孩子王"的生活，使他青春永葆，朝气常驻。

阿迦西在大学的教学方法上又新又活。他的课堂生气勃勃，像古希腊哲学家的花园一样。他对学生"诲人不倦"，他对自己则"好学不厌"。他争分夺秒地从事教学和科研。他刚到浓霞台时，就与他在海德堡大学

同班同学亚力山大·勃劳恩的妹妹——塞西尔·勃劳恩结婚。他们的家总是熙熙攘攘，门庭若市，胜友如云，高朋满座。欧洲各地的学者来和他讨论学术问题，向他讨教。他的学生们也常来请他答疑，或在他指导下从事科研和著述。他 10 年间不但出版了《化石鱼类研究》的巨著，而且在 1838～1842 年出版了《现生的及化石的棘皮动物专著》共 4 卷。又在 1841～1842 年发表了《化石软体动物研究》这一重要成果。

阿迦西过度的劳累严重地影响了身体健康，他始终忘我地工作着。连医生都提醒他，再这样下去，弄不好会招致双目失明的可怕后果。他试着把自己关在黑屋里，一坐几个小时，练习不用眼只有手处理化石标本，终于把双手锻炼得很灵活、敏捷，而且眼睛的保健也获得成功。他高兴地说道：“不管怎样，我还是能照常进行自己的研究工作。”他干劲十足，硕果累累，很快在全欧洲声名远播，连英国第一流的博物学家都邀请他去鉴定他们所收藏的化石标本。由于他在古生物学、特别是古鱼类学方面的成就（以《化石鱼类研究》5 卷本巨著为代表），他获得了世界最早的地质学会——伦敦地质学会的最高奖赏——沃拉斯顿奖章及奖金。当英国著名的地质学大师查尔斯·莱伊尔通知他这一消息时，他兴高采烈，因为他庞大的科研工作又能得到经费上的支持了。他后来又获得了英国伦敦皇家学会的科普利奖章。他专程去到英国，受到热烈欢迎，除领奖以外，又多多开展学术交流，他成了欧洲科学界的重要明星。

阿迦西的科学造诣是过得硬的。他少年得志，英俊有为，功高盖世，蜚声宇内。自然也会引起一些人的嫉妒、猜疑和不满。有人甚至认为他的成就多半是华而不实的，有的人也存心考验考验他。怀疑派在某地一个地层中发现了一块鱼化石，该地层深埋地下，层位很低，说明其年代很古老，而附近该地层相当层位里又找不到其他生物化石。他们不把鱼化石送给阿迦西鉴定，而且整个对他封锁消息。以后，怀疑派组织一次学术讨论会，特地邀请他参加。会上故意对他出难题，设陷阱，想让他栽跟斗，他们好看笑话。怀疑派问他，在某种特定的地层深处，可能存在什么样的鱼类化石？对瑞士等地的区域地质情况、地层分布、化石分布了若指掌的阿迦西，略一沉思，就不慌不忙地走到黑板旁，振振有词地叙述地层年代、地质历史、生物产生、变化的规律和先后顺序。最后，具体谈到他们提出的问题，他指出，那深处的地层可能是什么时代的，那个时代可能存在什么样的鱼类。他把"假想的"鱼化石轮廓画到黑板上。这时，怀疑派展现了他们采的那块鱼化石，跟黑板上的轮廓加以对照，果真十分符合。讲台下听众中爆发出雷鸣般的掌声，一个惊奇不已的听众说："这位先生像奇迹一般把上帝的图案从地底下给挖出来了！"

对阿迦西来说，这根本不算什么神奇。他具有生物学、地质学、古生物学、地层学、地史学的扎实功底，他自然就可以明智地阅读厚厚的地层这部"天书"，来清楚地了解地球过去的历史。什么地层属于什么时代，什么时代有什么生物，这些问题，科学家们经过多年探索，已积累了大量资料。自然界的历史分为无机界的历史和有机界的历史两大部分，它们又构成一个统一的整体。这个世界是由彼此联系、相互影响的各个部分组成的，它们都遵循若干共同的规律。阿迦西在研究地层地质结构时，也发现与研究动物身体结构有若干联系。他甚至认为："地质学不过是动物学的延伸而已！"他这种触类旁通的治学方法，使他知识面不断扩大，科研成果迅速增加。

冰川考察探险的硕果

作为一个居住在欧洲屋脊——阿尔卑斯山区的瑞士公民来说，阿迦西平素接触冰川较多，对冰川较熟悉，这是相对于欧洲其他地方的居民来说自然具备的优势。阿迦西在研究地质科学的同时，顺理成章地对它的一个分支学科——冰川学感到莫大的兴趣。某些瑞士科学家在考察探究偶尔散布在北欧平原上的漂砾时，得出的结论是：这些巨砾是由于冰川活动而被带到那里去的（因为流水、风力等是不可能搬运那些庞然大物的）。这意味着两种情况：冰川曾一度比目前的规模远为广阔，而且冰川是运动的。有的科学家对散布在瑞士各地乃至发现于侏罗山脉之颠的漂砾也认为是移动的冰川带去的。阿迦西一开始对这些观点都抱怀疑和审视的态度，并决定自己来进行一番考察。他把娱乐和工作很好地结合起来。从1836年，他29岁时开始，利用暑假时间考察冰川。他曾在罗纳河的峡谷里漫游，并攀登过侏罗山的高峰。他也曾在阿尔卑斯冰川的冰面上造了一所小屋，他戏称之为"浓霞台饭店"。他和他的同事们在那里居住并考察冰川的结构及运动。常常经受到碎冰和风雪的袭击。他和他的伙伴们一道，在辽阔的冰天雪地上挣扎前进，有时陷到深厚的雪层里，有时又在薄薄的冰层上蹑手蹑脚地蠕动前行。他们曾经爬过下面是无底深渊的绝壁，也攀登过千仞悬崖，生命安全就寄托在一根"保险绳"上。他们就这样一步一个脚印地探索着那"冰川全部物质的规律"。

有一次，阿迦西决定要干前人没有干过或很少干过的大事——深入到冰川腹地去探险考察。这个大胆的计划使很多伙伴望而却步，纷纷提出异议，但他始终坚持，并保证自己承担最危险的任务，决不麻烦别人。伙伴们也就依从了他。他们去考察的那条冰川流速是每天约12米，冰层最厚处有几十米。他们在这流动的冰川顶上发现一个深洞，一眼看不见底。阿迦西主动提出下洞深险，他让伙伴们用绳子在上面吊着他，他坐在绳子末端的一块小横板上，就像小秋千板一样。他进去以后能不能出来，会不会葬身冰坟，也许都是50%的概率。人们将他往下缒着，绳子越放越长，慢慢地，已看不见他本人了。愈往下，光线愈暗，但阿迦西忘了危险，忙不迭观察着洞内令人眼花缭乱的景色：整个洞壁呈现出很有层次的蓝色，上面是绿蓝，往下逐渐变成深蓝。当他降到24米左右时，发现一座冰墙把下去的路分隔成两条通道，他选择宽大的一条通道继续下降到36米多时，突然掉到一滩冰水里。他赶快打信号叫上面的伙伴收紧吊绳，将他往上拉。可惜上面的伙伴误解了信号，反而继续松绳

子往下放。他眼看在冰水潭里越陷越深，急忙再打信号，并且大声呼救，心中不免浮起不祥的念头："这下也许完了！"好在上面终于听到了呼救声，并真正弄懂了信号。绳子收紧往上拉，阿迦西终于出了冰水潭，脱离了危险。往上升时，他还继续观察，看到冰洞四壁有一些巨大的冰锥，似乎在虎视眈眈地朝着他。他想："幸好不至于把我戳穿吧！"他被拉出冰洞，回到冰崖顶时，已冻得浑身发抖，上牙打下牙，话也说不出来了。他能下缒到那么深，并且安全回来了，又得到很多观察的收获，引发了伙伴们一片欢呼庆幸之声，很快为他更衣、回暖，并送他回营地去。

　　阿迦西并没有被这次九死一生的惊险过程所吓退，他探索冰川奥秘的兴趣仍有增无减。他观察到很多冰川运动的证据，在冰川的侧面和末端（尾部）常堆积很多岩石，这些堆积物在冰川学里分别叫"侧碛"和"终碛"（也叫"尾碛"）。它们明显不同于河滩上的鹅卵石。它们的岩石大小混杂，没有分选。不像鹅卵石那样被磨掉轮廓，变得浑圆，相反是带棱带角的，而且岩石表面上往往有一道一道的擦痕和槽沟，这只能解释为运动着的冰川（夹带着碎石）流过这些岩石时，在它们表面上刻划出的痕迹。他又在人们记忆中从未有冰川存在过的地区，也找到这种带有槽沟和擦痕的岩石，人们很自然会推测在很久远的年代里，冰川可能曾经到达过这个地区。

1839年，阿迦西发现，一间1827年建造在一条冰川上的小屋已经沿冰川下移到距原地点大约1英里的距离。可以大致算出该冰川平均每年下移133米，平均每天下移36厘米。他曾在一条冰川上，横向笔直地深深打入了一排标桩。到1841年时，这些标桩有了一段相当可观的位移，而且变成了U字形，中央部分移动得快些，边缘部分移动相对较慢，这是由于同山壁的摩擦，使冰川运动受到阻碍。

阿迦西去英国领奖和讲学时，也曾在不列颠岛上发现冰川活动的很多遗迹。那里现代已无冰川，人们自然会推测那里曾经一度有过一个冰川时期。这对那里风行10来年的莱伊尔的极端均变说起了动摇作用，就是不能坚持认为古今绝对一样，要承认今天与古代并非完全相同，而是有一定变化。这样，就要把莱伊尔早先提出的"将今论古"的"现实主义原理"修改成"历史比较法"。莱伊尔本人在1857年也同意了这种修改，放弃了早年简单化的、绝对化的观点。

阿迦西于1840年，他33岁时，发表了巨著《冰川之研究》，他综合前人成果，加上自己实地考察所进行之研究，提出了在当时科学界看来颇具革命性的理论，认为在欧洲历史上有一个阶段完全为整块冰层所覆盖。他在书中作了生动的描写："有这么一个时候，西伯利亚的冬天统治了一个过去曾经草木繁茂的世界……死亡笼罩着整个大自然……春天不来了；江河也停止了滔滔的奔流；在冰冻的河岸上升起了太阳，但是它的光线所遇到的，只是从北方来的严冬的气息，以及从庞大的冰的海洋表面撕裂开来的裂缝里所发出的阵阵雷鸣。"至于说到他的祖国瑞士，因为本身地势很高，在过去不太久远的年代里就曾经全部被覆盖在厚厚的冰层之下。他还写道："像现在覆盖着格陵兰那样的大片大片的冰，一度覆盖着所有能找到不成层砾石（漂砾）的国家。"

阿迦西的科研著作使他在科学界声誉日增，而他的声誉也超出了学者的圈子，而存在于普通群众中间。有一次他和一帮友人外出旅行。路上停下来休息，吃点心。一个老年旅客听有人叫阿迦西的名字，就走到那位应声回答的、看上去很年轻的人面前问道："请原谅，你就是浓霞台大学大名鼎鼎的阿迦西教授的公子吗？"阿迦西只是好笑。旁边的友人代他回答："站在你面前的，正是阿迦西教授本人。"

那位老年旅客讨了个没趣，道歉之后离去，但口中还自言自语道："看起来这么年少，谁知却是那么聪明的一个老兵！"

向往中的新乐土

1846 年，也就是阿迦西 39 岁那一年，发生了一件重大的事，它把阿迦西的一生，特别是科学生涯，明显分成了前后两半。由于阿迦西在欧洲科学界名声显赫，特别是在古鱼类研究方面的卓越成就，去美国访问的著名英国地质学家莱伊尔就建议波士顿的洛韦尔研究所邀请他去讲学。阿迦西得到邀请也真是喜出望外。为了促进自己的科学研究，去新大陆走一趟，一直是他一个"可望而不可及的"梦想，今天果然好梦成真，他也就积极地准备启程了。人们衷心爱戴的年轻教授阿迦西要离开浓霞台去美国的消息在这小小的大学城不胫而走，弄得人们郁郁寡欢。阿迦西也诚挚地向他们承诺，他还会回来。他这话也有一定根据，因为他只是只身独往，夫人和三个儿女还留在浓霞台。但是，好多人还是私下议论，推测他也许会被新世界的魅力吸引了过去。可惜，以后事态的发展，不幸真被他们所言中。

同事们、学生们、友人们还是热情地向他道贺，并祝他来回一路顺风。普鲁士国王腓特烈·威廉四世赠送了他 15000 法郎作为路费。77 岁高龄的地理科学大师，用年迈而颤抖的手给他写了一封语重心长的欢送信，信中说："祝你新的工作愉快顺利，并请在你心中把我放在首先的一席。当你归来时，我当已不在人世，但是国王和王后将会在无忧宫（即当时普鲁士国王召见国家上宾的宫苑）——这个具有"历史意义的丘陵胜地——热情欢迎你归来。由于很多理由，你是应当受到这种招待的。……你最诚挚的（虽然字也写不清楚的）朋友——亚历山大·冯·洪堡特。"

阿迦西一踏上美国的土地，立即对那里的"民主制度"十分倾倒。他在写给一位欧洲朋友的信上对此作了活灵活现的描绘："美国生活的一个典型特点是各处常常有可以发表演讲的公共集会。我到波士顿不久，就出席过这么一次集会，有工人、车间领班、店员等大约 3000 人参加。大会庄严隆重。秩序井然——我从来没有见过比它开得更好的了。大家的衣履都很整洁，连最普通的工人穿的都是干净衬衫。这次召开这样一个会，是为了筹建一个图书馆。讲演用了两个小时，内容是有关教育的好处，听众鸦雀无声。这实在是一个奇特的场面。"他又在信中五体投地地赞扬美国人民："多了不起的人民！在旧世界里，一个有天才的人往往满足于自己一生一世闭门读书，而身旁成千上万的人则颠沛流离，劳碌终身……可是在新世界，在这里，大家都生活得很好，穿得像样，有所学习，觉悟既高，兴趣也广……举例来说，教育也不像德国某些地方那

样，它提供给人们的只是作为一种掌握知识的工具，但却不许人们利用它。在美国，所有的人都可以使用他们的才能为共同的利益做点事……"阿迦西当时除英语尚不熟练外，思想感情已融入美国人民中了。

阿迦西到波士顿，先在洛韦尔研究所讲学，以后又去查尔斯顿等地讲学，一年之后，即担任了哈佛大学劳伦斯学院的动物学教授，他在那里结识了很多著名学者，如植物学家阿萨·格雷、大诗人和文学家享利·瓦兹沃尔斯·朗费罗、拉尔夫·瓦尔多·爱默生及詹姆士·拉塞尔·洛韦尔，还有教育家约翰·戴维斯·皮尔斯等。他在这些人身上看到了高标准的治学风格。他认为这些人才在欧洲任何地方都是难以找到的。这里的学术气氛确实令他有些流连忘返了。

使阿迦西下定决心，在第二祖国——美利坚合众国扎下根来的却是他家庭的新变故。他去美国的第二年（1847年），他夫人不幸病逝。他结识了波士顿一位著名女作家、妇女教育的提倡者——伊丽莎白·卡波特·卡莉，并于1850年结为终身伴侣。卡莉十分通情达理，她把阿迦西前妻所生的三个年幼的儿女通通接到美国，20多年中待他们视同己出，赋予了伟大的母爱。卡莉在阿迦西的写作、探索与阐释自然历史等方面都成为一个道地的贤内助。阿迦西以后也就献身于把自己的第二祖国变成世界科学中心这项宏伟的事业了。

他的祖国和欧洲没有停止对他的召唤。瑞士苏黎世大学的董事会向他呼吁，希望当一个"好的欧洲人"，回到故乡来。他们为阿迦西准备好了"特级教授"的桂冠和高薪。阿迦西婉言谢绝说，对于旧的祖国，固然恩情难忘，但对于新的祖国，却同样感到重任在肩，难以割舍。靠镇压工人起义而建立的法兰西第二帝国的皇帝拿破仑第三则"钦赐"他一个法国公民的国籍，要他回到欧洲，在法国巴黎的国家植物园任职。阿迦西对这个"钦命"就报之以严词回拒了。他表示，虽然他的祖先是法国人，但他自己却不是法国公民。他说："我的家庭很多世纪前就是瑞士人了，因此，我尽管多年飘流在外，但我还是一个瑞士人。"他生于瑞士，受教育于瑞士和德国，最后在感情上皈依了美国，美国将成为他梦里的天堂，也就是一个自然历史的博物馆——博物学家理想的家园。

回顾上面所述，阿迦西访美讲学是成功的，他希望研究北美大陆的博物学（古生物学、冰川学、地质学），使他从延长居留期限到决定无限期定居在那里。特别是 1848 年普鲁士发生的一次流产的革命，使他科学津贴来源断绝，这就更坚定了他一去不返的决心。他后半生的四分之一都在哈佛大学教书，他是一位出色的、深受学生爱戴的好教授，他培养了美国好几代博物学家。不过，他正式加入美国国籍是在 1861 年，也就是美国南北战争爆发那一年，他这样做正是为了表示对北方进步势力的同情与支持。

建立庞大的博物馆

阿迦西刚到哈佛大学所在地——麻萨诸塞茨州剑桥城（坎布里吉城）时，他携带的很多珍贵生物标本都存放在校园内一所老房子里。有一段时间，他曾去查尔斯顿医学院任兼职教授，他心中一直牵挂着那些无价之宝。回到哈佛大学后，他心中就萌生了一个宏伟的计划——为这些珍贵的收藏品建立一个永远可靠的贮存所，即博物馆。他心中的博物馆计划已远远超过他个人兴趣所要求的那种规模。这里不但收藏，而且要展览，要体现他一生的哲学，要成为他学生的研究室、实验室。凡来这里参观的人，将发现这里陈列的标本都井然有序。并能理解到，大自然的每个组成部分，都可以显示出它与全体的密切关系。用他的话来说，"就像造物主所创造的整个世界的一个缩影"。他把这个朝思暮想的博物馆计划拿出来和很多朋友讨论，大家看到他是那样执着地投入，他的眼睛里闪射着先知者的光芒，他铿锵有力的声调也洋溢着先知者的激情。

在他紧锣密鼓筹备博物馆建设的同时，一位朋友不幸逝世，临终捐赠给他 5 万美元，作为建设博物馆的费用。以后，由于他的声望，募捐和申请基金资助都很成功，他一共筹集了 60 万美元的资金，在当时足够基本建设之需了。他又向麻萨诸塞茨州当局申请拨给土地。在州议会讨论此方案时，一些议员对于建立一个"甲虫的宫殿"持保留态度，但方案终于为多数议员接受而得以通过。这所博物馆作为"通向科学世界的大门"，作为"这位瑞士教授学说的体现"于 1859 年正式建立起来，就是现在已有 100 多年历史的"哈佛大学比较动物学博物馆"。在那个博物馆里，阿迦西带领他的学生们，一步一步穿过灯火通明的走廊，审视着两侧所陈列的、多少亿万年以来生命在其征途上所留下的各种遗迹。阿迦西成了广阔无边的精神世界的主人，他既是思维严谨的科学家，又是热情洋溢的诗人，他坚定地传授着他科学理念的准则——"我相信"。

在美洲的考察和研究

阿迦西到美国以后，科研成果也不断产生。他于 1850 年在波士顿发表了"苏必利尔湖"。他研究美国的地质资料，发现了古代冰川作用的遗迹，他认为同欧洲一样，北美也经历了一个冰川时期，最近一次冰期发生在并延续于过去 50 万年前，其本身也由多次小冰期组成。冰川曾四次进退，而最后一次退却仅是距今一万多年前的事。他还成功地探查出一个古代湖泊，此湖曾经一度覆盖美国北达科他州、明尼苏达州和加拿大曼尼托巴州，这个当年的冰水湖泊虽已不复存在，科学上人们还是将它命名为"阿迦西湖"，以示对这位著名冰川学家的深切怀念。

阿迦西发表得更多的是动物学、古生物学上的巨著。1857～1862 年间，他在波士顿出版了 4 卷 4 开大本的《美国自然历史论文集》，其中最著名的部分是关于龟类胚胎学的论著。1859 年他的《分类学文集》在英国伦敦出版。这是一部杰出的著作。爱德华·卢理教授于 1962 年将此书重新编辑并作序，在麻萨诸塞茨州剑桥城出版。正如后面所述，他在书中未能把握住动物学正在摆脱特创论而转向进化论的重要事实。他于1866 年在波士顿出版了《地质学文集》一书。此外他还写了许多关于博物学，特别是关于美国鱼类的文章。

阿迦西在教学方法上是一个严格的、实践第一的实用主义者。有人问他，他最大的成就是什么，他回答说："观察。这也是我教导人们的东西。"他对于刚投到他门下的初出茅庐的新生，要求是很严的。他可能将一具鸟的骨骼，或一条臭鱼的尸体，放在他们面前，要他们记下观察所得。他让学生们独立操作，自行其是，他坐在旁边一言不发，也不留下什么建议、评论或问题。有什么事时，他起身扬长而去。回到实验室，他往往笑容可掬地问学生："怎么样？你看到了什么？"当学生侃侃而谈观察收获之后，他常常加一上句："这还不够，回到你的标本上，再多看看吧！"

阿迦西对学生的要求就是"看！看！看！"（观察！观察！再观察！）只有观察、实践，才能有所收益。他要求所有想要在他指导之下研究自然的人都必须付出极大的劳动，就像他自己一样。他过度的劳动的确影响了自己的健康。他以往体魄十分强健。他可以只垫一条毛毡，就夜复一夜地睡在冰川表面。他可以攀上高山顶峰，降人冰洞深处，去从事探险考察。而现在，年龄终于不饶人。他的老师居维叶刚说完"工作太紧张是会死人的"这句话，自己就首先应验了这个真理。而今，阿迦西脑中又常闪现出老师这句话，深知自己慢慢不行了。朋友们劝告他去休养一段时间，他接受劝告的方式是典型阿迦西式的。他离开哈佛大学的博物馆，放下教学工作，却到南美洲巴西的热带地区去考察，去作搜集河流里淡水鱼标本的探险旅行。正如一位哲人所说："工作的变化就是休息。"他们把休息理解为大脑不同区域的交替兴奋，以及躯体不同部位的轮换用力。他们的生活态度永远是积极的。

阿迦西于 1865 年，58 岁时赴巴西考察，爱妻卡莉随行。在这次"休假"中，他工作反而比平时辛苦得多。在赴巴西的轮船上，他还对乘客作过几次演讲。乘客们争相听讲，衷心感谢这位大科学家在艰苦枯燥的旅行生活里给他们以慰藉和鼓舞，给他们送来知识大餐。在巴西，他们从清晨忙到深夜，搜集和整理那形形色色的标本。回到美国以后，阿迦西在美国的库柏尔学会发表了一系列关于他南美旅行收获的演讲。他回到剑桥城哈佛大学后，把他新采的标本补充进他心爱的博物馆的藏品宝库中去。这些新标本填补了科学上的一些空白，把原有的证据链条上的每一个环节联系得更加紧密。这更加证明了，大自然的秩序不是机械的，而是带有目的性的，它不是盲目力量所产生的偶然事件，而是一个最高心智所创造的计划方案。阿迦西毕竟是出身宗教家庭，是有神论者，他把自己的科研职业看成了神坛的祭司，而把他的博物馆看成了他的教堂。正是在这个教堂里，这位现代科学家却在干着古代先知们所干的事。他认为，"先知和科学家一样，他们的任务都是表彰上帝的光荣。"

阿迦西的贤内助卡莉陪同去巴西，采写了很多资料，回到美国后，这两位大手笔整理了这次考察的收获，写成《巴西之旅》一书，联名发表于 1868 年。

阿迦西健康状况已江河日下了，在友人们再一次劝告休息的情况下，他于1871年又与夫人一起到美国西部加利福尼亚州考察，并再次去游历了南美洲西岸。他这次考察最重要的收获是研究了加利福尼亚州的胎生海鲫，这一研究成果产生了他关于美国鱼类动物的最重要的论文。

对抗进化论的悲剧

由于阿迦西出身于宗教世家，他始终抱着神创论的偏见，坚决地反对达尔文的进化论。他对达尔文进化论的挑战在哲学上和科学上都没有任何准备。达尔文确认，生物体的演化，完全是通过偶然的变异中的自然淘汰而产生的。阿迦西不同意达尔文得出的"从低级到高级，从简单到复杂"的发展仅仅是一个机械的、物质的过程这样一种结论。阿迦西相反却认为，这种发展是宇宙中永远起作用的最高伦理力量所造成的。他觉得，达尔文主义者完全废弃了生命个体的能动性，他们承认的唯一法则是物质力量的有机法则，而这种无神论世界观是没有前途的。阿迦西说："进化之所以发生，不是按照内在的有机力量，而是按照一个外在的心智的计划。"

阿迦西认为，如果上帝特创论被自然选择学说所取代，人类就会失去心灵，而被贬低到一个自动化的机器人的地位，机械的车轮就成了他的心灵。他预见到，把达尔文的学说往前推演，得出的结论会引起破坏性的后果，借此来否定达尔文进化论。他认为，过分从字面上去解释达尔文学说（事实上是一种误解），不可避免地会导致弗列德里希·尼采的超人学说，以至不可避免地抬高了物质力量，使其成为人类行为的惟一基础。很显然，为了反对达尔文进化论，他千方百计地为之罗织各种罪名。

阿迦西不但是自然科学家，也是伦理学家。他觉得，达尔文的物种变化学说并不正确，物种的产生和物种的创造并不是一回事，而是有着明显区别的。他认为，达尔文主义者从来没有从物种的产生的法则再往前走一步，去探究物种创造的原因。他说："动物能产生——即繁殖——它们的种类；但只有上帝才能创造新种类。"他又说："关于从先已存在的物种创造出新的物种的想法，是一个违反一切健全的生理学观念的毫无根据的假定。"这句话把反对生物进化的思想表现得淋漓尽致了。他还坚持不相信"曾经是而且仍然在我们地球表面发生的生命现象，是由于物质力量的简单作用产生的。"那么，他相信什么呢？他认为生命现象"无论就其全部或就其个别部分而言，都是由于某一种创造世界的力，自由地和自然而然地直接干预的结果"。他还确信"一切事物之间不但存在着物质上的关联，而且也存在着心智上的一致……我一直试着在动物王国的组织方面，把这种有意志的计划显示出来"。这些话把他的唯心主义神创论观点完全暴露无遗。他建立博物馆的指导思想、他教导学生的唯一目的，就是妄图将人们已丧失的对上帝的理解还给人们。

阿迦西这种顽固的神创论立场，使他和英国的理查德·欧文等一样成为世界上反进化论的主要干将。具有讽刺意味的是，达尔文发表划时代巨著《物种起源》的1859年，阿迦西也发表了他在生物学上最重要的论著——《分类学文集》。他虽然拼命反对达尔文的《物种起源》，但它的研究成果，包括《分类学文集》一书的具体内容，对进化论的确立却起到了促进的作用，不管他自己主观上是否意识到了这一点，也不管他内心深处是否愿意。

阿迦西画出了一幅幅阐述地球历史的惊人的图画，他却拒绝接受达尔文画得更为壮观的图景。他在拼命地维护着上帝特创论的神权统治，而他本身又正是神创论的掘墓人。作为一个成就卓著的古生物学家、地质学家，他自发地在揭示着地球远古时代历史的规律，却不能把根本立足点自觉地移到唯物主义方面来，这正是他的悲剧所在。他培育了好几代学者，他的学生们认为他的神创论缺少科学依据，不愿接受他的观点，

而倒向了进化论科学真理方面。但是，人们对阿迦西在地质学和生物科学上的伟大建树还是客观公正地予以肯定。

生命不息　奋斗不止

阿迦西在 60 岁以后，身体健康状况一直不好。他患过中风，医生们的治疗方案是要他到乡村去"长期休养"。他却闲不住，身体稍微恢复一点儿，他就又回到学校工作岗位上。他又和普通人一样，照常努力奋进。他接受了一项在太平洋上进行科学考察的任务。当他到达加利福尼亚州南部港口圣地亚哥时，得到消息，知道法国科学院推选他为外籍院士。他在给朋友们的信中说："这个荣誉使我特别感到荣幸，因为它完全是出乎意外的。"紧接着他又带点感叹的意味说道："可惜……这份聘书的对象，已是一支即将熄灭的残年风烛了。"

身体每况愈下的阿迦西虽然自己预感到来日不多了。但他心中还想大展宏图，他多年来一直想办一所暑期学校，学校的博物学教师可以在他指导下搞科学调查。然而，没有钱又是万万不能的。他曾说："我一生中，干什么事都有时间，就是没时间去赚钱。"幸好纽约有位富豪叫约翰·安德逊，对阿迦西十分景仰，他捐赠了一笔钱及位于麻萨诸塞茨州白札德海湾附近彭尼吉斯岛上的一片土地，暑期学校也就开工建设起来了。在他生命的最后一年（1873年），该校正式开学，命名为"安德逊自然历史学校"。7月4日，距学校放暑假还有大约1个星期，他特地乘船到白札德海湾外的彭尼吉斯岛上，见校舍的室内尚未装修完毕，特地把工人们找来，对大家说："办这所学校不是为了个人利益，没有什么钱好赚。办它的唯一目的，是促进教育。我们面临着紧急情况。过几天学生放暑假就要来这里。明天是星期天，跟大家商量一下，究竟是休息还是工作？"工人们异口同声回答道："我们加班。"这是阿迦西精神力量感人的结果。暑假一到，崭新的校舍迎来了一船男女青年学生，阿迦西走到码头最前面，与下船的学生一一热烈握手，大家进入花团锦簇的欢迎会场，围着这位白发苍苍的老教授——辛勤的创业者，一致为他默默地祈祷。

暑期过后，阿迦西又回到哈佛大学。他还应《大西洋月刊》之约，写讨论进化论的文章，其中有一篇叫《型的演化和恒久性》，在他去世后的第二年（1874年）才发表。冬天到来时，他应约去南美洲东海岸大西洋西部短期考察，穿过了麦哲伦海峡。回来以后，他患了严重的脑血管病。他仍蹒跚地往来于私寓和博物馆之间，有时感到奇怪的晕眩，不得不坐在路旁靠背椅上小憩，到一个他不再认识的世界中梦游。但是，他一清醒过来，睁眼再度看到周围一切依旧那样生意盎然时，他心里又默默唱出了一首他所熟悉和虔敬的造物主的颂歌。

12月初的一天晚上，他最后一次将他新近获得的许多珍贵标本进行整理、入藏。12月14日，这位科学大师终因脑溢血不治而逝世。人们为阿迦西抛下的家属、友人、学生感到悲痛，但没人为他本人悲伤，"因为他几乎所有的一切都是不死的"。

人们永远怀念阿迦西，1876年，他的《地质学文集》第2卷在波士顿出版。1915年，他被选入美国伟人纪念馆。

八、"地槽学说"的奠基人——丹纳

1813 年，地质科学史上发生了两件大事。一是美国地质学家托马斯·库柏尔（Thomas Cooper，1759～1839 年）提出地球可能有个金属核，由铁镍物质组成。在今天已被证实。一是英国地质学家罗伯特·贝克威尔（Robert Bakewell，1768～1843 年）出版了高级科普读物——《地质学入门》，批判了魏尔纳的"水成论"，赞誉了哈屯的"火成论"，这本畅销书在广大读者中确立了"火成论"的主导地位。

就在这一年，在库柏尔的祖国——美国，又降生了一位地质科学大师，他在地质学、矿物学、火山学、海洋生物学等方面都有光辉成就。他就是詹姆士·德怀特·丹纳。

对大自然的热爱和向往

1813 年 2 月 12 日，詹姆士·德怀特·丹纳出生在美国纽约州中部的尤蒂卡城。该城濒临摩霍克河，是摩霍克河谷地中的最大工商业城市。他父亲老詹姆士·丹纳是一位经营马具和金属器具的商人。他母亲哈里特·德怀特是一位贤淑的家庭妇女。小詹姆士从小在一个具有谦虚朴素意识的、有教养的、虔诚皈依宗教的家庭里成长。在小学、中学时期，他除了功课学得好而外，也喜欢去摩霍克河沿岸短途旅行，观察山川形胜，采集矿物岩石标本，逐渐热衷于探索大自然的奥秘，为日后献身地质科学事业打下了初步的基础。

小詹姆士·德怀特·丹纳早年在查尔斯·巴特勒斯学校读书。1830年，他17岁时，去到滨大西洋的康涅狄克州文化名城——纽黑文。他以二年级插班生而进入那里的耶鲁学院。在那里，他遇上了一位杰出的化学和矿物学教授——本杰明·西里曼。西里曼精心指导他，发展了他对于自然历史、地质学、矿物学的浓厚兴趣，并且有了很深的学习功底。临近毕业时，他和所有美国理科大学生一样，也面对着生活道路的选择。在那时的美国社会，没有一点实践经验而要青云直上地投身科学事业，成为一个纯粹的科学家，是完全不可想像的。因此他于1833年毕业于耶鲁学院之后，就选择了去海军军官学校为后补生教数学课这一职业。

丹纳乘坐"德拉华号"军舰，为学生们授课，并在此舰上度过了一年的海上漫游生活。他随舰巡航至地中海时，第一次观察到了火山。回国以后，他撰写成了第一篇科学论文——《关于1834年7月维苏威火山

的状态》，发表在《美国科学杂志》27 卷（1835 年出版）上。他从此更兢兢业业于地质学、矿物学的教学与研究，进步很快。两年以后，他的老恩师西里曼教授任命他为耶鲁学院化学实验室的助教。他的整个科学生涯从此正式开始。由于他功底深厚，他利用一年的功夫，写出了宏篇巨制的教科书——《矿物学系统》（也译为《矿物系统学》）。此书长达580 页，内容丰富，总结了当时矿物学的研究成果，代表了当时矿物学的世界研究水平，特别是他创立了矿物的晶面符号，对矿物的系统分类做出了重大贡献。此书的出版，表明丹纳初出茅庐，崭露头角。

奠定一生事业基础的太平洋考察

1838 年，25 岁的丹纳，经他同龄好友、植物学家阿萨·格雷的介绍，参加了美国著名探险家查尔斯·威尔克斯领导的太平洋考察队，前后一共 4 年，他乘船遍历了太平洋的大片水域和很多岛屿。他记下了大量书面资料，采集了大量生物标本和地质标本，对他一生的科学事业无疑打下了坚实的基础，正如大家熟知的伟大的生物学家查尔斯·罗伯特·达尔文 5 年的"贝格尔号"航行为他的生物进化论创造了最必要的前提一样。

精心策划的威尔克斯考察是美国科学史上的一件大事，它被称做"文化爱国主义"的探险活动。在美国，一般情况下，科学家们从事科研工作都是自筹资金。在这一活动中，科学家们不但能得到政府的资助，而且人身安全也得到政府军队的保护，实在是千载难逢的大好机会。丹纳不仅以一名地质学家、矿物学家的身份上船考察，而且也肩负起海洋生物学家的职能。他们最先是在太平洋中东部的玻里尼西亚测绘海域和岛屿地图，并进行自然历史调查。当时南极大陆刚发现不太久，他们的考察队也沿着旧有航路去南极探险，确证南极大陆的存在。丹纳因为孩童时期一直受到虔诚的宗教狂热的影响，所以他在同船海员中是最谨小慎微的。他在这个考察船队里 4 年的时间内，完全把大自然当成了他的实验室，大大锻炼了他研究自然历史的能力。

丹纳出海的第二年——1839 年，他看见了第一个珊瑚岛——克勒蒙特·童内勒岛，以后又连续观察了珊瑚礁的很多形态，特别是岸礁、堤礁、环礁这三大类型。这年，他到达澳大利亚的悉尼不久，偶然在报上读到达尔文关于海岛下沉理论的陈述，这理论科学地解释了环礁和堤礁的起源，也就是上述三大类型珊瑚礁的关系。达尔文的主要论点是，火山喷发首先形成火山岛，岛屿周围浅海处由珊瑚虫形成了滨岸不远处的岸礁，岸礁围着整个岛屿，像裙子一样，又称为裙礁，它连续向上生长，逐渐接近水面，由于更适合珊瑚生长的条件在礁体外缘（也就是向着外海的方向）更易达到，所以珊瑚礁更多地向外生长。如果地壳不下降，海平面也不升高，裙礁生长到水面就停止生长了。正由于地壳不断下沉，珊瑚礁就一直向上生长，海岸与礁体之间被潟湖隔开，它就成了堤礁。如果沉降作用继续进行，岛屿完全沉到水面以下，堤礁也就变成了环礁。这个沉降理论也能解释珊瑚礁处于很深地方（例如五六十米以下深度）的情况。造礁珊瑚虫要求的生存条件是很苛刻的，深度不能超过 20 米，年平均水温不能低于 20℃，而且要清洁通畅的海水。只要礁的上部处在临界深度（20 米）以上，珊瑚虫就能生活，就能继续造礁，至于以前形成的礁体可以因沉降作用而沉到任何深度以下。丹纳随考察队以后去过的土阿莫土斯群岛西南边缘的甘比尔群岛，以及停留了三个月之久的斐济群岛，为他们展示了更丰富多彩的珊瑚礁现象，更能检验达尔文的这一理论。

1839 年丹纳还登上了塔希提岛上的第二高峰——奥莱峰。他企图穿过这个岛屿，去证实那很难攀登的深峡谷是流水侵蚀的结果。他也带着达尔文的沉降理论在这里思考着一切问题。他发现，堤礁到达海平面之后，如果海平面下降，就会形成深深的港湾，乃至峡湾。

丹纳在这次考察中第二大收获是对火山的研究，特别是对于夏威夷群岛的火山群，他是近代地质学家中第一个登上毛纳罗亚火山、奇劳维亚火山的探险者,他不仅仔细观察他们的现状,而且很注意搜集有关这些火山喷发历史的各种资料和数据,包括了自 1789 年第一次记载这些火山爆发以来所有有价值的信息。他对比一下奥莱峰地区粗糙起伏的地面,他推想那里曾经也如毛纳罗亚火山一样光滑,仅仅由于流水侵蚀作用,才变得像今天这种样子。

丹纳更重大的收获是通过对珊瑚礁、火山活动等研究,引伸到把整个地球作为一个单位来考虑,关于地壳运动、大洋盆地、大陆等形成的机制,在他头脑里慢慢地酝酿开来。

对海洋动物、珊瑚礁的开创性研究

1842 年,丹纳满载航行考察的硕果归来。他当时 29 岁,一面在耶鲁学院任教,一面整理他在 4 年考察中获得的丰富资料,开始著书立说。1844 年,他与老恩师本杰明·西里曼的女儿 H. 西里曼结为终身伴侣,并且定居在纽黑文。就在这一年,他参加了著名的《美国科学杂志》的编辑工作,该刊是他老岳父建立的科学研究机构的主要机关刊物。他不仅参加编辑，还在该刊上发表很多批评文章、创新性强的文章以及有洞察力的综合性文章，对美国地质科学产生了深远的影响。到了19世纪50年代初，丹纳已是很有国际影响的大地质学家了，他消息极灵通，与他同时代的其他杰出科学家常有书信往来，包括美国植物学家阿萨•格雷，瑞士地质学家、哈佛大学教授让•路易•鲁多尔夫•阿迦西，英国生物学家查尔斯•罗伯特•达尔文等。他们切磋学问，彼此帮助，互相影响，共同推动科学的发展。著名的哈佛大学表示了延聘丹纳去担任教授的意向，刺激了耶鲁学院当局，于1856年将"西里曼自然历史教授讲席"授予他，他也就成为后来耶鲁大学地质系的终身教授。

从他考察归来到升任教授这14年间，他虽然忙于教学、编学术刊物等日常工作，但是，他主要精力更是用在整理考察成果、编撰长篇报告书上，这是他学术上最多产的年代，他总共发表的著作有7000多印刷页，并附有几百个图版，这些图版大部分是自己亲手绘制的，此外也发表了不少短篇文章。

他撰写的专著主要有3大部：《植形动物》（1846年，费拉德尔菲亚出版），《地质学》（1849年，费拉德尔菲亚出版），《甲壳动物》（2卷集，1852年，费拉德尔菲亚出版）。

《植形动物》一书主要写的是珊瑚和珊瑚礁。他这方面的研究成果很丰富。后来，他又写了另一本专著——《珊瑚和珊瑚岛》（1872年，纽约出版），这方面的问题就谈得更加深入细致了。所谓"植形动物"就是植物状的动物，当时所指的是腔肠动物，这些动物都营固着生长方式，貌似不动的植物，像树干，像花瓣等等，其实，它们营异养性生活方式，是地地道道的动物。这当中特别是珊瑚，有着美丽的外观。在当时的科学上还是很新鲜的东西，科学家们对它的实质知之甚少。由于它的美丽，诗人、艺术家、神职人员等常常歌颂它，赞美它，甚至给它蒙上一层神秘的色彩。千千万万微小的珊瑚虫，日复一日，年复一年地分泌钙质外骨骼，连成一大片厚厚的礁体，对地壳起着建设和改造的作用。正是这些不起眼的"小不点儿"，其作用往往不亚于热带的闪电，不亚于海底火山或其他火山的喷发，也不亚于比它们形体大得多、且用强有力的牙齿勤奋劳作的鱼类。很多乐于赞誉珊瑚虫的人，都把它视作"地球深处忙忙碌碌的小建设者"，并把它们作为无私无畏的、耐心细致的勤奋劳动者的范例。一些神职人员甚至认为美丽的珊瑚石花是上帝为了人类的欢心而特意创造的。

珊瑚动物在以往人们心目中，一直是被放在界于动物与植物之间的边缘位置上，到了19世纪才普遍赞同将它们移入动物界里。丹纳在着手这项研究之时，非常明确他自己面临的任务：要为诗人、艺术家们解惑；要为宣传鼓励者鸣锣开道；最后，是要把这一研究对象完全放到科学的基础之上来。他所写的《植形动物》一书是里程碑性的巨著，他为此耗费了大量劳动。他采获的很多标本以往鲜为人知。他采集描述的海葵类植形动物共有261种，其中203种是科学上未知的，占了77％。他所采集描述的珊瑚类植形动物共483种，其中229种是科学上未知的，占了47％。珊瑚动物和海葵动物又是动物界中最难分类的。丹纳的工作就显得尤其可贵。例如有一种植形动物叫"海银莲"，它貌似珊瑚，与珊瑚关系也很密切，然而又偏偏不是珊瑚，给它摆个正确的分类位置也确实不易。丹纳不仅做了繁难的分类工作，而且研究了这些动物个体的和群体的生理学，以及它们的生态学。

阿萨·格雷评论《植形动物》一书时，预言它将在今后很长时期内仍保有在这一研究领域的权威地位。事实上，随着该书的出版，世界上研究珊瑚动物和海葵动物的科学家们已经惟丹纳的马首是瞻。而且，那部巨著发表至今已一个半世纪有余，它仍然保有其珍贵的价值，当时丹纳所定的大类、甚至他所定的大多数属种至今仍得到承认与沿用。

丹纳所写的《珊瑚和珊瑚岛》一书是专门论述珊瑚现象，特别是珊瑚礁的，它是杰出的学术专著，然而又是一部高级科普读物，它在丹纳生前共印行了3版。这主要是由于丹纳像诗人、艺术家、传教士等一样，对珊瑚礁这种令人赏心悦目的自然现象兴趣盎然，因而焕发出强烈的研究与写作的激情，这使他的笔触极其生动、细腻，具有很强的可读性。它的读者面就不仅限于从事科学研究的专业人员，在人民大众中，有关珊瑚、珊瑚礁、珊瑚岛的知识很快就家喻户晓了。

千千万万微小的珊瑚虫分泌出碳酸钙质的外骨骼，彼此相连成大块的礁体，有的向上生长，成为灌木或较高大的树木，它们以白色为主，有时也夹杂着其他色调，在温暖的阳光下、宁静的海水里，可见到千姿百态的灌木林乃至小树林，还点缀着五彩斑斓的花瓣。在波浪起伏的水中，它们往往还屹立不动，且未受损伤。但是，当乌云密布，预示着一场风暴将要来临之时，珊瑚虫又会适当地隐蔽。当珊瑚虫死了以后，那结壳状的珊瑚分泌物往往覆盖着珊瑚树的表面，以保护其内部构造免遭海水侵蚀。珊瑚礁到达海水平面时停止生长。波浪拍打珊瑚礁顶部产生的碎屑沉积在礁前，形成"礁前岩"，当海水不再侵漫该礁岛时，就有陆地植物的花丛和树丛来代替珊瑚虫的作用了。它们为人类创造出更加美丽、舒适的环境。

丹纳在太平洋考察中观察到各种类型的珊瑚礁时，他回忆起曾经读到查尔斯·莱伊尔的《地质学原理》，莱伊尔曾把环礁单纯地看作是珊瑚在水下火山上结壳生长而给火山岛戴上的一顶桂冠。他当时就很好地思考着，准备回答"为什么会有那么多不同的、并且能清楚地辨认出的建造物"这样一个问题。如上所述，他从达尔文的沉降理论得到了满意的答案。而他自己的观察和研究也完全证实了达尔文的理论。后来达尔文读到丹纳所发表的珊瑚礁构造的剖面图时，不禁说出："为丹纳的准确性而惊讶！"并且说，丹纳对他自己理论的支持是"惊人地满意"的。

然而，丹纳对达尔文的沉降理论也不是简单的一味盲从，他在很多问题上仍实事求是地按发现的材料来独立进行研究。例如，达尔文总是一味强调沉降，好像广大珊瑚礁岛的地区都是一直在沉降。在丹纳自己考察的地区，他就发现了上升的证据，譬如在一些岛屿上发现有珊瑚礁沉积物，这显然是以往此岛屿在海平面以下时珊瑚虫分泌形成的礁，而今已高出海面若干米了。他在塔希提岛上发现上升不过 1 英尺，而在古阿姆岛上则上升就达 600 英尺，说明变化幅度是很大的。当然，达尔文也并非完全否认有上升，他认为活火山地区就是上升的，而那里也找不到珊瑚礁。丹纳又指出，珊瑚礁缺失的因素很多，不一定都与地壳上升或下降相联系，例如，火山活动把海水加热得滚烫，或者大陆淡水大量注入，都会阻碍珊瑚礁的生长。丹纳举了一个实例，夏威夷群岛的毛伊岛大部分地区现代火山活动剧烈，海边没有珊瑚礁；而在另一端，则若干年前活动过的火山已经熄灭，且海边有珊瑚礁，因而丹纳推测该岛一端在上升，并有强烈火山活动，另一端没有火山活动，并且在沉降。

其实，丹纳与达尔文并没有太大的原则分歧，他们在一些局部的细节问题上的争论更多地使达尔文的沉降理论得到了完善和修正。丹纳客观地论述了珊瑚礁的分布情况。他认为"太平洋里有 200 个岛屿一直在下沉，它们并不是珊瑚礁岛，如果不加以记录，它们将会消失"。他指出，珊瑚地区局限在较确切严格的界线之内，是在环绕地球的一个等温线带，这个带是由洋流决定的。因为珊瑚虫这种动物在水温低于 66°F（相当于 18.9℃）的区域就不能生存。因为每一个堤礁和环礁都是沉降的确切信号，那末，很明显，太平洋里从土阿莫土斯群岛到加罗林群岛西部广大地区都有大量堤礁、环礁存在，因此，这片地区一直都在沉降，但沉降并不均匀，沉降幅度在南边较小，向北方及东北方向沉降幅度加大，具体说，在纳维加托尔群岛与夏威夷群岛之间沉降最大。这整个大片地区的长度约为地球周长的四分之一，它的宽度约等于北美大陆的宽度。

丹纳由上述情况推想到，这个地壳沉降运动肯定构成"地球很大的长期运动之一"，它应当影响到整个星球，"对各部分来说，不管是否参与这一运动，在一定方式上应当与它保持一致"。可能，太平洋热带地区向下运动也牵涉到所有大洋区域的较温暖纬度地带。并且，这下沉运动也许与北美大陆在第四纪冰川时期的上升运动互为补偿。丹纳用生物学家和地质学家二者的眼光来观察这一问题，他就把极微小的珊瑚虫动物与庞大的地壳运动联系起来了。

应当附带说明，丹纳虽然对海洋动物研究的主要成就在珊瑚动物方面，但他研究的面是很广的。他与同在一起参加太平洋考察的贝类动物学家约瑟夫·P.库索伊原本很好地合作过，以后由于库索伊有剽窃行为而与之决裂。丹纳对甲壳动物也有很深的研究，他出版的《甲壳动物》（2卷本）也是这一学科领域内早期的经典著作。

从"神创论"到"进化论"

丹纳由于从小笃信宗教，所以，在研究生物之始，他是一个"神创论"和"灾变论"的拥护者。他赞成这样一种概念：全部生物的属和种都被周期性地毁灭，新的属种又被创造出来，只有人是显著的例外。他把考察中采获的生物标本进行了分类，在关于生物分类的著作里，他提出了对物种叙述与描绘的问题。在他那本1600页的《甲壳动物》2卷本中，他又一而再、再而三地说过，他说起"达到自然分类方式的困难，……自然界的原野没有篱笆，"而只有"山脉和缓坡"。意思是说物种自然界限往往不太明显，不易截然分开。他考察过物种的地理分布，由于迁徙、局部区域隔离而产生差异。他曾这样写道："这些特征不是气候原因造成的。它们是造物者的手留下的印记……"他和大多数同时代人相似，他简直不能摆脱大自然目的论的传统观点。

丹纳在生物系统分类上也像达尔文一样做到准确无误，他也不愧是一位能干的生物系统分类学家。但是他不能帮助认识生物的变化（按他的解释就是"进步"）。他仔细地研究考察中采获的甲壳动物标本，驱使他提出了能描述观察到的"进步"，但他这理论不可能不求助于超自然的干预就去解释这些问题。他还提出所谓"头脑化"的概念，就是从低等种到高等种的进步当中，运动器官得到解放以服务于脑子，这个概念也提供了物种智能的测定。他指出精神对于肉体越来越占主导，反射本能和精神本能出现了。丹纳的企图是在于反映灾变以及新物种创造的目的性和顺序性，这实际是愚蠢的。

丹纳在他最大限度地用超科学的思考来确定问题界线范围内，显得极度的谦虚。1856年，他发表了《科学与圣经》一文，在该文的"圣经书目"部分里，公开表示强烈反对圣经崇拜者，英勇地捍卫科学。在这一年，达尔文写信给他说："我正在成为，实际上我应该说已经成为对物种永久不变性的怀疑者。"达尔文并且表示希望丹纳给他以信誉，相信丹纳不至于在没有较多考虑就走向异端的结论。丹纳在自己的一篇长文——《关于物种的思想》中，附上了一句告诫的话语："我们将在我们对所有研究趋向作估计当中，给阐明物种永恒性之变化，即它们的可变异性或不可变异性以很高的地位。"

1859年，达尔文的《物种起源》一书问世时，丹纳并没有给以应有的反响，因为那几年他的健康简直是每况愈下。丹纳从1846年起担任《美国科学杂志》编辑。他把该刊的很多内容提供给他的好友阿萨·格雷。美籍瑞士地质古生物学家、哈佛大学教授阿迦西在该刊上发表了对《物种起源》一书尖刻的批评文章。格雷奋起迎击，他严谨地捍卫达尔文的学说，当然也不是一概的赞许，他也带着批判的眼光。然而，丹纳本人一开始并不能做任何事。

丹纳早年深深地笃信宗教，他相信物种特创。然而长期的研究工作中，他也敏锐地意识到物种与它们的环境之间存在着错综复杂的关系。这种矛盾的心态伴随了他很多年。毕竟由于达尔文感人的论点和丹纳丰富的动物学知识的很好结合而具有很大说服力，所以，丹纳在他的经典巨著《地质学手册》（是一部教科书）的最后一版（1874年版）里，终于采纳了进化论。他在该书中认为物种起源和演化的概念是最有希望被未来的研究所证实的。他并且把第一位的重视给予了下述命题："生命系统的演化是通过一个物种由另一个物种衍生出来而进行的，根据自然的方法还不能清楚地理解，还有少数超自然力干预的情况。"对丹纳来说，自然的与天赐的应该是不可分割的，大自然的以及他所理解的生物的不断改善的模式，就是神灵的具体表现。由上述可见，丹纳接受生物进化论是有些勉强，有些拖泥带水和羞羞答答，有点"二元论"的色彩。不过，他主要的立足点总算移到进化论一边来了，对他还存在的缺欠，应当认清其家庭、社会环境各方面的局限性，而不能要求过高。对于他已有的进步，则应当充分肯定。

对火山活动的精湛研究

因为达尔文曾经指出火山活动的地区与正在上升的地区是一致的，并且在珊瑚礁之上有火山活动产物的地区对其二者界线作了独立的观察，所以，丹纳对火山作用的研究兴趣一下子就被激发起来了。在太平洋考察期间，他主要在夏威夷火山群地区下了大功夫。回到美国之后，他几十年间仍不停地关注着那里，并且与那些火山的观测站长期保持通信联系，把定期观测的数据收集得尽可能地完整。1887年，当他74岁高龄时，他又集中研究了搜集到的资料和数据。3 年的精湛研究的结果，他出版了《火山的特征》（纽约，1890 年）巨著。虽然，他试图确定火山作用周期性这方面并不是特别成功，但总能建立起火山活动过程的清楚的各个阶段。

丹纳通过对大自然的探险以及在实地考察中所获得的大好研究机会，很好地给自己壮了胆。他在专著中对早年的火山学权威克里斯蒂安·利奥波德·冯·布赫的"隆起火山口理论"进行了果断的抨击。冯·布赫是德国人，早年就读于富来堡矿业学院，师从"水成论"鼻祖亚伯拉罕·戈特罗勃·魏尔纳。可是，当他考察了很多火山地区以后，却站到了"火成论"一边，并为"火成论"最终战胜"水成论"做出了重大贡献。尽管冯·布赫对"火成论"贡献很大，但他的"隆起火山口说"却令丹纳不能接受。该理论认为，火山锥是被热流向上推的穹丘形成过程中由下往上推挤而产生的。如果穹丘冷凝并固结了，它就不会留下火山口，如果熔岩流向外喷溢，而穹丘物质往里掉落，就形成典型的火山口。丹纳与英国地质学家莱伊尔和乔治·斯克罗普站在一起，反对火山口如此形成的说法。他们坚持认为，火山锥是相继喷发活动中喷出物堆积而产生的。丹纳尤其认识到，夏威夷火山坡度较缓，而维苏威火山坡度较陡。究其原因，前者是属于熔岩流宁静式外溢的类型，而后者则属于粘稠熔岩强烈喷发类型。

当丹纳进行其珊瑚之研究时，他登上奥莱峰对火山学之研究亦有很大收获。他阐明塔希提山脉原来也是像毛纳罗亚火山一样是光滑的穹丘，仅仅由于流水侵蚀才变得像今天这样粗糙，这样起伏不平。他这方面的研究报告，把火山锥的侵蚀作用过程阐述得很充分，并提醒人们注意它在陆地地貌造型上的重要意义。他这的确不失为火山锥侵蚀作用之最早研究报告。

丹纳所写的关于夏威夷群岛的篇章，阐明了火山学的很多论点，但在涉及他本身思考问题的方式时，他仅仅谈清楚了地球上火山建造这一伟大的连续过程中很少几个序列。研究到火山的地理分布时，自然地会导致地球宏观研究方面的成果。丹纳把他对珊瑚的研究及对火山研究的地质意义很好地有机联系起来。他发觉最大的沉降在洋底，据他推测，某一时间洋底曾是最强烈受热部分，以后冷凝而固结起来，因而洋底就遭

到最大的收缩。这一作用使大洋盆地愈来愈深，产生的侧压力推挤大陆，并在洋陆边界形成巨大的山链。这些研究为他一生最伟大的成就——地槽学说的完善化，奠下了深厚的基础。

　　丹纳在他考察归来写出的《地质学》一书中，就体现了对大陆和大洋盆地恒久性的"固定论"观点，对当时地质学思想产生了深远影响。在"固定论地质学"概念里他所强调的东西，以及他指出流水侵蚀作用的重要性上，他都超过了当时英国地质学大师莱伊尔《地质学原理》一书中的均变论观点。虽然均变论这一伟大原理曾经把地质学家从超自然力干预、"不可知论"的桎梏下解放出来，丹纳也敢于摆出和它的分歧。例如，丹纳公开声明，他在使洋底沉积物变质的热力来源上，就与莱伊尔看法不一致。

"地槽学说"的确立者

　　"地槽学说"产生于美洲，在欧洲有了巨大发展，在亚洲又有重要修正。它与后来出现的"地台学说"配合而成"地槽—地台学说"（或简称"槽—台学说"）是经典地质学、传统地质学的核心，在一个多世纪里成

为区域地质学、地球动力学的指导性理论框架。

谈起"地槽学说"在美洲的产生，它最早的开拓者要算美国著名地质学家威廉·巴尔顿·罗杰斯（曾任美国地质学会会长、美国科学促进会会长、麻省理工学院院长、美国国家科学院院士、院长）和他的弟弟亨利·达尔温·罗杰斯。他们在美洲地质学的摇篮——阿帕拉契亚山脉做了详尽的调查研究工作，并于 1842 年、1856 年先后发表了两篇论文：《论阿帕拉契亚山脉的物理构造》和《论地壳扰动带的构造规律》，着重探讨了山脉之成因。他们说道："假设弯曲地壳的实际波动是沿平行线进行的，而且地球内部液态物质以水平脉动方式流动，我们就推测，区域地层将被普遍引张，熔融物质和蒸汽因此而上升。引张作用将因地壳破裂而解除，弹性的蒸汽则趁虚外逸，由于它临近裂隙时压力突然降低，而引起壳下液面猛烈震荡。这种震荡导致地壳暂时弯曲，熔融物质的侵入和凝结使之成为永久性弯曲，一如现在的形状"。

美国著名古生物地史学家詹姆士·霍尔（曾任纽约州奥尔巴尼自然历史博物馆馆长）在罗杰斯兄弟工作的基础上，更深入研究了阿帕拉契亚山脉地质，发现该山脉在宾夕法尼亚州有总厚 1 万多米的浅海沉积岩层，他正确地推断曾有一个边沉积边下陷的长槽形浅海盆地存在，邻近的陆地边抬升，边剥蚀，边把碎屑物输入盆地中沉积。他认为，沉积层下弯作用引起下层引张和岩浆充填，上层则因挤压而褶皱。然而他又推测山脉的形成与沉积层褶皱无关，山脉仅仅是大陆整体抬升和流水侵蚀的结果。霍尔对山脉形成的笨拙解释掩盖了他对地槽的聪明的发现。因此，"地槽学说"的完善就期待着更新的高手了，这个高手不是别人，正是丹纳。

丹纳早在 1847 年发表的《地球由火成熔融状态冷却的地质效果的一般评论》和《地球冷缩的地质效果》两篇论文中，就较完整地表述了他的冷缩论和固定论观点。他认为，地球最初处于熔融状态，其表面有许多像夏威夷群岛奇劳维亚岩浆湖那样的岩浆上涌中心，由于其四周的岩浆下流，形成环流而加速冷凝过程。这一过程使这圆形或椭圆形地区发生结晶作用，产生了"长石质中心"和"玄武质边缘"。继续冷却就使固结作用由中心向外扩展，并逐渐抬升而成为微大陆，或称为"陆核"。他认为，在地壳形成之前，地球体的粘度就使任何潮汐作用不可能发生，在继续冷却中，就形成一个"永驻的地壳'。他写道："所以，根据这个观点，大陆和海洋的一般形状后来虽有所改变，但由于地壳的条件和性质，在最早时期它就在很大程度上被固定下来。它们很像有机结构，具有本身面貌渐次演化的生长法则。"

后来，在丹纳的《地质学手册》再版本中，他提出，产生山的力从两个相反的方向向侧方并不均匀地作用，相对较薄的刚硬地块，超覆在厚度巨大的、黏稠的或呈浆糊状的地区之上，地球遭受到连续的冷却作用。地壳下面的收缩被认为比地壳内部的收缩更强烈些。其结果就形成了巨大的线形、长条形的凹陷（即霍尔所称的"地槽"），在"地槽"中就有着连续的沉积。他还认为，重力与由于壳下物质不均匀收缩所产生的地壳侧压力与推挤力就产生了褶皱山脉。罗杰斯兄弟所描述的阿帕拉契亚山脉构造就是一个典型实例。这说明丹纳从自己早年的观点出发，在罗杰斯兄弟和霍尔的基础上把研究更推向深入。

1873 年，丹纳发表了著名论文《论地球冷缩的某些结果，兼论山脉起源及地球内部的性质》，它标志着"地槽学说"的正式确立，因而具有里程碑意义。文中肯定了霍尔的发现，以及将阿帕拉契亚长条状堆积盆地命名为"地槽"的功绩，但也指出霍尔关于山脉形成的解释极不合理。丹纳视域广阔，富于批判精神，在考虑造山作用时，他同时注意到三个基本事实：首先，太平洋考察中得到的最深刻印象是大洋中火山岛很多，这说明大洋地壳是相当活跃的；其次，在北美洲腹地古老地层分布地区，既无现代火山，又很少发生地震，说明大陆内部地壳是稳定的单位；第三，在洋陆边界，则有山脉带与褶皱岩带、火成岩带与变质岩带，说明洋陆边界是过去或现在的强烈扰动地带。他从这些事实出发推想到，地球冷却而形成地壳的过程最初从大陆腹地开始，北美大陆的胚胎（即上述的"陆核"、"微大陆")在先志留纪或隐生宙已出现，地球的冷却使洋壳收缩而塌陷，衍生的侧压力集中于洋陆边界，使那里的地壳弯曲。下凹处是大规模的向斜，故称之为"地向斜"或"地槽"，是沉积区"。上拱处是大规模的背斜，故称之为"地背斜"，是剥蚀区和沉积物源区。它们并非瞬间形成，是经历了长过程的，巨厚的堆积层是要时间的。冷却继续到一定阶段，沉积层本身也因侧压力而发生褶皱与断裂，沉积厚度越大，褶断越强烈。同时，深部岩浆乘虚而入，并引起变质作用，火成岩带、变质岩带由此形成。他还特别指出，从横断面上看，地槽和山脉都不对称，因为侧压力是来自大洋，而大陆是固定的、被动的。不对称的力必然造成不对称的岩层产状。他也指出霍尔关于沉积物重力引起地壳下弯的论点是站不住脚的，因为沉积物的重力实在太微不足道，难以让地壳下弯。他实际上把地槽的概念与自己的冷缩说造山论结合起来，使"地槽学说"最终得到确立，一个多世纪里它成了传统地质学、大地构造学、地球动力学的主流。

由于"地槽"概念由霍尔最先提出，"地槽学说"为丹纳所最终完善，所以人们一般把"地槽学说"的提出者认为是霍尔和丹纳。

丹纳进一步阐发他的学说。他又提出若干新概念。"复向斜"是指地

槽（地向斜）褶皱而成的构造单元，它由很多次一级的小向斜组成，总的来看是两边高，中间低。同理，"复背斜"则指地背斜褶皱而成的构造单元。他指出，一次造山运动形成的"单成山脉"极少，北美两侧巨大山系都不是一次造山运动形成的，所以是由若干个单成山脉组合而成的"复成山脉"。以阿帕拉契亚山脉为例，它至少包括三大部分：先志留纪的高地山脉、志留纪早期的绿山山脉和早二叠世的阿利根尼山脉。他还认为，如果说地向斜和地背斜的发育是一个长期渐进过程的话，那么复向斜和复背斜的形成则是一个迅速的激变过程。激变之后，地壳趋于稳定，大陆面积就增生、扩大。刚硬的地块能抵抗住来自地球内部的扰动，海面震荡和陆上流水侵蚀则使山脉被逐渐削平。剥蚀下来的碎屑再被送到"大洋坡"的新地槽中去，长期的渐变又酝酿着下次激变的到来，这就是他由"地槽说"引伸出来的"大陆扩张说"。

"地槽学说"在美国本土的重要继承人有查尔斯·舒克特、乔治·马歇尔·凯伊等人。它首先传播到大西洋彼岸的欧洲，发展这一学说的重要代表人物是法国的埃米尔·奥格、德国的威廉·汉斯·施蒂勒等。以后运用"地槽学说"研究亚洲地质取得重大成就的学者有美国的阿马丢斯·威廉·葛利普、中国的黄汲清、前苏联的尼古拉·谢尔盖耶维奇·沙茨基和瓦西里·瓦西里耶维奇·别洛乌索夫等。

20世纪后半期，以"大陆漂移—海底扩张—板块构造学说"为核心的"活动论地质学"异军突起，并取得全球一致的公认，取代了"固定论地质学"的"槽—台学说"的统治地位。然而板块构造学说也赋予了"地槽学说"新的含义，对其若干内容作出新的解释，例如关于地槽转化为山脉就被认为是相邻板块的碰撞而使地层挤压褶皱，并隆起而形成山脉。所以，丹纳当年确立和完善"地槽学说"仍是功不可没的。

地质科学界的卓越领袖

丹纳是对形成科学家这一行业有重大贡献的美国第一代科学专家群体之一员。他也属于正赶上参加科学和隐蔽宗教之间斗争的第一代人。他把自己交付给了斗争的双方，他力图在科学界和宗教界都不屈不挠地保有其立足点，不肯轻易移动一下。但是，他在有生之年的实践活动中，毕竟逐渐把重心移向了科学界。最典型的事例是他对达尔文进化论由反对到接受，虽然在极少数情况下，他继续坚持超自然力的干预，特别是在人类的演化方面是这样。总的看来瑕不掩瑜，他的进步方面是主要的。

丹纳一直在耶鲁学院（后为耶鲁大学）任教，教导和培养了好几代学生、好几代美国地质学家，都对大自然的大事和小事有着浓厚的兴趣，都有机会在丹纳率领下去作青春时代的冒险。丹纳临终之前，在自己关于珊瑚著作的第 3 版序言里，着重指出："如果这部著作能给任何人带来快乐的话，那么它只是延长了这个世界上'探险考察队'的幸福！"

丹纳在 56 岁时就因劳累过度而体弱多病，身材逐渐瘦小，但他精于养身之道，喜欢写赞美诗，爱弹吉他、唱歌，最后也活到 82 岁高龄。他积极参加美国科学促进协会的活动，并于 1854 年担任过主席。他长期担任美国地质学会会长，在他的领导下，美国地质学从对互无关联的事实资料的搜集和分类，发展成为一门成熟的科学。他也是美国国家科学院的创始成员。他的声誉也冲出国门，成为世界地质科学界的领袖人物。他于 1858 年当选为俄国彼得堡科学院国外通讯院士。他于 1884 年当选为英国皇家学会会员，并获得过世界最早的地质学学术团体——伦敦地质学会的最高荣誉——沃拉斯顿奖章。

丹纳的名字很早就为中国科学界所知道。19 世纪 60 年代至 90 年代清朝的"洋务运动"中，江南制造总局在 30 年间翻译出版了世界著名科技经典 70 多部，为"西学东渐"做出了重大贡献。这里面有美国医生、传教士玛高温与中国早年翻译家华蘅芳合译的两部地质学巨著，其中一部便是代那（"丹纳"的早年译名）的《金石识别》。经科学技术史专家考证，此书的翻译蓝本（原著）是丹纳所著"Manual of Mineralogy"（现译为《矿物学手册》）。此书原本是江南制造总局委托该局外籍委员、美国学者傅兰雅于 1863 年去英国订购的。该书由玛、华二人于 1869 年译完，1871 年正式出版发行。以后在 1872 年、1883 年、1896 年、1899年、1901 年、1935 年、1989 年多次再版，从 1883 年版开始补充了"金石表"（矿物名录）的内容。一个多世纪以来，此书为西方近代地质矿物学在我国传播、促进我国近代地质矿物学的发展，做出了不朽的贡献。19 世纪末至 20 世纪初，我国很多学堂把《金石识别》作为教科书或教学参考书。如著名文学家鲁迅青年时期曾在南京路矿学堂（1898～1903 年）读过此书，当年鲁迅先生亲手批注过的《金石识别》一书而今珍藏在浙江绍兴市鲁迅纪念馆，属国家级文物。

《金石识别》一书在我国翻译出版之时，正值日本明治维新时期。1871 年日本和清政府缔结了通商条约，当时的日本公使柳原前光参观了上海江南制造总局，买了该局出版的汉译西方科技书，其中包括《金石识别》在内，带回日本，所以日本很多大专院校也采用《金石识别》作教材。由此可见，丹纳的巨著，通过中国又传到了日本。对推动日本近代地质矿物学的发展也起了重大作用。

丹纳于 1890 年 77 岁时，在耶鲁大学退休，从那以后，他撰写学术论文和专著的时间就不多了。他虽然誉满天下，但仍多半喜欢宁静地隐居家中而很少出外抛头露面。他用"纽黑文的教授——丹纳先生"的写法来加强他的信念。

九、"大陆漂移说"提出者——魏根纳

　　阿尔佛雷德·罗塔尔·魏根纳是德国气象学家、地球物理学家和北极探险家。他不仅在自己的学科研究中颇有建树，而且在其他多种学科领域里都做出了卓越贡献，然而真正使他蜚声世界并名垂科学史的，是他在地学领域的伟大成就。他创建的大陆漂移学说突破了长期统治地学界的海陆固定观念，综合了多种学科的知识，显示出他非凡的胆识和出众的才华，在人类认识史上具有划时代的意义，因此，魏根纳被誉为"地学领域中的哥白尼"。

　　作为一名出色的北极探险家，魏根纳先后四次亲涉格陵兰岛进行科学考察，并在第四次赴格陵兰探险中不幸遇难。在极地探险中，无论是狂风暴雪、饥饿严寒，还是身陷险境，有随时牺牲生命的危险，所有的艰难险阻都无法动摇他追求科学的坚定信念，正是怀着这种坚定不移的信念和孜孜以求、百折不回的精神，他一次又一次向极地冰原进发。从学生时代的刻苦钻研、科研工作中的孜孜不倦到北极探险中的不畏艰险，魏根纳的一生，充满着探求科学真理的强烈意念和为科学事业献身的无畏精神。

魏根纳的生平

　　阿尔佛雷德·罗塔尔·魏根纳（又译魏格纳）1880 年 11 月 1 日生于德国柏林，是基督教牧师里查德·魏根纳的小儿子。他在柏林就读于科隆文科中学，后来又在海德尔堡、因斯布鲁克和柏林大学度过其大学时代。在大学里，他主要学习天文学，也致力于气象学的研究。

青少年时代的魏根纳喜欢滑雪和长途跋涉。学习之余，他总是一有机会就跑进山里从事艰险的旅行，通过攀登、滑雪来训练自己的耐力。他暗中下定决心将来要成为一名探险家，有朝一日还要象挪威探险家南森一样，去探索极地的奥秘。

1905 年，魏根纳获得了天文学博士学位，到哥哥库尔特·魏根纳所在的普鲁士航空气象观测站工作。在那里，他掌握了升空气球的理论和气球测量高空气象的技术。有一次，他和库尔特乘坐气球在空中飞行，由于缺乏经验，他们只随身带了一瓶汽水和少量食物，连在高空御寒的大衣都没带。夜幕降临，彻骨的寒冷与难以抑制的饥饿一齐向他们袭来，飘荡在摄氏零下 10 多度的寒冷夜空，凭着一股决不向困难妥协的精神力量，他们互相鼓励着坚持了下来。他们从德国出发，飞越丹麦，掠过丹麦与瑞典间的卡特加特海峡，再返回德国，其最大飞行高度达 5000 米，经历了三天两夜，共计 54 小时，打破了当时载人气球飞行 35 小时的世界记录。魏根纳从青少年时代起便具有的这种勇敢顽强的探索精神，崭露出他特有的探险家的性格。

1906 年夏，他放弃了观测站的任职，参加了丹麦探险队为期两年的格陵兰探险。1908 年，从格陵兰归来的当年秋天，年仅 28 岁的魏根纳获得了马尔堡大学天文学和气象学讲师的资格。在任教期间，他发表了 40 多篇论文，完成了教科书《大气的热动力学》的写作（1911 年出版）。这部著作引起了各界学者的极大关注，德国气象学权威柯本教授和苏联气象学家伏也依柯夫都给予了高度评价，从而奠定了他在学术界的声望。在马尔堡的这一时期，魏根纳在学术思想上也有了重大突破，在阅读一份海陆固定论的文献中，他出奇地产生了大陆可能曾经发生大幅度移动的思想，这个想法强烈地吸引着他作进一步的探索。他立即开始从各方面搜集资料和证据，展开系统研究。于 1912 年发表了轰动世界的大陆漂移说。

1912 年夏到 1913 年秋，魏根纳第二次参加丹麦 J. P. 科赫领导的探险队赴格陵兰的探险考察，重点是研究冰川和气象。他们一行 4 人在严寒和各种险恶条件的威胁下，横穿了白雪皑皑的格陵兰大陆冰盖。探险归来，魏根纳与柯本教授的女儿艾尔莎·柯本喜结良缘。据说，《大气的热动力学》一书出版之前，魏根纳曾将其手稿送交柯本审阅，并被邀请到柯本在汉堡的家中作客。早在那时，他便与艾尔莎结识并建立了深厚友谊，萌生了纯真的爱情。

1914 年，第一次世界大战爆发，魏根纳作为后备役上尉应召入伍。在进军比利时的战斗中，他手臂中弹，伤愈不久，颈部又受伤，被调到野战气象站工作，去过西线，又到过保加利亚和立陶宛，在立陶宛时还曾在塔尔图大学讲课。在战争时期，他完成学术论文多篇。即使是在负伤之后他仍然以顽强的毅力坚持科研工作。当时，不伦瑞克的费韦格出版社要求魏根纳将他 1912 年发表的有关大陆漂移说的简短论文进一步加以充实以作为专著出版。魏根纳本来希望在由他 1912 年那篇论文引起的德美合作测量经度计划有了结果之后再写论著，然而战争使测量计划无限期推迟，他不得不改变初衷，利用战争中负伤的休养假期，撰写了科学著作——《大陆和海洋的形成》（又译为《海陆的起源》）。从 1915 年第一次面世到 1929 年魏根纳去世的前一年该书先后 4 次出版，在短短几年中，便被翻译成英文、法文、西班牙文、瑞典文、俄文等文字在世界各国广泛流传，引起了科学界的极大兴趣和激烈争论。魏根纳则一直怀着探求真理的精神，孜孜不倦地搜集多方面的材料，不断提出新的论据以证实他自己的理论，并在一次又一次的补充和修改中使其日臻完善。同时，他也认真考虑来自各方面的质疑和反对意见，审查并推翻一些不确切的论据，对每一次的再版都要进行重新的完善与充实。

1919 年，魏根纳继岳父柯本之后出任汉堡全德天文台气象室主任工作。1924 年他们合作出版了《地质时代的气候》一书，为大陆漂移理论提出了新的古气候学的证据。同年，他被聘为格拉茨大学气象学和地球物理学教授。他思维活跃，平易近人，深受青年学生的欢迎和爱戴。在此期间，他应邀为学生们做了很多报告，给他们讲他的探险经历和大陆漂移理论。每当他旁征博引，以一个个深入浅出的生动例子为他的理论赢得阵阵掌声时，总是显得精神焕发，神采飞扬，而听众也被其奇异的构思和广博的知识深深吸引。在报告讨论中，当有人提出异议时，他则心平气和地以其掌握的材料作出中肯的回答。魏根纳对他在格拉茨大学的这段和谐充实的生活感到非常开心，认为这是他一生中度过的最幸福的时光。

虽然格拉茨大学的生活令人愉快，但多年以来，赴格陵兰考察的念头却时时闯入他的脑海，强烈地诱惑着他。他一直在考虑进行一次更大规模的极地考察活动，以揭示科研中许多重大的理论与实践问题。他原计划于1928年与丹麦的科赫一起再赴格陵兰大陆，但科赫不幸于当年去世，他只好自己组织一支德国探险队，在德意志研究联合会的支持下，于1929年和1930年两次深入格陵兰探险，并将生命永远地奉献给了这片冰雪覆盖的神奇土地。

格陵兰探险

格陵兰岛是世界第一大岛，它的大部分面积都处在北极圈内，终年为冰雪覆盖，冰层平均厚度达1500米。一位旅行家曾经这样对它进行过描述："在这个冰冻的荒漠上，没有生命的迹象，没有岩石，也没有一粒沙子。……只能看到无边无际的雪原，无边无际的寒冷的蓝色天空和惨白的毫无暖意的太阳。"格陵兰，这个由冰雪组成的巨岛，气候严寒，环境险恶，常常风暴不绝，是一个人迹罕至的冰雪荒原，对于魏根纳时期的人来说，它更显得陌生而神奇。当时除了对该岛周围边缘地区有些了解外，其内部广阔的荒原几乎还未被人涉足过，更不用说勘测了。因此，这里需要绘制地图，需要对气象、冰川、地质、水文等许多重要问题进行考察研究。

1906年夏天，魏根纳作为气象学者参加了由米留斯·艾里逊组织的丹麦国家探险队赴格陵兰东北海岸地区的科学考察。7月15日，考察队开始沿格陵兰岛东岸从北纬76°向北进发，一边进行冰川、水文、气象、动物及地质等方面的调查，一边绘制地图，并在魏根纳的主持下在北纬77°附近的丹麦港建立了科学观测站（简称东站）。次年，考察队乘坐狗拉雪橇继续北行，当到达北纬81°后，队长艾里逊一行三人继续北上，魏根纳等大部分队员则由此返回，沿途测量地形和采集化石。冬去春来，队长一行一去未归，后来才知道他们三人到达北纬83.5°，折回途中，遭遇风暴，粮食中断而不幸遇难。

在这次为期两年的考察活动中，魏根纳在格陵兰东岸海滨建立的观测站中，观测了地磁极光等光学现象，以风筝和系留气球测量3000米以上高空的温度、湿度、风向和风速达125次，搜集了丰富的气象与冰川资料，考察了格陵兰岛上的冰原气候与海滨气候的差异，为初创时期的气象学做出了卓越贡献。在此后的三年中，魏根纳共发表与格陵兰相关文章43篇，并完成了其颇受关注的论著《大气的热动力学》。

1912年夏，魏根纳应丹麦探险家科赫之邀，第二次赴格陵兰考察，计划从东向西横穿1000公里的格陵兰大陆冰盖。探险队一行4人好不容易将大量仪器和物资搬上冰岸，并在冰体上搭起帐篷，意外的事情发生了。一天晚上，帐篷所在的冰块突然下滑塌陷，猝不及防的队员们连同帐篷一起掉入了寒冷刺骨的冰水中，经过努力挣扎才艰难地登上冰岸。两个多月后，他们终于把20吨重的仪器和生活用品搬运到离海岸4公里的博格建起过冬站，并在那里进行多项科学观测工作。然而，不久后同样的事情再次发生，魏根纳折断了一根肋骨，科赫则跌进10多米深的冰裂缝里，摔断了一条腿，虽然眼前困难重重，险境不断，但在格陵兰漫长的冬夜里，他们的科学观测工作从未中断过。

寒冬终于过去，探险队带来的 14 匹马只有 5 匹还活着，好在队员们的身体渐渐康复。夏季来临之时，横跨格陵兰的考察继续进行。在白雪皑皑的荒原上，他们顶着猛烈的风暴和漫天的飞雪，忍受着零下 25℃～零下 35℃ 的严寒和紫外线的强烈照射，步履艰难地前行。又经过两个多月的生与死的搏斗，翻越约 2000 米高的格陵兰中部高地，随行的马匹几乎全部死在途中，而他们则幸运地全部平安到达西海岸的普洛旺小村。

1929 年 5 月，魏根纳首次领导一支由自己组织的德国探险队赴格陵兰进行第三次探险。这次探险考察的主要任务是为下一次的大规模考察，以及在格陵兰西岸和中部建立观测站进行必要的准备。虽然当时魏根纳正患牙疼和严重的风湿症，但考察计划未受影响。他带领一行 4 人经过艰苦的勘查，选择了次年登陆冰原的位置，并继续深入冰原内地 150 公里，到达海拔 2500 米处，考察了翌年到达格陵兰冰原最高点的行经路线。此外，他们还试用地震波法成功地测定了冰层厚度。当年 10 月，完成第三次探险后，魏根纳又回到格拉茨大学，开始繁忙地筹备更为重要的第四次探险。

1930 年 4 月 1 日，第四次赴格陵兰考察的船只载着满怀豪情的探险队员从哥本哈根出发开始向格陵兰西岸驶去。5 月初，当航船到达距目的地还有 40 公里的地方时，因海水尚未解冻而不能继续航行，他们只好将重达 100 吨的物资装备（包括 25 匹马）转移到能在冰上滑行的木船里，沿海岸继续北上，并在卡马卢尤克冰川附近借助人工爆炸开辟一条通道，把物资装备搬运上岸，建立起西岸科学观测站（简称西站）。

极地的夏季是短暂的，格陵兰冰盖上的考察活动只有在 4 月中旬到 9 月中旬才比较安全。探险队原定 5 月登岸建站的计划，由于航途中的波折延误了 40 多天而到 7 月初才完成。现在只剩下不到三个月的宝贵时间了，因此必须尽快建立中部科学观测站（简称中部站），以便在格陵兰冰盖中部最高处进行冬季观测工作。按计划，中部站将建在距西站 400 公里的海拔 3000 米处，这在当时还从未有人尝试过。

由西站向中部站运输物资的工作在 7 月下旬开始了。为了避免在冰盖上迷失方向，运输途中他们每隔 5 公里堆一个雪人，雪人之间又每隔 500 米插一面小黑旗。到 9 月 13 日，共有 3 批雪橇向中部站运去了物资；但仍有一些物资特别是供中部站过冬的房子和大部分煤油尚未运去。这些物资如不能运去，计划在中部站进行冬季观测的佐格尔博士和格奥尔基就不得不放弃观测返回西站。当时已是 9 月中旬，再进行运输已极度危险。为了保证中部站按计划进行冬季观测工作，魏根纳毅然决定亲自带队完成运输任务。9 月 22 日，他们乘坐 4 辆狗拉雪橇向格陵兰腹地进发，由于气候恶劣，前进极端困难，大部分人半途撤回。魏根纳则带着两个人乘坐两辆雪橇继续前进。面对零下 50 多度的酷寒和暴风雪的猛烈袭击，魏根纳从未想过放弃。虽然前途生死难料，但想到每前进一步就向终点靠近一点，便多一点胜利的希望，他们便信心十足。10 月 31 日当他们安全抵达中部站时，所有的人都不禁欢呼雀跃，兴奋不已。

中部站是一个就地挖成的冰洞，冬天每日烧 1 千克煤油以取暖和照明，洞内温度不高于零下 15℃。魏根纳对这个洞穴非常满意，在简陋的中部站休息了一天半，他愉快地度过了 50 岁的生日。他将中部站已经获得的重要气象资料和冰川记录记入自己的笔记薄以作为日后考察报告的依据，然后向留守中部站的队员辞行并重申了此次观测的重大意义。便同一位爱斯基摩人一起兴致勃勃地返回西站。不料，此行结束了他短暂而伟大的一生。

中部站和西站人员都不知道魏根纳已不幸遇难。代表魏根纳留驻西站的韦肯教授仍按魏根纳事前的安排，和克劳斯工程师一起于 11 月 10 日赶到距西站 62 公里处迎接从中部站归来的人。因为按他们的估计，当时中部站的食品等物资只够 2 至 3 人越冬之用，如果魏根纳留在中部站进行冬季观测，佐格尔等二人应立即返回西站，反之若佐格尔等留站观测，则魏根纳一行必需返回。为了给从中部站回来的人提供方便，韦肯等人在距西站 62 公里处的左前方 10 公里和右前方 10 公里都插上了很多标志性的红旗。然而他们一直等到 12 月 7 日都没有见到任何人回来，在这样的严冬气候里已经不可能再有人返回了。于是，他们认为魏根纳等人一定是留在中部站了，因为如果十分节约的话，中部站的物资储备还是够魏根纳和佐格尔等 5 人勉强维持越冬的。与此同时中部站的人则以为魏根纳已安全回到西站。

1931 年 4 月 23 日，严寒稍减，韦肯等 2 人便带上足够的物资乘着雪橇向中部站艰难进发，去解救处于困境中的同事。经过 10 多天的长途跋涉，他们胜利到达中部站，然而却没有见到魏根纳，大家终于明白不幸的事情发生了。一阵惊恐与慌乱之后，佐格尔立即带领一个小组乘坐雪橇追寻魏根纳他们二人的下落。在距西站 189 公里的地方他们发现了两只滑雪板，并在冰雪深处找到了魏根纳的尸体。沉浸在极度悲伤中的队员们几乎不敢相信这就是事实，他们甚至不愿承认这位在科学的道路上不畏艰险孜孜以求，并不断给他们以勇气和力量的杰出探险家就这样永远地离去了。他们强忍悲痛在他身上盖上南森雪橇（纪念北极探险家南森的雪橇），将他埋葬在他衷心向往并为之探求一生的神奇的冰原上，让他不朽的灵魂继续探索冰原的奥秘。

魏根纳虽然离开了人间，但他为科学献身的精神和他开创的事业却永远激励着人们在科学的道路上不懈前进。

"大陆漂移说"

虽然魏根纳在自己的专业领域气象学方面取得了很大成就，在格陵兰探险中作出了重大贡献与牺牲，但人们仍然习惯于把他的名字和"大陆漂移说"更紧密地联系在一起，他作为大陆漂移理论的创始者，被誉为地学领域中的"哥白尼"。

魏根纳的"大陆漂移说"论著《大陆和海洋的形成》于 1915 年出版以后，很快被译成多国文字流行于世，引起世界各国科学界的极大关注和激烈争论。该著作的第一个中译本是 1937 年沐绍良由日文转译的，书名为《大陆移动论》。1963 年商务印书馆出版了南京师范学院李旭旦教授由英文转译的版本，书名《海陆的起源》。1986 年该书出版最新中译本，由张翼翼翻译，商务印书馆出版，书名《大陆和海洋的形成》。大陆漂移理论观点新颖，构思精巧，如一股清新的凉风拂过沉闷的地学界。魏根纳首次采用了在全球范围内多学科多领域的综合研究方法，运用水平运动论和活动论的科学思维方式为地球科学的研究开创了新局面。

早在魏根纳提出"大陆漂移说"之前，大陆漂移思想就已萌芽了。大陆可能发生移动这一思想，最初是从隔着大洋的两个大陆的海岸线的相似性得到启示而产生的。非洲西部海岸线和南美东部海岸线彼此吻合的现象，在 15 世纪前后已为许多探险者所熟知。到 16 世纪，大西洋的精确地图开始问世，其东部和西部的海岸线也得以绘制成图，有趣的是这两条隔海相望的海岸线也呈现奇特的相互吻合性。面对这些看似偶然而又十分神奇的现象，在此后的几个世纪中，许多学者从不同角度提出了大陆水平移动的观点。

17世纪，弗朗西斯·培根就指出大西洋两岸海岸线相互吻合不大可能是一种偶然现象。18世纪的法国学者布丰认为，美、非两洲大陆以前是连为一体的。19世纪中期，法国安东尼·斯奈德根据欧洲和美洲石炭纪煤层中植物化石的相似性，指出地质时期两块大陆是粘合在一起的，后来才移动分离。他还绘制了大陆分离前后的两幅地图，从而第一次从地质学的角度为大陆移动的思想提供了证据。与斯奈德同时代的学者费希尔则认为，月球原是太平洋中的一块陆地，由于地球自转或某颗掠过的星球的吸引而飞离地球形成月球。太平洋失去这块硅铝层陆地以后，其他硅铝质大陆便沿着下沉硅镁层向太平洋侧向漂移，从而导致包围地球的硅铝质地壳裂开，对应位置形成大西洋和印度洋。到了20世纪初期，美国人泰勒和贝克几乎不约而同地发表了关于大陆漂移的文章。贝克从大西洋两岸山脉可以从一个大陆延伸到另一个大陆的连续构造中证明大陆曾发生过大规模的漂移。泰勒则从山脉的弧形构造中看到了大陆移动的证据。他从欧亚大陆第三纪形成的山脉，如喜马拉雅山和阿尔卑斯山都呈弧形并向南突起这一事实出发，认为这些山脉是大陆由北向南滑动而产生的。总之，在魏根纳大陆漂移说建立之前的几百年中，众多学者已从不同的侧面萌发了大陆漂移的思想，但他们的思想或仅停留于猜测或孤立片面地考虑某一方面的因素而不足以成为一种科学理论。魏根纳虽然长期致力于气象学的研究和极地探险工作，但他从未被自己的学科研究所束缚，他从地质、地球物理、古生物、古气候、大地测量等多种学科的研究出发进行全球和洲际范围的综合考察，从而使大陆漂移研究向前跨进了具有划时代意义的一大步。

1910年的一天，年轻的魏根纳站在一幅世界地图前久久凝视，为他刚刚发现的一个奇特现象所吸引。地图上清晰地呈现着大西洋两岸海岸线几乎完全一致而大陆弯曲形态恰好吻合的两块大陆。南美洲巴西海岸的每一个凸起部分正好与非洲西岸的凹陷部分相对应，如果把两块大陆

移动靠拢，便可嵌合成一个整体，这一发现给魏根纳留下了深刻印象。

次年，魏根纳又无意中在一本论文集中看到这样一句话：根据古生物化石的证据，巴西和非洲间曾经有过陆地相连接。这一点给魏根纳以极大的启示，他不禁联想到两块大陆海岸形态相吻合的现象，于是大陆漂移的新思想便从魏根纳的大脑里孕育产生了。他初步设想，从前地球上只有一块硅铝质原始古陆漂浮在硅镁层上，后来原始古陆分裂并漂移开来，才形成今天的海陆分布轮廓。如果这个设想是正确的，那么分裂开的大陆之间，不仅形态吻合，古生物化石有密切联系，而且山脉、地层和地质构造等也应该是连续的。正像一张撕破的书页，不仅外形粘合得上，文字行列也能吻合而且意思相通。魏根纳正是从这个思路出发去研究大陆之间的对应性。他发现南非呈东西方向的开普山脉，其向西的延续部分可以在布宜诺斯艾利斯省的山脉中找到，两者的构造、岩石组成和地层年龄都是一致的。此外，他还从古生物、古气候、大地测量等多方面研究，证实自己的想法是正确的，于是就在1912年提出了"大陆漂移说"。

按照魏根纳的大陆漂移理论，地壳是由较轻的固体硅铝层构成，它漂浮在粘性很大的液态硅镁层上。在二亿多年前的古生代，全球只有一块陆地，称为泛大陆。泛大陆周围是一片无边无际的古海洋，叫泛大洋。在古生代以后，泛大陆开始破裂成一些碎块，漂浮在硅镁层上，并在地球自转和日月潮汐力的作用下发生漂移，从而构成了今天的海陆分布格局。

魏根纳还设想大陆漂移的方向是离极漂移和向西漂移。其中印度半岛和澳洲主要是离极向北漂移，美洲、非洲和欧洲则随地球自转而向西漂移。由于南美洲漂移速度较快，欧洲和非洲落后了，它们之间的裂缝越变越宽并被水充满而成了大西洋，南、北美洲向西漂移时，前缘受到太平洋底的阻力，地层受挤压形成了落基山脉和安第斯山脉。印度半岛向北漂移和亚欧大陆相碰撞就形成了宏伟的喜马拉雅山脉。

魏根纳思维敏捷，善于分析，不受传统思想的束缚。他常常在相关理论中吸取营养，通过对一些现象和旧有资料的分析得出与传统观点截然不同的新结论。他对大陆均衡说、陆桥说等理论以及古生物、古气候等资料的重新审视与独特见解体现了其与众不同的科学思路。

19世纪中期，重力测量的结果表明较轻的大陆硅铝质地壳漂浮在密度较大的硅镁层物质之上。当硅铝质较重时地壳就会下沉一些，较轻时就上升一些，以保持平衡。地球物理学家以这个原理解释地表的高低起伏和地壳的垂直升降运动，即为"大陆均衡说"。传统的地质理论都认为地壳只有这种垂直的升降运动，没有水平方向的移动，因而主张大陆的地理位置是固定不变的。

魏根纳对重力测量的结果进行了别出心裁的思考。他想，既然地壳硅铝层是漂浮在较致密的硅镁层之上的，那么它是不是会像船浮在水上、冰山浮在海面上那样，既能上升下沉又能左右移动呢？于是，在"大陆均衡说"的基础上，他另辟蹊径，从陆块水平运动的角度去探求海陆的起源和山脉的形成，并认为水平运动是主要的，大陆的地理位置并非固定不变而是漂移的，由此他建立了大陆漂移说。

"陆桥说"是"大陆漂移说"产生之前又一个颇有影响的相关理论。陆桥论者根据远隔大洋的各大陆动植物化石的相似性及现生种属的亲缘关系，推测很久以前曾存在过联结大洋两岸陆块的狭窄陆桥，各种生物凭借陆桥往返自如。据此，南美洲和非洲，北美洲和欧洲，马达加斯加、印度和非洲，南美洲、南极和澳洲等各大陆之间从前都是以陆桥相连的，只是后来陆桥沉没陷入海底才构成今天的海陆分布轮廓。陆桥说虽然从表面上能勉强解释大洋两岸生物间的相似性和亲缘关系，但在许多方面即使是陆桥论者也颇感怀疑。例如，澳洲与南美洲相隔 80 个经度，如何能设想如此辽阔的海域上会出现一座天然桥梁呢？即使陆桥存在过，又怎么可能使两块大陆上动植物的亲缘关系像现代所了解的那样亲密无间呢？

魏根纳吸收了"陆桥说"的古生物学证据，但没有拘泥于其理论思想。他认为各大陆生物之间之所以具有极为密切的亲缘关系是因为它们以前本来是彼此结合在一起的，后来随着大陆的移动才分裂开来，而澳洲和南美洲也曾是过去统一的泛大陆的一部分，这样一来"陆桥说"中存在的种种疑问得以迎刃而解。魏根纳还根据古生物证据推断陆块分裂的时间与漂移速度，从而使自己的理论得到进一步充实。

不仅古生物学的疑问可以在"大陆漂移说"中找到令人满意的答案，一些错综复杂的古气候学现象在大陆漂移说面前也变得简单明了。众所周知，地球上的气候可以按纬度分为不同的气候带，靠近赤道的低纬地区气候酷热，靠近极地的高纬地区气候严寒。同时，在不同的气候带里，动植物和某些特殊堆积物如岩盐、煤、冰碛物等有着各自不同的特征，根据这些特征也可以反推其形成时的古纬度带。然而当科学工作者依照这个原理进行考察时，却发现同一地理位置在不同时期其气候带竟然完全不同，许多奇怪的现象无法解释。例如，冰碛物和冰川流动时在基岩上留下的擦痕等遗迹表明，在石炭纪和二叠纪时南半球各大陆普遍发育了冰川堆积物。在南美洲的东南部、澳洲的西南部，甚至连印度、非洲靠近赤道的热带地区当时都曾为冰川所覆盖。可是在北半球，这个时期不仅没有冰川遗迹，相反却在许多地方发现了热带植物化石。在今天看来，这种现象似乎是不可思议的。对此，魏根纳的大陆漂移说理论作出了合理而恰当的解释，他认为当时澳大利亚、南美和印度是围绕着南非为中心结合在一起的，其位置正处于极地，因而受到冰川的作用。从三叠纪以后，这块联合大陆开始分裂漂移，逐渐演变为现代与之迥异的分布格局。

"大陆漂移说"的产生与形成过程体现了魏根纳勇于开拓、大胆创新的科学精神与独具匠心的科学思路。对于地图，人们或许天天看，却未必会发现什么新奇之处，即使发现恐怕也未必深究；对于地壳的垂直运动，人们可以欣然接受，却不敢越传统之雷池一步，进而承认地壳水平运动的可能；对于大洋两岸生物的亲缘关系，人们宁愿让想象跨过浩瀚洋面架起一座座莫须有的桥梁也不愿打破陆地固定的常规，假想两块隔海相望的陆地原是合二为一的……魏根纳则不然，他尊重传统而不拘泥于传统，他思想敏锐而富于联想。他把大西洋两岸的形态与古生物资料相联系，萌发了大陆漂移思想，他由均衡说对地壳垂直运动的解释联想到地壳的水平运动，为大陆漂移说找到了立论基础，他把在极地探险中观察到的冰山向低纬度漂移的现象与陆块的漂移结合起来，提出地球自转产生的"离极力"可能是推动大陆漂移的动力之一。魏根纳的地质知识远不如地质学家，生物知识远不如生物学家，但他善于综合多种学科的研究成果，以新思路去分析老资料，从而得出新的理论。因此魏根纳的可贵之处不仅在于他创建了一个伟大的理论，还在于他为人们打开了一个新的视野，提供了一条新思路。

由于魏根纳的"大陆漂移说"理论和当时根深蒂固的传统观念唱反调，它的问世震动了科学界，引起了全世界学术界的激烈争论。一些学者热情支持，积极求证；大多数学者却激烈反对，斥为怪论。

反对最厉害的是英国剑桥大学著名物理学家 H. 杰弗里斯，大多数地球物理学家都同意他的观点。他们认为从硅铝层和硅镁层的相对强度来看，大陆漂移在物理上是不可能的。大陆和海洋毕竟是由刚硬的岩石所组成，要使泛大陆分裂移动，那么需要多大的力才有可能？而陆块要通过洋底移动到现在的位置则更显得不可思议。魏根纳曾假设陆块漂移的力源是离极力，但不少人对地球自转产生的离极力作过计算，发现它仅为重力的数百万分之一。这样小的力要移动地幔上的大陆在他们看来是不可能的，更何况大陆移动时还要克服形成高大山脉的阻力才能前进。如果大陆如魏根纳所设想的那样漂移，那么它就应当在海底地形上留下显著痕迹，成为海底地形的最主要形成因素，并决定洋底地形的走向与分布。但在第一届国际海洋学会议上许多海洋地貌研究者却指出，海底地形上并没有留下这种痕迹。而如果南、北美洲也如魏根纳所说向西漂移的话，那么美洲大陆不是要像一部推土机一样在其前缘把疏松沉积物堆积成山吗？事实上不仅没有山，相反却出现了秘鲁—智利海沟。

至于两块大陆地质上的相似性，则可有多种解释，况且大西洋两岸的海岸线看起来很相似，但并非完全吻合，实际上还有不小的差别。对于古生物学现象的解释更是众说纷纭而不必非要以"大陆漂移说"为依据了。甚至连魏根纳引用大地测量数据推测出的格陵兰与欧洲每年32毫米的相对位移也被认为是不可靠的。实际上只有在当今的卫星遥测技术条件下，才能达到直接测量大陆漂移所要求的准确度。

经过多年激烈的争论，魏根纳的大陆漂移理论开始走向衰落。1928年在纽约举行的由许多重要地质学家参加的大陆漂移讨论会上，多数学者持否定态度，一些知名科学家对该学说进行了强烈抨击。"大陆漂移说"被斥为"荒诞的怪论"、"积木游戏"、"伟大诗人的梦想"，从此销声匿迹。

20世纪50年代，由于古地磁学的发现和地球物理勘测技术的广泛应用，沉寂了20多年的大陆漂移说又戏剧性地复活了。

英国伦敦大学的布莱克特所设计的超灵敏度磁力仪可以用来测定岩石的剩余磁性，进而确定岩石形成时的古纬度。布莱克特等人根据德干高原同一地点不同时期火山喷发玄武岩的古地磁测定发现，1.8亿年以来，印度半岛从南半球高纬地区每年以几厘米的速度向北漂移，行程7000公里，达到现在所处的位置。这一发现无疑为大陆漂移说提供了新的重要证据，从而再次引起人们对"大陆漂移说"的兴趣。在此之后，剑桥大学的兰康等人对北美及欧洲岩石的古地磁测量结果也表明,大西洋原来并不存在,它是后来大陆分离才形成的。这与"大陆漂移说"对大西洋形成的论述十分吻合。

20世纪50年代以来地球科学上古地磁学以外的又一重大进展是地球物理勘测技术(如测深、地震、地磁、地热、重力等勘测技术)在海底考察中的广泛应用。深海钻探和海底现场考察取得了前所未有的重大进展,一系列惊人的发现终于突破了长期统治地学界的海陆固定论,为"大陆漂移说"开辟了新的道路。

20世纪60年代初在"大陆漂移说"的基础上产生了海底扩张说,到20世纪60年代后期又进而产生了震动科学界的板块构造说。如果说板块构造是海底扩张的引伸的话,那么海底扩张则是大陆漂移的新发展。因此,没有魏根纳敢为天下先的勇气,没有他跨出的艰难的第一步,没有他一生孜孜以求探索真理的精神,便没有日后板块构造说的辉煌,我们也不可能对地球有如此深刻的了解。

抚今怀古,感叹斯人已逝,令人欣慰的是,其精神尚存,永励后世!

(本文为魏仕俊、余意峰、潘云唐合著)

十、地球化学奠基人——费尔斯曼

1883 年，在世界地质学史上真是成果迭出的不平凡年头。这一年，奥地利地质学家爱德华·徐士开始出版他的经典巨著《地球的面貌》（至 1909 年出齐），它集 19 世纪地质学研究之大成，揭开了研究全球大地构造的序幕，书中首次提出"地台"术语。这一年，英国结晶矿物学家威廉·巴尔罗提出立方体心结构和立方简单结构，可以有两种等体积的堆积，适用于某些卤化物。这一年，美国地质学家克拉伦斯·爱德华·达顿在其所著《地壳物理学》中提出"均衡"思想（6 年后，他由此而正式创立"地壳均衡说"）。这一年，俄罗斯地质学家亚力山大·彼得罗维奇·卡尔宾斯基发表《关于欧俄南半部岩层错动特征的意见》，论述了俄罗斯地台的构造。也就在这一年，卡尔宾斯基的祖国又降生了一位地质科学的天才——亚力山大·叶甫根尼耶维奇·费尔斯曼，他在新兴边缘学科——地球化学的创立当中勋业卓著。

化学家舅舅的启迪

1883 年 11 月 8 日，俄罗斯首都圣彼得堡一位军官叶甫根尼·亚力山得罗维奇·费尔斯曼家中生下了一个男孩，取名叫亚力山大，小名就是萨沙，或舒拉。叶甫根尼早年是一位建筑师，19 世纪中叶，俄土战争爆发以后才从军的。萨沙的母亲叫玛丽亚·爱得瓦尔多芙娜·凯斯列尔，是很有教养的妇女，是出色的钢琴家、画家，也很喜爱自然科学。萨沙有一位舅舅叫亚力山大·爱得瓦尔多维奇·凯斯列尔，是一位卓越的化学家，他早年曾师从于俄罗斯杰出的有机化学大师、"物质结构理论"的奠基人亚力山大·米哈伊罗维奇·布特列洛夫院士。萨沙在自然科学兴趣的形成和发展上，深深地受到母亲和舅舅的影响。当然，由于父亲的军旅生涯，他们家庭气氛也总是和战争环境有某种联系，有着紧张、肃穆的特点。

　　萨沙的舅舅住在南俄黑海之滨的克里米亚半岛上，舅舅的家在离萨尔吉尔河畔城市辛菲罗波尔不远的托泰科耶村。那里不但风景秀丽，而且有温和湿润的海洋性气候，真是避暑的好去处。萨沙幼时每年都随自己全家到舅舅那里消夏。萨沙听着不远处萨尔吉尔河的潺潺水声，一排排高大的白杨树也在风中沙沙作响，向南极目远眺，克里米亚山脉那白云暧霼的灰蓝色脊峰映入眼帘，使他沉醉在对大自然美的享受之中。萨沙到河边玩耍，常被晶莹剔透的小鹅卵石所吸引，往往要拣一大兜回家。他又喜欢跟着大人出去爬山，遇到山上奇特的岩石和矿物，化学家舅舅就给他讲解，并帮助他用小铁锤敲打下一块块岩石和矿物，碰上好的矿物结晶体，舅舅还提醒他要用纸或手绢包裹起来，好好保护，以防损坏。这位化学家舅舅成了小萨沙认识岩石矿物和采集标本的最早启蒙老师。

　　小萨沙对岩石矿物的喜爱逐渐到了痴迷的程度。他与小伙伴们在公路旁边玩耍时，常常被陡坡壁上晶莹的亮光所吸引，也就向往着岩壁上闪射出亮光的小矿物，他于是带着小伙伴们艰难地、小心翼翼地在陡坡上攀登，直到用随身携带的小铅笔刀在岩壁裂隙挑刮下像水一样无色透明的晶体时，他们才充满喜悦地从陡坡上下来。小萨沙把辛勤采获的小晶体用棉纸裹着带回了家，当家中保姆看到漂亮晶体时，就说那是人工打磨的宝石。小萨沙说他舅舅曾带他采到过这种晶体，并告诉过他这像水一样透明的晶体就叫"水晶"，而形状和它差不多、只是颜色很白、不

很透明的晶体就叫"石英"。他妈妈来裁判，还是小萨沙说得对，并夸奖他记性真好。

寻找"地下宫殿"的钥匙

小萨沙的房间里桌子上、抽屉里、柜子里，甚至地板上，都摆满了他从各处采集来的奇特的岩石和矿物。他常对着这些心爱的宝物发呆，心中不免问道："天生的这些宝贝啊！是怎么形成的？是什么时候才有的？……"他也认真观察，动脑筋思考。他发觉有些标本，譬如水晶吧！他往往有好多块，看起来相似，都是水晶，可是仔细一看，又多少有些区别，有的通体透明，像玻璃一样，有的透明中显得有些模糊，有的甚至中间还有些水泡一样的东西，有的却显得发黄，乃至发白，透明度很差了。他又想，这些不同的水晶是否受到什么东西的影响，才有如此千变万化的差异。

小萨沙有一次读了一本连环画（小人书），书中说地底下有座神秘的宫殿，贮藏着很多宝物，谁都想方设法要进到这"地下宫殿"去求宝物。

但宫殿被放射着异彩的石头大门紧紧地封闭着。他想，如果能找到打开地下宫殿大门的钥匙，不就可以得到那里面的宝物了吗？

有一天，小萨沙和姐姐维拉到一个不太深的石洞里采集石头矿物标本。回家时他突然问道："姐姐，刚才那个石洞里会不会有一把能打开地下宫殿大门的钥匙呢？我们回去找找看！"

"该回家了，明天再去找吧！"维拉回答道。其实她知道那"地下宫殿"只是童话故事，更没有什么开启宫殿大门的钥匙，但她想将计就计跟弟弟开个玩笑，第二天一大早，维拉就起床，悄悄地跑到大石洞里，将一把生锈的大钥匙插在离洞口很近的一块大石头的裂缝里，钥匙把子突出地竖立在外边，十分显眼。

小萨沙起床后，第一件事也是跑到石洞里去，他手到擒来地找到了立在石头裂缝外的大钥匙，兴冲冲地跑回家，逢人便嚷："您们看，我找到了，好一个地下宫殿的钥匙啊！"

"你从什么地方拿来的？"妈妈惊奇地问道。

"在石洞里找来的，这下我可以得到最好看的石头了！"小萨沙十分得意地回答道。

维拉姐姐没想到这个玩笑还开得当真了，弟弟受到这样的捉弄，她也很难为情，急忙站出来说明事实真相："这是贮藏室的旧钥匙，是我拿去放在石头缝里的！"

小萨沙放下钥匙，"哇！"的一声大哭起来。

妈妈拍着他的肩膀道："小萨沙，书上所说的'地下宫殿'是神话，其实并不存在。不过，你只要努力读书，学到更多的科学知识，科学就会给你开发地下宝藏的钥匙，你就会进入真正的地下宫殿。"

小萨沙当时仅六七岁，刚上小学，他还不懂得什么叫科学，然而他一生创造性的科学活动却在此时开始萌芽了。

有一次，小萨沙和一群小伙伴到一个破落地主的庄园废墟去玩，无意中在楼顶上发现一个标本匣，里面放着一些矿物标本，已蒙上尘土，他们用小刷子刷去尘土，把标本整理了一番，发觉其中许多只是附近山上极普通而粗糙的石头，远比不上他们自己有时找到的水晶等规则结晶体那么令人喜欢。但小萨沙却发现，每个石头都放在一个小格子里，下面垫着一张小纸条，就是标签，上面编有号码，写着名称、产地、采集人等。他才知道，哪怕一块不起眼的石头，也还有这么多讲究，这里面该有着多么高深的学问啊?!

到更广阔的天地里去采集

萨沙上学以后，不但学业成绩优秀，从小对岩石矿物的痴迷程度丝毫未减。他找各种关于石头的课外读物来看，与老师讲授的"博物学"（包括动物、植物、矿物等）课程知识相对照，渐渐开始搜集整套整套的岩石矿物标本。他约集小伙伴们跟他一起去采标本。其他人并不像他那样执着地对标本感兴趣，久而久之，小伙伴们所采的标本也全部归总到他这里来了。他在房间里摆满了石头，也令父母和家里人心烦，然而，他功课学得很好，并没有"不务正业"，所以，大家对他的兴趣还是只有多多鼓励，他慢慢地不满足于家乡附近的石头了。家中有亲朋好友到外地出差旅行。问他需要什么礼物时，他一不要食物，二不要玩具，无一例外地总要求别人给他捎回好看的石头。他如果去亲友家中串门、做客，一见到人家有漂亮的岩石矿物标本，就毫不客气地恳求人家割爱相赠。

后来，萨沙的父亲被派到俄罗斯帝国驻希腊大使馆当武官，萨沙和母亲也随同前去。萨沙第一次出国远行，对周围一切都感到新鲜。他父亲用望远镜观察帕利泽伏伊岛上玫瑰色的大理石采石场，让萨沙也一块儿看望远镜，并给萨沙讲解表现在大理石上的希腊艺术的美。他父亲往返国内的途中带着萨沙经过土耳其时，一起去参观君士坦丁堡（今伊斯坦布尔）的索非亚大教堂，父亲教萨沙欣赏那些由美丽的绿色岩石砌成的墙壁。萨沙在爱列弗克辛斯克港口的石滩采集了各种各样大理石的美丽卵石标本。他随父亲去阿克罗堡时，带回了三种不同颜色的大理石，给了他深刻的印象。萨沙随同父亲去过希腊的很多地方，还去过意大利北部。他不仅喜欢那泽国水乡的威尼斯市，而且更爱上了维罗纳城附近加尔达湖那天蓝色的湖水，他更忘不了在海边和湖边采集矿物和岩石标本。

母亲因病去捷克斯洛伐克疗养时，萨沙也有机会同去，还去过奥地利等国。他在国外商店里见橱窗搁板上陈列着许多珍奇美妙的岩石和矿物晶体标本，有的还放在精致的标本盒内，垫着彩缎，附有写明岩石矿物名称、出产地及若干特征介绍的标签，还标明了价钱。原来这些标本都是出售的商品。萨沙一看，有不少标本在他私人藏品里也不缺，经这样加工包装一番竟能成为昂贵商品。他把节约下的零花钱都用来购买他藏品中所不具备的珍物，真是不惜代价。在捷克与德国交界处不远的卡罗维发利（卡尔斯巴德）是著名的温泉疗养城市，萨沙的母亲常去那里疗养，萨沙也常去附近的矿山购买一些精美的矿物晶体，乃至成堆的晶簇，大大充实了他的藏品。他去奥地利维也纳时，最喜欢去自然历史博物馆，尤其为博物馆大厅那些大块石头陈列品所倾倒。

亚力山大（萨沙）·费尔斯曼少年时期的经历和活动，对于他后来所选择的道路，有着决定性的意义。他后来成为杰出的矿物学家、岩石学家、矿床学家、地球化学家，他光辉的一生，实际上是从小就开始了的。他后来在他的著名科普巨著《趣味矿物学》一书中谈到自己的童年时，这样写道："我的全部生活都决定于童年时的这些爱好：收藏标本的个人微小兴趣，转变为对世界声誉的国家博物馆的关怀；家庭式地简单地鉴定矿物提高到科学院的水平；童年时在公路旁边的峭壁上攀行发展到去地球两极、中亚沙漠、乌拉尔原始森林和帕米尔山麓的远途探险……为石头的斗争成了了为原料、为新的矿井、为工业和新的农业的斗争。"

把对矿物岩石的兴趣坚持到底

1901年，新世纪伊始，18岁的费尔斯曼毕业于奥德萨古典大学预科，并获得了金质奖章，他已形成了自己的特殊兴趣，他更多地倾注于矿物学，有庞大的私人藏品库，有更多的刻苦钻研和知识积累，他堪称是矿物学的特长生、优秀生。

大学预科毕业后，费尔斯曼进入诺沃罗西斯克大学本科数理系就读。虽然他仍醉心于矿物学的研究，但当时主讲这门课程的伯林捷尔教授却令他大失所望。伯林捷尔是19世纪矿物学中所谓"正统派"的典型代表，该学派把矿物当成一种固定不变的自然产物———一种僵死的东西来研究，因而矿物学在他们手里便成了一门单纯记录矿物外表特征——颜色、形状、光泽、溶解度等机械的、烦琐的科学，死死板板，没有一点生气。伯林捷尔陈旧的见解和枯燥乏味的讲述，使费尔斯曼这位醉心矿物学的高材生积极性大受挫伤。由于缺乏好老师的引导，费尔斯曼一度把兴趣转移到艺术史、政治经济学等人文科学上去，对长期心爱的矿物学，有时简直想完全放弃了。这是多么可惜的事啊！

在这关键的时刻，他的两位世交长辈——化学家梅利卡什维里教授（他父母的朋友）和化学家高尔波夫教授（他舅舅的朋友）建议他改变那种前功尽弃、半途而废的想法，好好去研究物质的构造和分子化学问题。还有化学大师德米特利·伊万诺维奇·门捷列夫的学生、物理化学专家魏因贝尔格教授也教导费尔斯曼多研究结晶物质的性质，例如水变成冰、霜的结晶模式。

1903年，发生了另一件决定（维护）亚力山大·费尔斯曼终身事业方向的大事：他父亲调任莫斯科第一陆军士官生学校的校长，他本人亦转学来到莫斯科大学，就读于矿物学系，他与系主任弗拉吉米尔·伊万诺维奇·维尔纳茨基教授十分接近，以后成了后者最得意的门生、最得力的助手，他们成为终身的亲密朋友（忘年之交）。维尔纳茨基比费尔斯曼整整年长 20 岁，他们却于同年（1945 年）逝世，也就是说，老师比他整整多活了 20 岁。

维尔纳茨基与前述的梅利卡什维里、高尔波夫、魏因贝尔格等人一样，属于矿物学与化学中的革新派。他们反对那种把矿物看做是一成不变的东西的陈腐观念，而认为矿物和世界万物一样，都是不断变化着的，是长期历史发展过程的产物，具体说，是在地壳中不断进行的化学作用中产生的。这样，他们就把矿物学看做是地壳的化学，因此就必须研究组成矿物的那些化学元素的历史，还要研究同地球上的生物生命活动有关的化学作用。他们这种看法与前述的"正统派"简直是针锋相对的。

维尔纳茨基在他所著的经典教科书——《矿物学》里作了如下精辟的概括："矿物学就是地壳的化学。它的任务是研究自然的化学反应生成物，即所谓矿物，以及化学变化本身的情况。还研究不同时期内、地壳不同环境中，各种产物和作用的变化，又研究矿物间的组合（共生）及其生成的规律。"最后这一点他在后来的经典著作《地壳的矿物历史》中又着重强调过。

维尔纳茨基特别主张阐明矿物生成的条件，并探究矿物出现的过程，在他与人合著的《硅酸盐、铝硅酸盐及其类似物》一书中写道："我广泛地研究了地壳上的矿化过程，主要是研究过程，而不局限在研究过程的产物（矿物），是从动的观点去研究过程，而不单是停留在从静的观点来研究其产物。……"

维尔纳茨基特别指出，矿物学家的成就与生产实践密切相关，其任务就是要系统地利用和研究在找矿、采矿过程中积累的材料，才能使科学得到发展。

这些新的思想深深地吸引着费尔斯曼，使这位自幼热爱矿物学的青年学生重新坚定不移地行进在自己择善固执的科学道路上。他参加了莫斯科大学以道库恰耶夫与维尔纳茨基思想为中心、以维尔纳茨基为主体的矿物学新学派——"化学成因派"的活动。在这个友爱的大家庭里，他以无比的热情去研究新的矿物学。以后并为此献出了毕生的精力。

幼年时自发的兴趣，接受了名师正确理论指导、精心培养和扶掖，再加上长期坚韧不拔的自我奋斗，费尔斯曼终于在维尔纳茨基的帮助和鼓励下，取得了辉煌成就。他们师徒二人合作，一起创立一门新兴边缘科学——地球化学。

在莫斯科大学的艰苦奋斗

费尔斯曼就读的莫斯科大学是"俄罗斯科学之父"米哈伊尔·瓦西里耶维奇·罗蒙诺索夫于1755年创办的，所以全名叫"国立莫斯科罗蒙诺索夫大学"，经过一个半世纪的发展，当时已成为全俄高等教育与科学研究的重要中心。作为矿物学系系主任的维尔纳茨基赏识费尔斯曼，让他在自己的实验室里从事研究。费尔斯曼在实验室里学会了测量结晶体的测角法。他还学会了分析很多矿物的化学成分。

费尔斯曼在安置着曲颈甑、漏斗、烧杯、试管和各种仪器的实验台前进行分析石棉化学成分的实验。他用放大镜把石棉的纯净的纤维一点点地挑出来，放入试管里，加上化学药品，让石棉纤维溶解，又将沉淀物过滤出来……直到工作快要结束时，这个有趣的矿物成分组合的规律才显现出来。结论快要出来了，他一直聚精会神地在电灯下思索着、计算着，发现计算有误又抹掉重算。他忘记了时间已是几点钟，更不知道东方已经发白。门关得紧紧的，外面上班上课的嘈杂声他也听不见，直到实验室工人开门进来打扫卫生，他都还在埋头进行计算。最后，他高兴地从桌边凳子上一跃而起，才与工人打了照面，就高声呼叫："亲爱的，告诉你一个喜讯，我已弄清了整个一族矿物的情况，它们成分相近，

而生成条件互不相同。"工人师傅虽然也为他高兴，但却说："该走了，收拾收拾吧！维尔纳茨基教授马上就要来了。"费尔斯曼蓦然像想起了什么似的说："什么？已经9点了吗？"工人答："8点40分了。"费尔斯曼用央求的口吻说："请你不要对维尔纳茨基教授说我一夜没回宿舍。"

　　费尔斯曼离开实验室又走向矿物陈列馆，那里面有很多珍贵标本是他早年在各地采集的、或买来的，他爱学校如家，把标本慷慨捐赠，到了这里他能更好地学习矿物的一切知识，而不像以前，只欣赏它们美丽的外表。他爱陈列馆就像爱大自然，这里像是大自然的缩影，而且集中了大自然的精华。

　　在费尔斯曼看来，大自然是那样美丽动人，大自然的产物是那样具有魅力，研究石头和组成石头的矿物真是饶有兴趣的事。他觉得这种研究就像读一本引人入胜的故事书一样。它生动地告诉我们，在遥远的过去，地球上发生了些什么事，造成了什么样的结果；还告诉我们，在很深很深的地下，物质是怎样活动着的，是怎样变化着的；它替我们解释了自然界各种现象的本质和原因；尤其重要的是，它告诉我们什么地方有什么样的原料和矿产，这对于开发祖国地下资源是极有指导意义的。

　　费尔斯曼在老恩师维尔纳茨基的指导下刻苦努力，不仅课堂学习成绩优秀，而且在二、三、四年级期间共发表了7篇学术著作，主要论及铁蒙脱石、钠菱沸石及其他矿物的结晶学特性和矿物学特性。1907年，他大学毕业了，维尔纳茨基将他留在本校本系，准备将他培养成为教授。

周游列国　大开眼界

费尔斯曼大学毕业后的第二年（1908年），被派到国外进修。他在德国海德尔堡大学与年轻的挪威学者维克多尔·莫里茨·戈尔德施米特一起工作。他在那里更熟练地掌握了结晶矿物学和光性矿物学的研究方法。他又到西欧最重要的宝石产地、宝石展销地去旅行，选购到了供研究用的天然金刚石最有趣的晶体。在法兰克福、哈瑙、柏林等地，费尔斯曼看见展示在专用桌上的成千上万克拉的金刚石。他与戈尔德施米特共同研究，写成了《金刚石》专著，于1911年联名发表，此书至今都还很有价值。戈尔德施米特以后也成为地球化学的重要创始人之一，并被西方学术界赞誉为"地球化学之父"。他比费尔斯曼小5岁，晚去世两年，终年仅59岁，都是"英年早逝"啊！

费尔斯曼在海德尔堡大学还听过著名德国岩石学家、矿物学家卡尔·享利希·斐迪南·罗森布施教授的岩石学课程。后者曾创立了火成岩中矿物结晶顺序的经验法则，即学术界所称的"罗森布施法则"。

费尔斯曼又去到法国巴黎自然博物馆，访问了该馆馆长，法国科学院院士弗朗苏瓦－安徒旺纳－阿尔弗雷德·拉克卢瓦。拉克卢瓦是著名的火山学家、岩石学家、矿物学家。费尔斯曼还研究了易北河江心岛上的伟晶岩，这对决定他以后的科研兴趣很有作用，因为他后来确实花了很多年去研究前苏联的伟晶岩。

在第一次世界大战时期

费尔斯曼 1910 年回到俄罗斯，在莫斯科的沙尼亚夫斯基大学任教授，讲述矿物学、地球化学课程。1912 年他担任俄罗斯科学院地质博物馆矿物分馆主任。他也参与了著名科学普及刊物《自然》的创办，在他整个一生中，给予了这一刊物很大的关怀，他在这一刊物上发表了很多科普文章和报道，内容涉及矿物学、地球化学，也涉及在俄罗斯或其他国家发现的金刚石、镭合金、祖母绿、沸石、白金、天然气及其他有用矿物。

1914 年，第一次世界大战爆发，费尔斯曼去到前线，他编绘了地质图，图上标明建筑材料、含水层和隔水层之所在位置，这些知识对于成功的军事行动是十分重要的。在这个时期，费尔斯曼在很大范围内都面临着开发利用矿物原料的问题。他像对地质学、矿物学感兴趣一样地对经济学、工艺学感兴趣。大战期间，因为矿物原料不能从外国进口了，于是，当时已当选为俄罗斯科学院院士的维尔纳茨基多方奔走，于 1915 年成立了俄罗斯自然资源（生产力）研究委员会。费尔斯曼担任了这个委员会的科学秘书，作为该委员会核心成员，他协助老恩师维尔纳茨基院士研究了克里米亚、蒙古、外贝加尔、乌拉尔、阿尔泰及俄罗斯欧洲部分各地区的矿产资源。地质调查需要大量经费，沙皇政府在这方面的投入却十分吝啬。费尔斯曼不得不拿出自己的私人积蓄来贴补。

从北向南纵贯俄罗斯的乌拉尔山，是欧洲和亚洲的分界岭。乌拉尔是一座举世闻名的宝山，它首先有很多珍贵的宝石：淡青色的水蓝宝石、无色透明的黄晶、发金黄色光芒的浅绿宝石、淡青—绿色的天河石，以及白天呈深绿色而夜晚人工照明下呈鲜红色的金绿宝石（变石）。此外，乌拉尔山脉东坡有铁、铬、铜、铅、锌、铝、金和铂等金属矿产；西坡有巨大的石油、煤、钾盐和食盐等产地。其他非金属矿产如石棉、滑石、菱镁矿等，钢铁冶金辅助原料如锰、镍等，以及耐火材料、陶瓷原料和建筑石材等，可以说是应有尽有。

费尔斯曼在谈到乌拉尔的时候曾经写道："世界上再没有别的地方蕴藏着这样形形色色的矿产，资源这么雄厚，景色如此壮丽，它鼓舞我们起来劳动和战斗。"

可是，在反动的沙皇封建专制时代，不注意开发这些地下资源，乌拉尔原有的少数矿业也处于奄奄一息的境地。费尔斯曼考察乌拉尔时见到这种情景，极为痛心与愤慨，他一回到圣彼得堡就向俄罗斯学者发出爱国主义的号召："现在已经是最后的时刻了，当最后一个矿坑还没有长满野草，当最后一个矿井还没有倒塌，俄罗斯学者应该严重注意祖国的矿床，研究它的矿物和生成条件，并把它记载下来。"他不但坐言，而且起行，他带领地质勘探队进军乌拉尔。他冒着危险在极简陋的条件下，下到矿井里去工作，他提着煤油灯，坐在木桶里，用脚踢开潮湿而溜滑的井壁，一只手握住从上面吊下来的绳索，慢慢地下降到漆黑的矿井里。他借煤油灯光细细地观察井壁，在某一个地方发现有用矿物富集时，便使劲叫唤一声"停止"，上面的人听到叫声后就拉紧绳子，木桶不再下降，停在原位上。他采完标本，观察完，记录完之后，再叫一声"下降"，上面听到后就放绳子，木桶又继续往下降。

当下到井底时，简直像下雨天，水从井壁上、板棚上掉落下来，工作服湿透了，水滴从领子里流进去，冷得难受。费尔斯曼毫不在乎这些困难，他坚持留在井底，耐心打着手电筒观察井壁，撑着小伞，在小本子上记录，直到采完矿样标本，才向上面打招呼，坐在木桶里，让上面的人拉绳子把他拉到井口。有几次在下井之前，矿主因为对安全生产心中无底，就向费尔斯曼索取志愿书，要他在上面签字，声明如果出了事故与矿主无关，其家属不得提出控告和索取赔偿。费尔斯曼为了工作，排除一切困难，一次又一次地签字交志愿书，一次又一次地照常下井

工作。

　　费尔斯曼上山工作时，一直是步行，他的衣裳鞋袜总是磨得破烂不堪。有一次，连脚上的靴子都穿通了底，就向农民家去买几双鞋垫充作鞋底，一双磨通了又换一双，直至完成工作任务为止。他虽是教授、大科学家，但野外工作中衣衫褴褛，也带来麻烦。他拿着头等车厢的车票上车时，列车员却在车门下拦着他吆喝："你往哪里乱闯？头等车厢不是替衣衫褴褛的人预备的。"他们正争执间，站长走过来，费尔斯曼拿出证件，才被让进头等车厢。

　　通过长期艰苦细致的工作，费尔斯曼对乌拉尔的矿产资源情况了若指掌，他统计得知，门捷列夫周期表上的化学元素，在乌拉尔几乎全都有，这些元素在乌拉尔组成了 800 多种矿物，仅在依里明山一地就发现145 种。从化学组成上看，从最简单到最复杂的，而且从最普通、常见的到最稀罕的也都能见到。

列宁的关怀

1917 年，伟大的十月无产阶级社会主义革命爆发，卓越的革命领袖和导师弗拉吉米尔·伊里奇·乌里扬诺夫（列宁）在革命政权初建立时日理万机之中也关怀着俄罗斯科学院，关怀着科学发展所面临的问题。列宁找费尔斯曼谈话，提及要把工业尽可能配置在离矿产原料地近一些的地方，要保证用国产原料来满足苏维埃共和国的需求。伟大领袖的亲切教导、热情关怀，大大激发了费尔斯曼的工作积极性，并为他的科学研究工作指明了方向。

费尔斯曼向列宁汇报了俄罗斯地质矿产科学研究及开发工作。尤其使费尔斯曼感动的是，1920 年 5 月 14 日，伟大的列宁颁布了以下命令：

> 鉴于南乌拉尔米阿斯附近伊里明山对于科学研究的非凡意义，以及为了保护自然资源，人民委员会特决定：宣布伊里明山为国家矿物禁采区，即宣布为专供执行国家科学任务用的国家财富。

　　　　人民委员会主席

　　　　　　乌里扬诺夫（列宁）

费尔斯曼回想起自己为保护伊里明山矿产资源曾亲率地质队到那里去从事普查勘探，对矿坑加以编号，作了详细描述，并测绘了地质图，才把最重要的资料保存了下来。现在苏维埃政权想得周到，建立了世界上第一个矿物禁采区，真是实现了科学家多年的愿望。后来，费尔斯曼被委任为这个禁采区的组织者。在他领导下，这里不仅成了科学研究的中心，并且成了青年地质工作者的学校，每一个学生、旅行家都可以在这片奇异的土地上获得非常丰富的知识。

为苏维埃科学事业而奋斗

1919 年，费尔斯曼当选为苏联科学院院士，时年仅 36 岁。他又担任了苏联科学院矿物博物馆的馆长。他除了把自己的工作热情传递给他的学生和同事以外，他也很谦虚，并鼓励其他研究人员取得更大进步。他在 1919 年冬天在彼得格勒大学讲授"俄罗斯地球化学"课程，以后又在其他学校讲授此课。

费尔斯曼为解决地球化学的重要理论问题做出了巨大贡献，这便是化学元素在地壳岩石中分布的频度（克拉克）。"克拉克"（元素在地壳中的浓度）这一术语是费尔斯曼提出来的，为了赠荣誉给美国科学家弗兰克·维格勒斯沃斯·克拉克。克拉克在其巨著《化学元素的相对丰度》（1889 年）中最早考虑到这一问题。费尔斯曼计算了大多数元素的克拉克，在费尔斯曼以前，克拉克是以"重量百分比"来表示。费尔斯曼指出，为了地球化学的研究目的，"原子百分比"更加重要，这样，他就把"原子克拉克"的概念引进科学之中。结果，他发现，地球化学丰度与元素在周期系统中的位置无关，也与各不同元素的浓集与衰减无关。他宣布，地壳内的丰度由元素迁移的效应所决定，宇宙内的丰度则与原子核稳定性有关。他第一个考虑到区域地球化学问题，并对俄罗斯欧洲部分进行了地球化学分区，他也对岩浆深成作用做了分类。他这些科研成果都在高等院校讲授过，讲义扩编成若干专著出版：《俄罗斯地球化学》（1922 年）、《通向未来科学的道路》（1922 年）、《地球和宇宙的化学元素》（1923 年）、《宇宙化学》（1923 年）等等。

费尔斯曼在上世纪20年代初还发表了《俄罗斯的宝石与彩石》以及关于长石、漂白土、盐泥等著作。他也研究了乌拉尔的伟晶岩、稀有元素，铜、铬及其他有用矿物的矿床。他在西伯利亚开始进行研究时，就指出那里矿床很多，未来研究的价值很大。他后来出版了《西伯利亚地球化学问题》和《苏联地球化学问题》两部著作。

费尔斯曼很注重科学史的研究。他试图阐明科学思想的起源，以及科学家的成就与建树，特别是他的先驱者门捷列夫和维尔纳茨基。费尔斯曼通过他写的科普文章和科普著作《趣味矿物学》、《石头旅行记》、《石头回忆录》、《宝石的故事》等阐明了地质学理论研究的实践意义。

由于费尔斯曼在地球化学、矿物学、地质学和地理学等方面的成就，他被他的祖国和外国的16个学术组织和协会选为会员或通讯会员。他担任了苏联科学院副院长、主席团委员、数学与自然科学学部学术秘书、自然资源研究委员会主席、出版委员会主任。

沙漠深处找硫磺

1924年，苏维埃最高人民经济委员会、地质委员会和苏联科学院派出地质勘探队到人迹罕至的中亚细亚去调查地质，费尔斯曼担任领导。虽然过去都把中亚看成是不毛之地，地质矿产方面也几乎是空白，但他知道矿产分布规律，他相信中亚会有丰富的矿产。他认为凡是炎热的、干燥的、土壤中没有植物酸的地方就能发生一种特别的地球化学作用，使岩石发生特种碱性分化，这样，易溶解的盐类，例如硫酸盐就会集中起来。他由这种特殊的地球化学环境断定在卡拉库姆沙漠可以找到巨大的硫磺矿床。

费尔斯曼决定率领骆驼队从中亚山地向辽阔的沙漠地区去进行探险，由于土库曼斯坦共和国政府、地方党组织和社会团体大力协助，他们不到两个星期即准备就绪，他们的队伍就浩浩荡荡向沙漠进军了。沙漠气候干燥，昼夜温差很大。他们是夏天从事野外工作，太阳晒得人头昏眼花，背阴处气温也达 50℃，阳光直射下的沙粒可灼热到 80℃，简直可以烤熟鸡蛋。夜晚却变得非常寒冷，必须盖厚棉被或生起篝火才能够过夜。沙漠里有时发生沙尘暴，顿时飞沙走石，沙粒打在脸上、身上，像针扎一般疼痛，让人睁不开眼，鼻子觉得窒息，而且耳朵、鼻孔、嘴里都钻进尘土和沙粒。费尔斯曼领导着大家克服这些自然环境上的困难，他自己还要克服疾病的困难。他的慢性肝炎严重发作时，已不能单独骑在骆驼背上，但他情绪很好，指挥若定，坚持下去，一往直前。

他们终于在进入沙漠的第 10 天黄昏看到了遥远的地平线上耸立着山头和峭壁。费尔斯曼判定这便是预期的硫丘。第二天一大早，他们到达了硫丘下，地质人员背起背包，提起铁锤，爬上了丘顶，大家见到淡黄色的硫磺晶体。硫磺层上有的地方还盖着石膏壳和燧石壳。矿层很厚，品位很高，差不多是纯硫，大家高兴得用打火机去点硫粉，真是一点就着。硫丘还有许多红点，就是劈雷和闪电燃烧时留下的痕迹。费尔斯曼和大家一起都很激动，但他并不满足，在此硫丘上细细观察一天之后，又向周围寻找更多更大的硫丘，不久，他们找到了当地最大的硫丘叫

"达尔瓦查"。费尔斯曼经过详细观察研究，认为这些硫丘并不像旧地质资料上所说的那样是火山口沉积，而是泉水沉积，硫化物是从第三纪沉积围岩中溶滤出来在泉水中沉淀的。这是科学上一个重要的新发现。

苏维埃政府闻知费尔斯曼的考察喜讯，非常重视。他在最高人民经济委员会上做了考察硫矿床的报告。政府于是决定在卡拉库姆建立硫磺矿厂，费尔斯曼又领导了建厂的一切准备工作。不久工厂建成，硫磺不断地从卡拉库姆沙漠运出来，苏联每年可以从那里获得几千吨高品质的硫磺，这种以前依赖进口的战略物资完全可以自给了。

费尔斯曼又制订了进一步研究和开发中亚沙漠地区的计划，有更多的人进入了那里。矿场和工厂发展成为矿业城镇，周边慢慢建起了集体农庄和国营农场，当地的人也告别了贫困和愚昧，走向了富裕和文明。

费尔斯曼在沙漠的研究和开发上立下丰功伟绩，受到当地人民极高的推崇，他当选为土库曼苏维埃社会主义共和国中央执行委员会委员。

世界最大的磷灰石矿

费尔斯曼作为一位人民的科学家，他总是急国家人民之所急，想国家人民之所想。他忽而在烈日炎炎、干旱酷热的中亚沙漠为国家找寻硫矿，忽而又在冰封雪冻、潮湿严寒的北极圈苔原为国家寻找磷矿和其他矿产资源。

早在1920年春，苏维埃政府就成立了勘察科拉半岛穆尔曼斯克铁路线的专门委员会，由苏联科学院院长卡尔宾斯基院士兼任主席。费尔斯曼就作为勘察科拉半岛的专门委员会委员，组织勘探队到科拉半岛希宾苔原去勘查。这是他一生勘察工作中最困难的一次，那里阴雨连绵，道路泥泞溜滑，一路上行走艰难，他都在所不辞。他们发现了岩浆形成的磷灰石矿脉、磷灰石与霞石夹层。1925年，他们再次去那里做工作时，在费尔斯曼原先预测的弧形地带上，发现了一个巨大的磷灰石矿床。1926年，勘探队又在该地区发现巨大的磷灰石矿层，经化验分析证明矿石品位是很高的。整个希宾地区磷灰石矿简直是世界第一。

对于希宾苔原的巨大磷灰石矿床，不少人并不重视，甚至持悲观论调，德国科学家甚至断言，希宾地区如此严寒的气候，人难以生存，即使有磷灰石矿，也建不成大的矿山、工厂，眼巴巴看着地下有资源也拿不出来。他们实际上是想要苏联在磷这种农肥资源上永远依赖进口。费尔斯曼坚决与这种悲观论调作斗争，他以自己和伙伴们卓越的工作成果来热情地宣传希宾的磷灰石矿，他同许多科研机关、农业机关等联系，坚决主张开发希宾的磷灰石，以杜绝从国外进口磷灰石。由于费尔斯曼的积极努力，新勘探成果不断积累，政府决定在科学院之下设科拉半岛资源调查委员会。

1929年初，正值苏联社会主义建设第一个五年计划开始不久，人民委员会决定迅速建设希宾磷灰石矿山。列宁格勒州委书记、杰出的无产阶级革命家谢尔盖·米哈伊诺维奇·基洛夫亲自挂帅，在他的指导下成立了霞石磷灰石委员会，集中了很多专家一起谋划，大家一致认为应立即建矿开采。这年冬天，基洛夫亲自到希宾视察，制订了进行工业基本建设的计划，紧接着，建设高潮蓬勃掀起，几千建设大军涌向希宾山麓苔原，共产党员、共青团员走在了最前列。费尔斯曼和很多科技人员一起，为这新工业中心的诞生，贡献了一切力量。机械化的矿井建立起来了，选矿厂建成了，康衢广厦的工业城市也在苔原拔地而起。这就是著名的希宾诺戈尔斯克（意即"希宾矿山城"）。为了纪念建设的直接领导者，后改名为"基洛夫斯克"。而为了表彰费尔斯曼的功绩，也在该城里为他树立了纪念碑。

费尔斯曼在科拉半岛勘查矿产资源实践中，也从事科研，他把若干资料综合起来，形成了对芬兰—斯堪狄纳维亚地盾地质构造形成过程的系统认识。在费尔斯曼热情倡导下，希宾矿业工作站于1937年建成并开始工作，费尔斯曼是首任负责人。这个工作站后来发展成为重要的科学研究机构——苏联科学院科拉分院。

费尔斯曼并不以此而感到满足，他继续在科拉半岛苔原上进行勘察，他一次又一次奔走在依曼德拉湖畔，冬天在雪地上过夜，夏天在满是蚊虫的沼泽里露宿。他率领的勘探队终于又在蒙契苔原发现了新的资源——铜、镍和其他矿产。那里的资源迅速开发，又诞生了新的工业城市——蒙契戈尔斯克（意即"蒙契矿山城"）。

多产的科学家和科普作家

费尔斯曼为自己祖国从事地质勘查，爬山涉水，走南闯北，披星戴月，沐雨栉风，发现了一个又一个大型矿床，找到大量地下资源，领导建成了一个又一个矿山、工厂、城镇。他在办公室、实验室从事科研、写作时，则伏首寒窗，冥思苦索，焚膏继晷，潜心深究，辛勤笔耕，以至硕果累累，著作等身，他一生共写作、发表（出版）了 1500 多种专著和论文，其中长篇巨制的书即达数十种。

费尔斯曼随时不忘写作，无时无刻不在注意捕捉自己的灵感。他口袋里永远揣着小便条本，不论是在办公室里、步行途中，乃至出差时的车厢里、船舱中，不管是在会议室或餐桌旁，只要对某事有所领悟或感触，立即掏出便条本和笔，详细地记录下来。他的助手常把他的笔记小便条分门别类放在纸夹里，纸夹封面用醒目大字写着"地球化学"、"伟晶岩"、"矿物的颜色"、"俄罗斯的宝石"等标题、类目。当他从事某方面写作之时，就从相关类目的纸夹里取出一扎扎纸条，然后拟出写作提纲，并把纸条里的内容组织到相关章节里去。

费尔斯曼有时写作时间比较从容，环境也很宽松、舒适，条件很充裕。例如，在办公室里坐着，对写作提纲与内容都胸有成竹的情况下，他就不慌不忙地进行口述，由两位速记员打字记录，速记员每隔一个小时要轮换休息，并进行初步整理，费尔斯曼则可一连几个小时不倦地叙述下去，最后由他本人统一串稿、修改、补充，一篇长文，乃至一部巨著，就大功告成了。《趣味矿物学》等书便是这样写成的。

《趣味矿物学》写作于费尔斯曼为祖国寻找地下宝藏最忙碌的 20 世纪 20 年代，出版于 1928 年。这是他第一次为少年儿童们写作。这部书在前苏联以各民族文字出版，也被翻译成很多种外文（包括中文），前后出了 25 版，印刷发行达数百万册。这本书在少年儿童中引起强烈反响，刮起一股热爱和学习地质科学的旋风。成千上万的少年儿童受本书影响后，对采集矿物和岩石标本产生了巨大的兴趣，从小就树立起终身从事地质工作的志愿。

费尔斯曼以后还写了很多科普文章和书，最重要的有：《石头回忆录》、《战争与战略原料》以及他逝世后才出版的《我的旅行》、《岩石的历史》、《宝石的故事》、《趣味地球化学》等。他的科普著作能把深奥的科学原理用浅显、生动、明快、有趣的语言向普通读者、特别是少年儿童讲述得很清楚，而且很引人入胜。因此，费尔斯曼与伊林、别莱利曼并称前苏联的"三大科普作家"。

费尔斯曼是以最高学术称号——院士头衔的大科学家而兼科普作家，而专门从事通俗科学读物创作的伊林在论及儿童科学读物时则说道："一本好的科学文艺书籍就像是米丘林用'传导者方法'培养出来的果树：它从文学中汲取文艺性、从科学中获得了科学性。我说过的费尔斯曼院士的一些著作，就可以作为这一方面最明显的实例之一。"

费尔斯曼写作学术论文及专著时，态度更是认真严肃，他要用很长时间和巨大的精力去收集和占有第一手材料，他时常用很久时间进行观察、试验、研究，取得大批数据，然后才作出结论，并动笔著述。他的巨著《伟晶岩》便是历时 30 年才完成并交付出版的，岂止是"十年磨一剑"啊！他在学术上最重要的代表作、传世之作——《地球化学》也是从 1933～1939 年 6 年间分四大册出版的，是全世界公认的关于地球化学的经典巨著，使外国学者不得不承认苏联科学家在创造和发展地球化学这门新兴边缘学科上的卓越贡献。

费尔斯曼逝世后，人们将他的各种著作汇编成《费尔斯曼选集》，于 1952～1962 年间分为 7 大卷出版，是这位大科学家留给后人的珍贵财富。

少年儿童的良师益友

费尔斯曼的科普著作，在小读者们中激起学习的热情。他们纷纷给费尔斯曼写信，畅谈他们的感受。仅在《趣味矿物学》出版后，他就收到几百封读者来信，下面只举数例。

莫兹多克城一位小学生瓦里娅·别罗娃写道："亲爱的费尔斯曼，我是一名优秀的女少先队员，我决定给您写这封信。您的《趣味矿物学》我大约已经读过 10 遍了。每读一遍我总被某种感情控制着。我想为祖国做点有益的事情，去寻找矿产，向大自然索取资源……现在我在读矿物学和地质学方面的书籍，但是我很难读懂……我很想知道您所走过的道

路和您的发现……"

里亚赞城四年级小学生斯拉瓦·普里达采夫在信上说："我读过您那本有趣的迷人的书籍了。我是一个运动员。我会做饭，补袜子，洗衣服。我很会游泳和划船。总之，我正在为将来的远征进行锻炼。"

列宁格勒一位 19 岁的女青年在信上说："我老早就想进矿业学院的地质勘探系，而男人们告诉我说，妇女不适合做这种工作，并且于事无补。请告诉我，真的是这样吗？我可真想当一个野外工作人员。"

费尔斯曼很珍视这些读者来信，他把它们很好地保存在办公室里的大文件夹内。一封一封写回信。他给读者们的信上，除了回答他们的问题以外，也有若干勉励之词。例如，他曾在给孩子们的信上写道："我们祖国的每一个孩子早上起床的时候都应当问一问自己，我昨天做了什么？谁也不能借口自己年幼而原谅自己。随时随地要学习，功课要做好，要经常获得五分和四分，并且要争取得到奖状。"

费尔斯曼和一些小读者不仅只通信一次，有时还维持好多年，例如一位叫瓦列里的少年和费尔斯曼通信很久，一时未接到回信，就不安地吵起来："真要到您那儿来了，多么想看到您啊！那怕只和您谈五分钟也好。"

费尔斯曼和孩子们除通信外，还有更多的实际交往。他给孩子们寄去很多难买到的书籍，并告诉他们如何读。他又给孩子们寄矿物标本去，指导他们如何鉴定。又指导孩子们如何在矿物小组里学习，怎样选择路线到野外去作地质旅行。许多孩子都把费尔斯曼当成最亲密的朋友。他们常常选费尔斯曼为他们各个矿物学习小组的名誉会员、儿童俱乐部的名誉主席。

孩子们常把自己最心爱的标本送给费尔斯曼，特别是把自己的新发现告诉他，前述的女学生瓦里娅·别罗娃从乡下寄给费尔斯曼一块白色不透明的冰糖般的矿物，问他是不是石膏，费尔斯曼对这种"群众报矿"十分重视，送去化验后回信告诉她说，那不是石膏而是菱锶矿，是很有用的稀有矿物，并派人去她乡下调查，证实了这种矿物的产地。

费尔斯曼从这些热心读者、积极分子中培养好苗子，有的成了他的少年通讯员，其中很多成了地质工作者。曾经把费尔斯曼当成"第二父亲"的顽皮而淘气的尤利（爱称叫"尤拉"）后来在矿冶学院地质系毕了业。亚力山大（爱称叫"萨沙"）也在费尔斯曼培养鼓励下成了地质工作者，他遵照费尔斯曼的建议研究乡土地质情况，写成了《布良斯克地下资源》一书，在书之首页写着："谨以此书献给亲爱的、难以忘怀的老师——费尔斯曼。"

费尔斯曼虽身为地质学、地球化学一代宗师，但却平易近人，和蔼可亲，关怀晚学，扶掖后进。他不但培养指导广大青少年儿童，他也培养了大批地质地球化学领域的权威巨子，如他的高足中有：苏联科学院院士德米特利·伊万诺维奇·谢尔巴科夫，通讯院士库吉姆·阿列克塞耶维奇·弗拉索夫，通讯院士亚力山大·亚力山德罗维奇·萨乌可夫等。

卫国战争的忠诚勇士

20世纪30年代末，德、意、日法西斯强盗四处发动侵略战争，苏维埃国家也面临着战争的威胁。费尔斯曼在1940年写作出版了《战争与战略原料》一书，充分体现了他作为一个科学家的备战意识。

1941年6月22日，苏联卫国战争爆发了。战争一开始，费尔斯曼就向地质工作者发出了战斗号召："要开发地下资源来同敌人决一死战，让金属、水泥、火药像巨浪般地把法西斯强盗带进深渊吧！在这决定关头，每个人都应当了解自己的责任，每个人都应该检查自己为巩固国防支付了什么力量。"

费尔斯曼奋身保卫祖国，他在苏联科学院领导下，派了几百个地质勘探队到全国各地去找矿。他亲自去各地质队视察，一会儿去乌拉尔，一会儿到伏尔加河流域，在很多个勘探区，矿区间来回奔走。新的矿产资源一个又一个被发现，这些资源立刻被利用起来为战争服务。他在1942年写作并出版了《乌拉尔——苏联的宝库》一书，用祖国丰富的后备资源来鼓舞士气，稳定军心、民心。他又在1943年写作并出版了《地质学与战争》一书，是"军事地质学"的杰作。他还担任了苏联红军地质地理服务委员会主席，吸引了大批专家研究战略资源与军事地质学，为红军的正义战争服务，他写了文章论述苏联与德国的战略资源，通过对比，他宣称苏联军事上巨大的潜力保证其终将获胜。

费尔斯曼多次去前线慰问红军指战员。有位战士回忆费尔斯曼时写道："3月18日是幸福的日子，这天所有的指战员都集合在俱乐部里，等候科学界的巨人——费尔斯曼……肩膀宽大的、面带笑容的费尔斯曼到会了，全场响起热烈的掌声……费尔斯曼简单明了地述说了祖国丰富的资源、强大的力量。每一个字好像不是说出来的，而是射击出来般地有力。报告给了我们许多知识。费尔斯曼叫我们消灭法西斯敌人，我们一定光荣地执行这个任务。报告结束了，所有的人都不愿离开他，我们紧紧地和他握手，祝贺他身体健康。带着衷心的感谢，我们送他回家。"

费尔斯曼也到后方医院去慰问伤病指战员，也向他们作报告，祝他们早日痊愈，重返前线。又给伤残战士介绍各种专业知识，告诉他们万一不能重返前线，也可选择适当的职业去为祖国服务。

费尔斯曼惟一的儿子在前线作战，多时杳无音信，他写了给孩子的信，托无线电管理委员会广播，信中写道：

我向我的孩子致敬并表示关怀，我召唤你就是召唤一个年轻的无线电工程师，就是召唤一个以自己的知识和经验来服务于祖国军队的通讯工作同志……

随时要接受新的思想，打破一切陈规。处处要表现自己的创造性，使无线电波的威力成为为正义事业而斗争的新的力量，成为宣传和联络工作中的杠杆。在苏维埃辽阔广大的后方，劳

动的热潮正在高涨，一切都为了前线，为了战争。你，作为苏
联红军的勇敢战士，应该是无比坚定的，因为伟大的祖国同你
在一起，伟大祖国的地下资源在支持你，伟大祖国的伟大精神
在感召你。红军的武装力量、伟大人民的创造力量一定胜利，
我们一定会把敌人从祖国美丽的土地上驱逐出去！

院士　费尔斯曼

多好的信啊！没有个人忧患、伤感，只有为祖国必胜的信念。不久，
他儿子从前线寄回了消息。儿子活着，在尽着对祖国所负的责任。父亲
高兴极了，他也以无比的激情和毅力，在不同的战线上，去敬献对伟大
祖国的赤胆忠心。

辉煌的学术成就

费尔斯曼虽然兼为科普作家、社会活动家，但他首先是一位科学家，
他最主要的成就还是在科学研究方面，他在地质学、矿物学、岩石学、
地球化学领域尤其有着辉煌的成就，堪称这些领域的一代宗师。他又是
一专多能、涉猎很广的学者，他在天文学、生物学、土壤学，乃至哲学、
考古学、艺术等方面都留下了著作。真可说是学贯古今、才兼文理的
能人。

他早年在德国与挪威地质学家戈尔德施米特合著的一本《金刚石》
专著，是论述金刚石形状、成因等方面的杰作。他们综合了对世界各地
金刚石的研究，得出结论认为，金刚石是在理化条件经常变换的环境中，
在压力骤然改变的条件下，从富镁硅酸盐岩浆中结晶出来的。岩浆往上
升，压力降低，金刚石的溶解度提高，引起其外表局部变为石墨，后者
在岩浆中溶解。于是晶体呈浑圆状，非洲金刚石多具此种特点。在岩浆
上部通道被封闭时，由于岩浆凝结，压力重新提高，受过表面溶解的晶

体便又重新生长。他们观察了金刚石晶体的许多情况，见一半是以生长现象为主的，另一半是以溶解为主的。于是，就把金刚石晶体分成了三种类型：第一种是生长形状的，主要是八面体；另一种是溶解状的，其主要溶解面是立方体的晶棱；第三种是生长现象与溶解现象并存的，并且还相互转移。他们这本书图文并茂，有很多他们亲手绘制的插图让读者一目了然，易于理解。

费尔斯曼1913年又出版了第二本重要著作——《镁质硅酸盐的研究》。这本书主要谈到了较冷的地壳表面在胶体作用参与之下所发生的微弱的特殊反应。他谈到了一组特种纤维状矿物，以前有很多名称，如"山皮"、"山木塞"、"铝海泡石"、"伟晶蜡石"等。其实，它们是硅酸盐和镁铝质硅酸盐，通常被认为是普通角闪石石棉和纤维蛇纹石石棉的变种，其中最普遍的是一组完全独立的"山软木"。在此书中，费尔斯曼对这组矿物作了精确的理化鉴定，纠正了混乱的命名，确定了区别这些近似矿物的特征，阐明了它们和其他矿物的成因关系。从成因上看，山软木是属于地面上极广布的镁硅酸盐的，它们是硅酸溶液同含有钾和镁的沉积岩之间所发生的一般交代作用的结果。

费尔斯曼在该书中说："矿物学家的使命不只是描述地壳中化学反应的产物，还要研究这种反应本身的进程及它同地壳的物理—化学作用的关系。"他认为应当通过从一种矿物到另一种矿物的变化来研究矿物体的互相过渡和转变。

费尔斯曼在研究伟晶岩脉和伟晶作用上是卓有成效的，他终身都在研究与之有关的宝石和装饰石料等等。他于1931年出版了巨著《伟晶岩》，后来共出了三版。他曾以非常明确而生动的语言描写了伟晶岩生成的过程："花岗质岩浆凝结的时候，一种种矿物依照严格的次序从岩浆中先后分离出来。牛奶在澄清的时候，比较肥的物质会聚集在表面，花岗质岩浆也是这样，当它在液体状态时会分成化学成分互不相同的各部分，这就是所谓岩浆分异作用。富含镁和铁的比较基性的矿物聚集在一起，

首先结晶出来，剩下了比较酸性的，也就是富含二氧化硅（石英）的熔融物质。这种熔融物质中聚集挥发性化合物的气体，分散在全部岩浆中的微量稀有元素也向这种熔融物质集中，水离解后的物质也渗入到这种物质里面去。"

　　根据费尔斯曼的观点，上述这种"残余溶液"成分和所含气体与原来溶液大不相同。它们就可以生成特种的岩石——伟晶岩。它往往以脉状出现，含长石、石英、云母和其他许多比较稀有矿物的伟大晶体（因此而得名）。由于这种溶液黏稠度大，冷却缓慢，晶体有充分的时间和空间慢慢生长，因而晶体大而完整、漂亮。花岗岩型的伟晶岩最普遍，它们仿佛是从正在凝结的岩浆中冲入到边缘部分来的花岗岩残余溶液结晶而成的。现已确凿地知道，伟晶岩脉大致是在温度为 $800\sim400℃$ 时结晶的，这时的物质已不是熔融体，也不是水溶液，而是一种含大量蒸汽和气体的互相溶解与饱和的岩浆的特殊状态。但这种岩脉冷凝并不简单，先是沿着周围岩石裂隙接触的两侧岩壁开始结晶，慢慢向裂隙中间填充，使岩脉的自由空间逐渐缩小，在一些情况下也就发生了大颗粒的堆积，其中一些长石和石英晶体可达 1 公尺以上（南美有一个天河石的矿井，就在一个单独晶体里开矿，足见该晶体有多大），而黑云母和白云母片也有比一个大盘子还大的，甚至也有 1 公尺以上的（俄罗斯北部有的教堂，就用整片的云母来镶嵌在整个窗户上，以代替玻璃窗）。在另一些情况下，个别矿物依照严格的次序互相替换。

伟晶岩脉还有很多贵重的矿物和宝石。无水硼酸气体聚集成电气石的柱体，有时是黑颜色，像煤，有时又是美丽的红色和绿色。挥发性的氟化合物生成天蓝色的、如水般透明的黄玉晶体。钾、钠、锂、铷和铯以大型六方形锂云母晶体铺填在空洞之中，而铍则参加到绿色和天蓝色的海蓝宝石成分中去。这些矿物交织成一幅五光十色的美丽图画，它们一切漂亮的色彩和珍奇的特点是由四种最重要的元素——氟、硼、铍和锂形成的。

费尔斯曼研究了伟晶岩脉的很多很多形态和典型特征，特别是具体的矿物成分，由此而进行了分类，同时还说明了每一类型的工业意义，它们包含了很多有用矿物矿床，尤其是贵重的宝石矿床、陶瓷工业原料矿床等等。

费尔斯曼科学研究最主要的成就还是在地球化学方面。费尔斯曼曾精辟而又生动地论述了地球化学的定义和任务："地球化学不仅在作为一个宇宙体的地球和地壳的范围内来研究原子和它的命运，并且还部分地超越这个范围。它的任务是查明我们称之为元素的、并以其不同的配置关系和不同生成物来构成地球和宇宙的 92 种原子的性质特征和他们的性状；查明地壳中和地壳的个别地带及不同过程中各个元素的质量分布情况和数量分布情况；查明元素的转移、分散或聚集的规律；查明那些称之为矿床并建立采矿事业的地方的生成规律；查明元素在地壳和它的不同部位及地表上的各种条件之下互相组合的规律；查明各种元素参入土壤、岩石及部分生物的规律；最后并查明人们利用这些物质的规律——作为一门研究地壳中元素（原子）底历史的科学的地球化学，它的基本任务便是这样。"

费尔斯曼关于地球化学的著作意义非常巨大。他和他的老师维尔纳茨基一样，对地球化学的理解比他们同时代的人更加深刻、更加广泛。根据他的定义，地球化学应当论及化学元素的原子在地壳中的历史，以及它们在自然界各种不同的热力学条件、物理条件和化学条件下的行为。费尔斯曼极清楚地表明了门捷列夫周期律对于地球化学的意义。

费尔斯曼毕生研究矿物学和地球化学。他形象地、生动有趣地表明这些科学并非是由自然界死板的、无生命的事物构成的，相反，它们是关于自然现象和复杂的化学作用过程的起源和历史的科学，而这些化学作用过程形成了地球的面貌，并且把那些看似无生命的石头转变成新的化学化合物。地球化学特性的思想，构成了他以后所有的、与研究苏联有用矿物矿床密切相关的工作之基础。对他来说，似乎地球和整个宇宙所由构成的 90 多种化学元素的分散与聚集的规律，就形成了所有周围的生命、所有周围的转变作用，甚至生命作用过程本身的基础。

费尔斯曼在早年出版的著作《地球和宇宙的化学元素》及《俄罗斯地球化学》中，就阐述了宇宙元素历史的问题，他并试图用这种思想去理解发生在苏联广大区域里的那些不同的现象。费尔斯曼的工作中，最重要的就是他时刻不忘以往提出的最基本的问题，就是把化学作用过程的研究深入到、扩展到宇宙化学中去，把每一种元素都从宇宙到地球进行整体研究，并特别注意人类对这些元素的利用。

费尔斯曼的《伟晶岩》专著出版之后不久，维尔纳茨基在 1932 年就对这部新的、重要的著作表示欣喜和赞赏，认为通过这部著作，科学家们能更深刻地理解世界的构造和原子在这构造中的作用。克里斯蒂安·弗利德里希·舍恩拜因和迈克尔·法拉第在 19 世纪 30 年代后期曾对此作过理论总结。宇宙特征的周期性暗示出现象的螺旋型模式，对于周期系统来说，螺旋性是很重要的。费尔斯曼断言化学作用的整个过程简单说来就是一个大的门捷列夫周期系统，在这个系统中能量和能级的规律制约着个别的单元，以及元素在时间和空间中的运动和结合。元素在周期系统中的位置，反映了地球和宇宙的化学历史之一定阶段，其间有着内在的联系。

费尔斯曼的思想常常是超越他的时代的，他在很多著作中，都预见到未来，描述着将来的科学和技术。在《趣味地球化学》一书的专门章节里，他注意到未来的成就，注意到臭氧层、地球深部的热、原子能、海洋波浪能、风能、新的合成碳化物以及人类进入宇宙空间。费尔斯曼把人类的地球化学行为称为"技术发展史"，他评价了人类的经济活动和工业活动，并与自然界本身的地球化学作用过程相对比。他指出，人类的技术发展史基本上导致把化学元素从地球内抽取出来，化学元素从地球深部被拿出来在地球表面重新分布，在农业和工程技术活动中化学元素也重新组合。费尔斯曼分析了各种化学元素被利用的模式，它们与克拉克值的关系，以及浓度克拉克值的作用，声称人类浓集了一些元素（金、铂、银等），又分散了另一些元素（碳、锡、镁、硅等）。其结果，他确定了人与自然之间的基本地球化学关系，并指出，地球化学规律迫使人类寻求利用那些稀有分散元素的低品位矿藏的技术途径。技术发展史显示出科学在理论上和实际应用上的成就，特别是在当今的成就（原子实验、宇宙空间研究等）看来也是如此。费尔斯曼在这些领域的研究工作开辟了一条新的科学研究、发明创造以及自然资源保护的途径。

"才把凯旋后，一笑长辞"

由于费尔斯曼光辉的学术成就和对祖国建设事业的卓越贡献，他于1929年获得了列宁勋章，1941年获得了斯大林奖金一等奖，1942年获得了劳动红旗勋章。1936年，比利时大学曾授予他奖章。1942年，更因为他四大卷《地球化学》巨著出版而获得了世界最早的地质学会——英国伦敦地质学会的最高奖章，即沃拉斯顿奖章，这奖章是用稀有金属钯制成的。

费尔斯曼整个生命都燃烧着对祖国、对人民、对科学事业炽烈的爱。他正是在这种激情的鼓舞下，不倦地工作、创造和奋斗。他始终热爱着工作，努力进行写作。

1945年，全世界反法西斯战争已取得决定性胜利。苏联红军正直捣纳粹德国的巢穴——柏林，卫国战争已进入尾声，人们都充满豪情去夺取最后的胜利。然而，新年伊始的1月6日，苏联卓越的地球化学家维尔纳茨基院士因病去世了。费尔斯曼与维尔纳茨基有着44年亲密的师生情谊，费尔斯曼万分悲痛，他缅怀敬爱的老师对他的关怀、教导和扶掖，他一想起敬爱的老师的光辉形象就在前进道路上充满动力，他要让老师的生平事迹教育鼓舞更多的人，所以，他决定为自己敬爱的老师撰写传记。

没想到，为祖国、为人民、为科学终日操劳的费尔斯曼也身患重病，组织上送他去到黑海之滨、克里米亚半岛南端的风景城市索契去疗养。他不顾重病体弱，竟然带上打字机及若干资料，包括维尔纳茨基院士给他的信件以及若干地球化学文献等等，打算带病坚持写作。到了索契之后，他开始写《维尔纳茨基的生活道路》一书的第一章。

5月7日，苏联红军攻克柏林，德国法西斯无条件投降，苏联卫国战争取得了完全彻底的胜利，全苏联、全欧洲乃至全世界人民都沉浸在一片狂欢和喜悦之中。大家共把凯旋卮，同饮庆功酒。

可是，为了祖国人民科学与建设事业、为了卫国战争早日胜利而忘我工作的费尔斯曼却积劳成疾，因脑溢血、心脏病等多症并发，医治无效于5月20日逝世。科学界的巨人——地球化学的一代宗师战斗的一生光辉地结束了。

费尔斯曼写维尔纳茨基传记中有这样一段话："他所谈论的和思索的都是关于俄罗斯的事情，他最后遗留下来的语言也是爱祖国和爱人民。

对生活和科学的热爱是燃烧他一生的动力。"这段话用在费尔斯曼自己身上不是也很合适吗？

　　费尔斯曼的逝世引起人们无限的悲痛。他虽然死了，他的科学思想永存，发出无限的光辉，他的未竟之业亦后继有人。苏联科学院院士德米特利·斯捷潘诺维奇·别梁金说："费尔斯曼对科学和对祖国的贡献是无可估量的，是永垂不朽的。他的科学兴趣非常广泛，他经常联想到祖国的利益和荣誉，就这两点来说，他完全像俄罗斯不朽的科学家罗蒙诺索夫和门捷列夫。提出这两位科学家的名字来推崇费尔斯曼，不是没有道理的。"这是何等中肯的评价啊！

编写后记

　　《十大科学家丛书》主编、我的挚友周文斌先生托付给我一个任务：编撰此丛书中的最后一本——《十大地学家》。为热爱科学、热爱科学家的广大人民群众，特别是众多青少年学生服务，是一个科学工作者、教育工作者责无旁贷的光荣任务。欣然应允之后，经过一番搜集资料、整理综合、执笔撰写，而今此书终于脱稿问世，首先要感谢周文斌先生及与我们精诚合作的广西科学技术出版社的先生们。

　　美国出版了一套《科学家传记辞典》（*Dictionary of Scientific Biohraphy*，简写为"DSB"，大16开精装，共10多本，几乎摆满整整一格书架，入传人都按姓氏英文字母排序），本书中的洪堡特、史密斯、居维叶、莱伊尔、阿迦西、丹纳、费尔斯曼的传记条目都很详尽，我们将其译成汉语，均接近或超过万字，把这些材料都综合进我们写的传稿，内容就更加新颖。中国古代地理学家郦道元、徐霞客的传记、纪念文章等也很多，也为我们提供了丰富的素材。

　　感谢华中师范大学魏仕俊、余意峰二先生的通力合作。魏根纳的传稿主要是他们的作品，本文只作了文学的加工润饰，特别是与全书体例风格的统一。

　　望广大读者多提宝贵意见！

潘云唐